HISTOIRE
DES ORIGINES
DU CHRISTIANISME

LIVRE DEUXIÈME

QUI COMPREND DEPUIS LA MORT DE JÉSUS JUSQU'AUX GRANDES
MISSIONS DE SAINT PAUL

(33-45)

CHEZ LES MÊMES ÉDITEURS

ŒUVRES COMPLÈTES
D'ERNEST RENAN
FORMAT IN-8°

VIE DE JÉSUS. — 12e *édition*. . . . . 1 volume.

HISTOIRE GÉNÉRALE DES LANGUES SÉMITIQUES. — 4e *édition, revue et augmentée*. — Imprimerie impériale. . . . . 1 volume

ÉTUDES D'HISTOIRE RELIGIEUSE. — 6e *édition*. . . . . 1 volume.

ESSAIS DE MORALE ET DE CRITIQUE. — 3e *édition*. . . . . 1 volume.

LE LIVRE DE JOB, traduit de l'hébreu, avec une étude sur l'âge et le caractère du poëme. — 3e *édition*. . . . . 1 volume.

LE CANTIQUE DES CANTIQUES, traduit de l'hébreu, avec une étude sur le plan, l'âge et le caractère du poëme. — 2e *édition*. . . . . 1 volume.

DE L'ORIGINE DU LANGAGE. — 4e *édition*. . . . . 1 volume.

AVERROÈS ET L'AVERROÏSME, essai historique. — 2e *édition, revue et corrigée*. . . . . 1 volume.

DE LA PART DES PEUPLES SÉMITIQUES DANS L'HISTOIRE DE LA CIVILISATION. — 5e *édition*. . . . . Brochure.

LA CHAIRE D'HÉBREU AU COLLÉGE DE FRANCE, explications à mes collègues. — 3e *édition*. . . . . Brochure.

HISTOIRE LITTÉRAIRE DE LA FRANCE AU XIVe SIÈCLE, par Victor Le Clerc et Ernest Renan. . . . . 2 volumes.

PARIS. — J. CLAYE, IMPRIMEUR, RUE SAINT-BENOIT, 7.

LES APOTRES

PAR

ERNEST RENAN

MEMBRE DE L'INSTITUT

PARIS

MICHEL LÉVY FRÈRES, LIBRAIRES ÉDITEURS
RUE VIVIENNE, 2 BIS, ET BOULEVARD DES ITALIENS, 15
A LA LIBRAIRIE NOUVELLE
—
1866

Tous droits réservés

INTRODUCTION

CRITIQUE DES DOCUMENTS ORIGINAUX.

Le premier livre de notre *Histoire des Origines du christianisme* a conduit les événements jusqu'à la mort et à l'ensevelissement de Jésus. Il faut maintenant reprendre les choses au point où nous les avons laissées, c'est-à-dire au samedi 4 avril de l'an 33. Ce sera encore durant quelque temps une sorte de continuation de la vie de Jésus. Après les mois de joyeuse ivresse, pendant lesquels le grand fondateur posa les bases d'un ordre nouveau pour l'humanité, ces années-ci furent les plus décisives dans l'histoire du monde. C'est encore Jésus qui, par le feu sacré dont il a déposé l'étincelle au cœur de quelques amis, crée des institutions de la plus haute originalité, remue, transforme les âmes, imprime à tout son cachet divin. Nous avons à montrer comment, sous cette influence toujours agissante et victorieuse de la mort, s'établit la foi à la résurrection, à l'influence du Saint-Esprit, au don des langues, au pouvoir de l'Église. Nous exposerons l'organisation de l'Église de Jérusalem, ses premières épreuves, ses premières conquêtes, les plus anciennes missions qui sortirent de son sein. Nous suivrons le christianisme dans ses progrès rapides en Syrie jusqu'à Antioche, où se forme une seconde capitale, plus importante en un sens que Jérusalem, et destinée à la supplanter. Dans ce centre nouveau, où les païens convertis forment la majorité, nous verrons le christianisme se séparer définitivement du judaïsme et recevoir un nom ; nous verrons surtout naître la grande idée de missions lointaines, destinées à porter le nom de Jésus dans le monde des gentils. Nous nous arrêterons au moment solennel où Paul, Barnabé, Jean-Marc partent pour l'exécution de ce grand dessein. Alors, nous interromprons notre récit pour jeter un coup d'œil sur le monde que les hardis missionnaires entreprennent de convertir. Nous essayerons de nous rendre compte de l'état intellectuel, politique, moral, religieux, social de l'empire romain vers l'an 45, date probable du départ de saint Paul pour sa première mission.

Tel est le sujet de ce deuxième livre, que nous

intitulons *les Apôtres*, parce qu'il expose la période d'action commune, durant laquelle la petite famille créée par Jésus marche de concert, et est groupée moralement autour d'un point unique, Jérusalem. Notre livre prochain, le troisième, nous fera sortir de ce cénacle, et nous montrera presque seul en scène l'homme qui représente mieux qu'aucun autre le christianisme conquérant et voyageur, saint Paul. Bien qu'il se soit donné, à partir d'une certaine époque, le titre d'apôtre, Paul ne l'était pas au même titre que les Douze [1]; c'est un ouvrier de la deuxième heure et presque un intrus. L'état dans lequel les documents historiques nous sont parvenus nous fait ici une sorte d'illusion. Comme nous savons infiniment plus de choses sur Paul que sur les Douze, comme nous avons ses écrits authentiques et des mémoires originaux d'une grande précision sur quelques époques de sa vie, nous lui prêtons une importance de premier ordre, presque supérieure à celle de Jésus. C'est là une erreur. Paul est un très-grand homme, et il joua dans la fondation du christianisme un rôle des plus considérables. Mais il ne faut le comparer ni à Jésus,

---

[1]. L'auteur des *Actes* ne donne pas directement à saint Paul le titre d'apôtre. Ce titre est, en général, réservé par lui aux membres du collége central de Jérusalem.

ni même aux disciples immédiats de ce dernier. Paul n'a pas vu Jésus ; il n'a pas goûté l'ambroisie de la prédication galiléenne. Or, l'homme le plus médiocre qui avait eu sa part de la manne céleste était, par cela même, supérieur à celui qui n'en avait senti que l'arrière-goût. Rien n'est plus faux qu'une opinion devenue à la mode de nos jours, et d'après laquelle Paul serait le vrai fondateur du christianisme. Le vrai fondateur du christianisme, c'est Jésus. Les premières places ensuite doivent être réservées à ces grands et obscurs compagnons de Jésus, à ces amies passionnées et fidèles, qui crurent en lui en dépit de la mort. Paul fut, au premier siècle, un phénomène en quelque sorte isolé. Il ne laissa pas d'école organisée ; il laissa au contraire d'ardents adversaires qui voulurent, après sa mort, le bannir en quelque sorte de l'Église et le mettre sur le même pied que Simon le Magicien [1]. On lui enleva ce que nous regardons comme son œuvre propre, la conversion des gentils [2]. L'Église de Corinthe, qu'il avait fondée à lui seul [3], préten-

---

1. Homélies pseudo-clémentines, XVII, 13-19.

2. Justin, *Apol. I,* 39. Dans les *Actes,* règne aussi l'idée que Pierre fut l'apôtre des gentils. Voir surtout chap. x. Comparez 1 Petri, I, 1.

3. I Cor., III, 6, 10 ; IV, 14, 15 ; IX, 1, 2 ; II Cor., XI, 2, etc.

dit devoir son origine à lui et à saint Pierre [1]. Au
IIe siècle, Papias et saint Justin ne prononcent pas
son nom. C'est plus tard, quand la tradition orale
ne fut plus rien, quand l'Écriture tint lieu de tout,
que Paul prit dans la théologie chrétienne une
place capitale. Paul, en effet, a une théologie. Pierre,
Marie de Magdala, n'en eurent pas. Paul a laissé des
ouvrages considérables ; les écrits des autres apôtres
ne peuvent le disputer aux siens ni en importance ni
en authenticité.

Au premier coup d'œil, les documents, pour la
période qu'embrasse ce volume, sont rares et tout à
fait insuffisants. Les témoignages directs se rédui-
sent aux premiers chapitres des *Actes des Apôtres*,
chapitres dont la valeur historique donne lieu à de
graves objections. Mais la lumière que projettent sur
cet intervalle obscur les derniers chapitres des Évangiles et surtout les épîtres de saint Paul, dissipe
quelque peu les ténèbres. Un écrit ancien peut servir
à faire connaître, d'abord l'époque même où il a été
composé, en second lieu l'époque qui a précédé sa
composition. Tout écrit suggère, en effet, des inductions rétrospectives sur l'état de la société d'où il est
sorti. Dictées de l'an 53 à l'an 62 à peu près, les

---

1. Lettre de Denys de Corinthe, dans Eusèbe, *Hist. eccl.*, II, 25.

épîtres de saint Paul sont pleines de renseignements pour les premières années du christianisme. Comme il s'agit ici, d'ailleurs, de grandes fondations sans dates précises, l'essentiel est de montrer les conditions dans lesquelles elles se formèrent. A ce sujet, je dois faire remarquer, une fois pour toutes, que la date courante, inscrite en tête de chaque page, n'est jamais qu'un à peu près. La chronologie de ces premières années n'a qu'un très-petit nombre de données fixes. Cependant, grâce au soin que le rédacteur des *Actes* a pris de ne pas intervertir la série des faits; grâce à l'épître aux Galates, où se trouvent quelques indications numériques du plus grand prix, et à Josèphe, qui nous fournit la date d'événements de l'histoire profane liés à quelques faits concernant les apôtres, on arrive à créer pour l'histoire de ces derniers un canevas très-probable, et où les chances d'erreur flottent entre des limites assez rapprochées.

Je répéterai encore, en tête de ce livre, ce que j'ai dit au commencement de ma *Vie de Jésus*. Dans des histoires comme celles-ci, où l'ensemble seul est certain, et où presque tous les détails prêtent plus ou moins au doute, par suite du caractère légendaire des documents, l'hypothèse est indispensable. Sur les époques dont nous ne savons rien, il n'y a pas d'hypothèses à faire. Essayer de reproduire tel groupe de la statuaire antique, qui a certainement existé, mais dont nous n'avons aucun débris, et sur lequel nous ne possédons aucun renseignement écrit, est une œuvre tout arbitraire. Mais tenter de recomposer les frontons du Parthénon avec ce qui en reste, en s'aidant des textes anciens, des dessins faits au xviie siècle, de tous les renseignements, en un mot, en s'inspirant du style de ces inimitables morceaux, en tâchant d'en saisir l'âme et la vie, quoi de plus légitime? Il ne faut pas dire après cela qu'on a retrouvé l'œuvre du sculpteur antique ; mais on a fait ce qu'on pouvait pour en approcher. Un tel procédé est d'autant plus légitime en histoire que le langage permet les formes dubitatives que le marbre n'admet pas. Rien n'empêche même de proposer le choix au lecteur entre diverses suppositions. La conscience de l'écrivain doit être tranquille, dès qu'il a présenté comme certain ce qui est certain, comme probable ce qui est probable, comme possible ce qui est possible. Dans les parties où le pied glisse entre l'histoire et la légende, c'est l'effet général seul qu'il faut poursuivre. Notre troisième livre, pour lequel nous aurons des documents absolument historiques, où nous devrons peindre des caractères à vive arête et raconter des faits nettement articulés, offrira un récit plus ferme. On verra cependant qu'en somme la physionomie de cette période n'est pas connue avec plus de certitude. Les faits accomplis parlent plus haut que tous les détails biographiques. Nous savons très-peu de chose sur les artistes incomparables qui ont créé les chefs-d'œuvre de l'art grec. Mais ces chefs-d'œuvre nous en disent plus sur la personne de leurs auteurs et sur le public qui les apprécia que ne le feraient les narrations les plus circonstanciées, les textes les plus authentiques.

Pour la connaissance des faits décisifs qui se passèrent dans les premiers jours après la mort de Jésus, les documents sont les derniers chapitres des Évangiles, contenant le récit des apparitions du Christ ressuscité [1]. Je n'ai pas à répéter ici ce que j'ai dit dans l'introduction de ma *Vie de Jésus* sur la valeur de tels documents. Pour cette partie, nous avons heureusement un contrôle qui nous a manqué trop souvent dans la *Vie de Jésus*; je veux parler d'un passage capital de saint Paul (*I Cor.*, xv, 5-8), qui établit : 1° la réalité des apparitions; 2° la longue du-

---

[1]. Les lecteurs français peuvent consulter, pour de plus amples détails sur la discussion et la comparaison des quatre récits, Strauss, *Vie de Jésus*, 3ᵉ sect., ch. iv et v (traduction Littré); *Nouvelle Vie de Jésus*, l. 1, § 46 et suiv.; l. II, § 97 et suiv. (traduction Nefftzer et Dollfus).

rée des apparitions, contrairement au récit des Évangiles synoptiques ; 3° la variété des lieux où eurent lieu ces apparitions, contrairement à Marc et à Luc. L'étude de ce texte fondamental, jointe à beaucoup d'autres raisons, nous confirme dans les vues que nous avons énoncées sur la relation réciproque des synoptiques et du quatrième Évangile. En ce qui concerne le récit de la résurrection et des apparitions, le quatrième Évangile garde cette supériorité qu'il a pour tout le reste de la vie de Jésus. Si l'on veut trouver un récit suivi, logique, permettant de conjecturer avec vraisemblance ce qui se cacha derrière les illusions, c'est là qu'il faut le chercher. Je viens de toucher à la plus difficile des questions qui se rapportent aux origines du christianisme : « Quelle est la valeur historique du quatrième Évangile? » L'usage que j'en ai fait dans ma *Vie de Jésus* est le point sur lequel les critiques éclairés m'ont adressé le plus d'objections. Presque tous les savants qui appliquent à l'histoire de la théologie la méthode rationnelle repoussent le quatrième Évangile comme apocryphe à tous égards. J'ai beaucoup réfléchi de nouveau à ce problème, et je n'ai pu modifier d'une manière sensible ma première opinion. Seulement, comme je m'écarte sur ce point du sentiment général, je me suis fait un devoir d'exposer en détail les motifs de ma persistance. J'en ferai l'objet d'un appendice à la fin d'une édition revue et corrigée de la *Vie de Jésus*, qui paraîtra prochainement.

Les *Actes des Apôtres* sont le document le plus important pour l'histoire que nous avons à raconter. Je dois m'expliquer ici sur le caractère de cet ouvrage, sur sa valeur historique et sur l'usage que j'en ai fait.

Une chose hors de doute, c'est que les *Actes* ont eu le même auteur que le troisième Évangile et sont une continuation de cet Évangile. On ne s'arrêtera pas à prouver cette proposition, laquelle n'a jamais été sérieusement contestée[1]. Les préfaces qui sont en tête des deux écrits, la dédicace de l'un et de l'autre à Théophile, la parfaite ressemblance du style et des idées fournissent à cet égard d'abondantes démonstrations.

Une deuxième proposition, qui n'a pas la même certitude, mais qu'on peut cependant regarder comme très-probable, c'est que l'auteur des *Actes* est un disciple de Paul, qui l'a accompagné dans une bonne partie de ses voyages. Au premier coup d'œil, cette

---

1. L'Église l'admit de bonne heure comme évidente. Voir le canon de Muratori (*Antiq. Ital.*, III, 854), collationné par Wieseler et restitué par Laurent (*Neutestamentliche Studien,* Gotha, 1866), lignes 33 et suiv.

proposition paraît indubitable. En beaucoup d'endroits, à partir du verset 10 du chapitre XVI, l'auteur des *Actes* se sert, dans le récit, du pronom « nous, » indiquant ainsi que, pour lors, il faisait partie de la troupe apostolique qui entourait Paul. Cela semble démonstratif. Une seule issue, en effet, se présente pour échapper à la force d'un tel argument, c'est de supposer que les passages où se trouve le pronom « nous » ont été copiés par le dernier rédacteur des *Actes* dans un écrit antérieur, dans des mémoires originaux d'un disciple de Paul, par exemple de Timothée, et que le rédacteur, par inadvertance, aurait oublié de substituer à « nous » le nom du narrateur. Cette explication est bien peu admissible. On comprendrait tout au plus une telle négligence dans une compilation grossière. Mais le troisième Évangile et les *Actes* forment un ouvrage très-bien rédigé, composé avec réflexion et même avec art, écrit d'une même main et d'après un plan suivi [1]. Les deux livres réunis font un ensemble absolument du même style, présentant les mêmes locutions favorites et la même façon de citer l'Écriture. Une faute de rédaction aussi choquante que celle dont il s'agit serait inexplicable. On est donc invinciblement porté à conclure

---

1. Luc, I, 1-4; *Act.*, I, 1.

que celui qui a écrit la fin de l'ouvrage en a écrit le commencement, et que le narrateur du tout est celui qui dit « nous » aux passages précités.

Cela devient plus frappant encore, si l'on remarque dans quelles circonstances le narrateur se met ainsi en la compagnie de Paul. L'emploi du « nous » commence au moment où Paul passe en Macédoine pour la première fois (xvi, 10). Il cesse au moment où Paul sort de Philippes. Il recommence au moment où Paul, visitant la Macédoine pour la dernière fois, passe encore par Philippes (xx, 5, 6). Dès lors, le narrateur ne se sépare plus de Paul jusqu'à la fin. Si l'on remarque de plus que les chapitres où le narrateur accompagne l'apôtre ont un caractère particulier de précision, on ne doute plus que le narrateur n'ait été un Macédonien, ou plutôt un Philippien [1], qui vint au-devant de Paul à Troas, durant la seconde mission, qui resta à Philippes lors du départ de l'apôtre, et qui, lors du dernier passage de l'apôtre en cette ville (troisième mission), se joignit à lui pour ne plus le quitter. Comprendrait-on qu'un rédacteur, écrivant à distance, se fût laissé dominer à un tel point par les souvenirs d'un autre? Ces souvenirs feraient tache dans l'ensemble. Le

---

1. Remarquez surtout *Act.*, xvi, 12.

narrateur qui dit « nous » aurait son style, ses expressions à part [1] ; il serait plus paulinien que le rédacteur général. Or, cela n'est pas ; l'ouvrage présente une parfaite homogénéité.

On s'étonnera peut-être qu'une thèse en apparence si évidente ait rencontré des contradicteurs. Mais la critique des écrits du Nouveau Testament offre beaucoup de ces clartés qu'on trouve, à l'examen, pleines d'incertitudes. Sous le rapport du style, des pensées, des doctrines, les *Actes* ne sont guère ce qu'on attendrait d'un disciple de Paul. Ils ne ressemblent en rien aux épîtres de ce dernier. Pas une trace des fières doctrines qui font l'originalité de l'apôtre des gentils. Le tempérament de Paul est celui d'un protestant roide et personnel ; l'auteur des *Actes* nous fait l'effet d'un bon catholique, docile, optimiste, appelant chaque prêtre « un saint prêtre », chaque évêque « un grand évêque », prêt à embrasser toutes les fictions plutôt que de reconnaître que ces saints prêtres, ces grands évêques se disputent et se font parfois une rude guerre. Tout en professant pour Paul une grande admiration, l'auteur des *Actes* évite

---

[1]. On sait que, chez les écrivains du Nouveau Testament, la pauvreté d'expression est grande, si bien que chacun a son petit dictionnaire à part. De là une règle précieuse pour déterminer l'auteur d'écrits même très-courts.

de lui donner le titre d'apôtre [1], et il veut que l'initiative de la conversion des gentils appartienne à Pierre. On dirait, en somme, un disciple de Pierre plutôt que de Paul. Nous montrerons bientôt que, dans deux ou trois circonstances, ses principes de conciliation l'ont porté à fausser gravement la biographie de Paul ; il commet des inexactitudes [2] et surtout des omissions vraiment étranges chez un disciple de ce dernier [3]. Il ne parle pas d'une seule des épîtres ; il resserre de la façon la plus surprenante des exposés de première importance [4]. Même dans la partie où il a dû être compagnon de Paul, il est quelquefois singulièrement sec, peu informé, peu éveillé [5]. Enfin, la mollesse et le vague de certains récits, la part de convention que l'on y découvre, feraient penser à un écrivain qui n'aurait eu aucune relation directe ni indirecte avec les apôtres, et qui écrirait vers l'an 100 ou 120.

Faut-il s'arrêter à ces objections? Je ne le pense pas, et je persiste à croire que le dernier rédacteur

---

1. L'emploi de ce mot, *Act.*, xiv, 4, 14, est bien indirect.

2. Comparez, par exemple, *Act.*, xvii, 14-16 ; xviii, 5, à I Thess., iii, 1-2.

3. I Cor., xv, 32 ; II Cor., i, 8 ; xi, 23 et suiv. ; Rom., xv, 19 ; xvi, 3 et suiv.

4. *Act.*, xvi, 6 ; xviii, 22-23, en comparant l'épître aux Galates.

5. Par exemple, le séjour à Césarée est laissé dans l'obscurité.

des *Actes* est bien le disciple de Paul qui dit « nous » aux derniers chapitres. Toutes les difficultés, quelque insolubles qu'elles paraissent, doivent être, sinon écartées, du moins tenues en suspens par un argument aussi décisif que celui qui résulte de ce mot « nous ». Ajoutons qu'en attribuant les *Actes* à un compagnon de Paul, on explique deux particularités importantes : d'une part, la disproportion des parties de l'ouvrage, dont plus des trois cinquièmes sont consacrés à Paul ; de l'autre, la disproportion qui se remarque dans la biographie même de Paul, dont la première mission est exposée avec une grande brièveté, tandis que certaines parties de la deuxième et de la troisième mission, surtout les derniers voyages, sont racontés avec de minutieux détails. Un homme tout à fait étranger à l'histoire apostolique n'aurait pas eu de ces inégalités. L'ensemble de son ouvrage eût été mieux conçu. Ce qui distingue l'histoire composée d'après des documents de l'histoire écrite en tout ou en partie d'original, c'est justement la disproportion : l'historien de cabinet prenant pour cadre de son récit les événements eux-mêmes, l'auteur de mémoires prenant pour cadre ses souvenirs ou du moins ses relations personnelles. Un historien ecclésiastique, une sorte d'Eusèbe, écrivant vers l'an 120, nous eût légué un livre tout autrement distribué à partir du chapitre XIII. La façon bizarre dont les *Actes*, à ce moment, sortent de l'orbite où ils tournaient jusque-là, ne s'explique, selon moi, que par la situation particulière de l'auteur et ses rapports avec Paul. Ce résultat sera naturellement confirmé si nous trouvons parmi les collaborateurs connus de Paul le nom de l'auteur auquel la tradition attribue notre écrit.

C'est ce qui a lieu en effet. Les manuscrits et la tradition donnent pour auteur au troisième Évangile un certain *Lucanus*[1] ou *Lucas*. De ce qui a été dit, il résulte que, si *Lucas* est vraiment l'auteur du troisième Évangile, il est également l'auteur des *Actes*. Or, ce nom de Lucas, nous le rencontrons justement comme celui d'un compagnon de Paul, dans l'épître aux Colossiens, IV, 14; dans celle à Philémon, 24, et dans la deuxième à Timothée, IV, 11. Cette dernière épître est d'une authenticité plus que douteuse. Les épîtres aux Colossiens et à Philémon, de leur côté, quoique très-probablement authentiques, ne sont pourtant pas les épîtres les plus indubitables de saint Paul. Mais ces écrits sont, en tout cas, du premier siècle, et cela suffit pour prouver invinciblement que, parmi les disciples de Paul, il exista un Lucas.

---

[1]. Mabillon, *Museum Italicum*, I, 1ᵃ pars, p. 109.

Le fabricateur des épîtres à Timothée, en effet, n'est sûrement pas le même que le fabricateur des épîtres aux Colossiens et à Philémon (en supposant, contrairement à notre opinion, que celles-ci soient apocryphes). Admettre qu'un faussaire eût attribué à Paul un compagnon imaginaire serait déjà peu vraisemblable. Mais sûrement des faussaires différents ne seraient pas tombés d'accord sur le même nom. Deux observations donnent à ce raisonnement une force particulière. La première, c'est que le nom de Lucas ou Lucanus est un nom rare parmi les premiers chrétiens, et qui ne prête pas à des confusions d'homonymes ; la seconde, c'est que le Lucas des épîtres n'eut d'ailleurs aucune célébrité. Inscrire un nom célèbre en tête d'un écrit, comme on le fit pour la deuxième épître de Pierre, et très-probablement pour les épîtres de Paul à Tite et à Timothée, n'avait rien qui répugnât aux habitudes du temps. Mais inscrire en tête d'un écrit un faux nom, obscur d'ailleurs, c'est ce qui ne se conçoit plus. L'intention du faussaire était-elle de couvrir le livre de l'autorité de Paul? Mais, alors, pourquoi ne prenait-il pas le nom de Paul lui-même, ou du moins le nom de Timothée ou de Tite, disciples bien plus connus de l'apôtre des gentils? Luc n'avait aucune place dans la tradition, dans la légende, dans l'histoire. Les trois passages précités des épîtres ne pouvaient suffire pour faire de lui un garant admis de tous. Les épîtres à Timothée ont été probablement écrites après les *Actes*. Les mentions de Luc dans les épîtres aux Colossiens et à Philémon équivalent à une seule, ces deux écrits faisant corps ensemble. Nous pensons donc que l'auteur du troisième Évangile et des *Actes* est bien réellement Luc, disciple de Paul.

Ce nom même de Luc ou Lucain, et la profession de médecin qu'exerçait le disciple de Paul ainsi appelé [1], répondent bien aux indications que les deux livres fournissent sur leur auteur. Nous avons montré, en effet, que l'auteur du troisième Évangile et des *Actes* était probablement de Philippes [2], colonie romaine, où le latin dominait [3]. De plus, l'auteur du troisième Évangile et des *Actes* connaît mal le judaïsme [4] et les affaires de Palestine [5]; il ne sait guère l'hébreu [6];

1. Col., IV, 14.
2. V. ci-dessus, p. XII.
3. Presque toutes les inscriptions y sont latines, ainsi qu'à Neapolis (Cavala), le port de Philippes. Voir Heuzey, *Mission de Macédoine*, p. 11 et suiv. Les remarquables connaissances nautiques de l'auteur des *Actes* (voir surtout ch. XXVII-XXVIII) feraient croire qu'il était de Neapolis.
4. Par exemple, *Act.*, X, 28.
5. *Act.*, V, 36-37.
6. Les hébraïsmes de son style peuvent venir d'une lecture assidue des traductions grecques de l'Ancien Testament et surtout

il est au courant des idées du monde païen[1], et il écrit le grec d'une façon assez correcte. L'ouvrage a été composé loin de la Judée, pour des gens qui en savaient mal la géographie [2], qui ne se souciaient ni d'une science rabbinique très-solide, ni des noms hébreux[3]. L'idée dominante de l'auteur est que, si le peuple avait été libre de suivre son penchant, il eût embrassé la foi de Jésus, et que c'est l'aristocratie juive qui l'en a empêché [4]. Le mot de *Juif* est toujours pris chez lui en mauvaise part et comme synonyme d'ennemi des chrétiens [5]. Au contraire, il se montre très-favorable aux hérétiques samaritains [6].

A quelle époque peut-on rapporter la composition

de la lecture des écrits composés par ses coreligionnaires de Palestine, qu'il copie souvent textuellement. Ses citations de l'Ancien Testament sont faites sans aucune connaissance du texte original (par exemple, xv, 16 et suiv.).

1. *Act.*, xvii, 22 et suiv.
2. Luc, i, 26; iv, 31; xxiv, 13. Comp. ci-dessous, page 18, note.
3. Luc, i, 31, comparé à Matth., i, 21. Le nom de *Jeanne,* que Luc seul connaît, est bien suspect. Il ne semble pas que *Jean* eût alors de correspondant féminin. Cependant voyez Talm. de Bab., *Sota,* 22 *a.*
4. *Act.*, ii, 47; iv, 33; v, 13, 26.
5. *Act.*, ix, 22, 23; xii, 3, 11; xiii, 45, 50 et une foule d'autres passages. Il en est de même pour le quatrième Évangile, parce que, lui aussi, fut rédigé hors de la Syrie.
6. Luc., x, 33 et suiv.; xvii, 16; *Act.*, viii, 5 et suiv. De même dans le quatrième Évangile: Jean, iv, 5 et suiv. Opposez Matth., x, 5-6.

de cet écrit capital? Luc paraît pour la première fois en la compagnie de Paul, lors du premier voyage de l'apôtre en Macédoine, vers l'an 52. Mettons qu'il eût alors vingt-cinq ans; il n'y aurait rien que de naturel à ce qu'il eût vécu jusqu'à l'an 100. La narration des *Actes* s'arrête à l'an 63 [1]. Mais, la rédaction des *Actes* étant évidemment postérieure à celle du troisième Évangile, et la date de la rédaction de ce troisième Évangile étant fixée d'une manière assez précise aux années qui suivirent de près la ruine de Jérusalem (an 70) [2], on ne peut songer à placer la rédaction des *Actes* avant l'an 71 ou 72.

S'il était sûr que les *Actes* ont été composés immédiatement après l'Évangile, il faudrait s'arrêter là. Mais le doute sur ce point est permis. Quelques faits portent à croire qu'un intervalle s'est écoulé entre la composition du troisième Évangile et celle des *Actes*; on remarque, en effet, entre les derniers chapitres de l'Évangile et le premier des *Actes* une singulière contradiction. D'après le dernier chapitre de l'Évangile, l'ascension semble avoir lieu le jour même de la résurrection[3]. D'après le premier chapitre des *Actes* [4],

---

1. *Act.*, XXVIII, 30.
2. Voir *Vie de Jésus*, p. XVII.
3. Luc, XXIV, 50. Marc, XVI, 19, offre un arrangement semblable.
4. *Act.*, I, 3, 9.

l'ascension n'eut lieu qu'au bout de quarante jours. Il est clair que cette seconde version nous présente une forme plus avancée de la légende, une forme qu'on adopta quand on sentit le besoin de créer de la place pour les diverses apparitions et de donner à la vie d'outre-tombe de Jésus un cadre complet et logique. On serait donc tenté de supposer que cette nouvelle façon de concevoir les choses ne parvint à l'auteur, ou ne lui vint à l'esprit, que dans l'intervalle de la rédaction des deux ouvrages. En tout cas, il reste très-remarquable que l'auteur, à quelques lignes de distance, se croie obligé d'ajouter de nouvelles circonstances à son premier récit et de le développer. Si son premier livre était encore entre ses mains, que n'y faisait-il les additions qui, séparées comme elles le sont, offrent quelque chose de si gauche? Cela n'est cependant pas décisif, et une circonstance grave porte à croire que Luc conçut en même temps le plan de l'ensemble. C'est la préface placée en tête de l'Évangile, laquelle semble commune aux deux livres [1]. La contradiction que nous venons de signaler s'explique peut-être par le peu de souci qu'on avait de présenter un emploi rigoureux du temps. C'est là ce qui fait que tous les

---

1. Remarquez surtout Luc, 1, 1, l'expression τῶν πεπληροφορημένων ἐν ἡμῖν πραγμάτων.

récits de la vie d'outre-tombe de Jésus sont dans un complet désaccord sur la durée de cette vie. On tenait si peu à être historique, que le même narrateur ne se faisait nul scrupule de proposer successivement deux systèmes inconciliables. Les trois récits de la conversion de Paul dans les *Actes*[1] offrent aussi de petites différences qui prouvent simplement combien l'auteur s'inquiétait peu de l'exactitude des détails.

Il semble donc qu'on serait fort près de la vérité en supposant que les *Actes* furent écrits vers l'an 80. L'esprit du livre, en effet, répond bien à l'âge des premiers Flaviens. L'auteur paraît éviter tout ce qui aurait pu blesser les Romains. Il aime à montrer comment les fonctionnaires romains ont été favorables à la secte nouvelle, parfois même l'ont embrassée[2], comment du moins ils l'ont défendue contre les Juifs, combien la justice impériale est équitable et supérieure aux passions des pouvoirs locaux[3]. Il insiste en particulier sur les avantages que Paul dut à son titre de citoyen romain[4]. Il coupe court brus-

---

1. Ch. x, xxii, xxvi.
2. Le centurion Cornélius, le proconsul Sergius Paulus.
3. *Act.*, xiii, 7 et suiv.; xviii, 12 et suiv.; xix, 35 et suiv.; xxiv, 7, 17; xxv, 9, 16, 25; xxvii, 2; xxviii, 17-18.
4. *Ibid.*, xvi, 37 et suiv.; xxii, 26 et suiv.

quement à son récit au moment de l'arrivée de Paul à Rome, peut-être pour éviter d'avoir à raconter les cruautés de Néron envers les chrétiens [1]. Le contraste avec l'Apocalypse est frappant. L'Apocalypse, écrite l'an 68, est pleine du souvenir des infamies de Néron; une horrible haine contre Rome y déborde. Ici, on sent un homme doux, qui vit à une époque de calme. Depuis l'an 70 environ, jusqu'aux dernières années du premier siècle, la situation fut assez bonne pour les chrétiens. Des personnages de la famille flavienne appartinrent au christianisme. Qui sait si Luc ne connut pas Flavius Clemens, s'il ne fut pas de sa *familia,* si les *Actes* ne furent pas écrits pour ce puissant personnage, dont la position officielle exigeait des ménagements? Quelques indices ont porté à croire que le livre avait été composé à Rome. On dirait, en effet, que les principes de l'Église romaine ont pesé sur l'auteur. Cette Église, dès les premiers siècles, eut le caractère politique et hiérarchique qui l'a toujours distinguée. Le bon Luc put entrer dans cet esprit. Ses idées sur l'autorité ecclésiastique sont très-avancées; on y voit poindre le germe de l'épiscopat. Il écrivit l'histoire sur le ton

---

[1]. De semblables précautions n'étaient point rares. L'Apocalypse et l'épître de Pierre désignent Rome à mots couverts.

d'apologiste à toute outrance qui est celui des historiens officiels de la cour de Rome. Il fit comme ferait un historien ultramontain de Clément XIV, louant à la fois le pape et les jésuites, et cherchant à nous persuader, par un récit plein de componction, que, des deux côtés, en ce débat, on observe les règles de la charité. Dans deux cents ans, on établira aussi que le cardinal Antonelli et M. de Mérode s'aimaient comme deux frères. L'auteur des *Actes* fut, mais avec une naïveté qu'on n'égala plus, le premier de ces narrateurs complaisants, béatement satisfaits, décidés à trouver que tout dans l'Église se passe d'une façon évangélique. Trop loyal pour condamner son maître Paul, trop orthodoxe pour ne pas se ranger à l'opinion officielle qui prévalait, il effaça les différences de doctrine pour laisser voir seulement le but commun, que tous ces grands fondateurs poursuivirent en effet par des voies si opposées et à travers de si énergiques rivalités.

On comprend qu'un homme qui s'est mis par système dans une telle disposition d'âme est le moins capable du monde de représenter les choses comme elles se sont passées. La fidélité historique est pour lui chose indifférente ; l'édification est tout ce qui importe. Luc s'en cache à peine ; il écrit « pour que Théophile reconnaisse la vérité de ce que ses catéchistes lui ont appris [1] ». Il y avait donc déjà un système d'histoire ecclésiastique convenu, qui s'enseignait officiellement, et dont le cadre, aussi bien que celui de l'histoire évangélique elle-même [2], était probablement déjà fixé. Le caractère dominant des *Actes*, comme celui du troisième Évangile [3], est une piété tendre, une vive sympathie pour les gentils [4], un esprit conciliant, une préoccupation extrême du surnaturel, l'amour des petits et des humbles, un grand sentiment démocratique ou plutôt la persuasion que le peuple est naturellement chrétien, que ce sont les grands qui l'empêchent de suivre ses bons instincts [5], une idée exaltée du pouvoir de l'Église et de ses chefs, un goût très-remarquable pour la vie en commun [6]. Les procédés de composition sont également les mêmes dans les deux ouvrages, de telle sorte que nous sommes à l'égard de l'histoire des apôtres comme nous serions à l'égard de l'histoire évangélique, si, pour esquisser cette dernière histoire, nous n'avions qu'un seul texte, l'Évangile de Luc.

On sent les désavantages d'une telle situation. La

1. Luc, I, 4.
2. *Act.*, I, 22.
3. Voir *Vie de Jésus*, p. XXXIX et suiv.
4. Cela est sensible surtout dans l'histoire du centurion Corneille.
5. *Act.*, II, 47; IV, 33; V, 13, 26. Cf. Luc, XXIV, 19-20.
6. *Act.*, II, 44-45; IV, 34 et suiv.; V, 1 et suiv.

vie de Jésus dressée d'après le troisième Évangile seul serait extrêmement défectueuse et incomplète. Nous le savons, parce que, pour la vie de Jésus, la comparaison est possible. En même temps que Luc, nous possédons (sans parler du quatrième Évangile) Matthieu et Marc, qui, relativement à Luc, sont, en partie du moins, des originaux. Nous mettons le doigt sur les procédés violents au moyen desquels Luc disloque ou mêle ensemble les anecdotes, sur la façon dont il modifie la couleur de certains faits selon ses vues personnelles, sur les légendes pieuses qu'il ajoute aux traditions plus authentiques. N'est-il pas évident que, si nous pouvions faire une telle comparaison pour les *Actes*, nous arriverions à y trouver des fautes d'un genre analogue? Les *Actes*, dans leurs premiers chapitres, nous paraîtraient même sans doute inférieurs au troisième Évangile; car ces chapitres ont probablement été composés avec des documents moins nombreux et moins universellement acceptés.

Une distinction fondamentale, en effet, est ici nécessaire. Au point de vue de la valeur historique, le livre des *Actes* se divise en deux parties : l'une, comprenant les douze premiers chapitres et racontant les faits principaux de l'histoire de l'Église primitive ; l'autre contenant les seize autres chapitres, tous consacrés aux missions de saint Paul. Cette seconde partie elle-même renferme deux sortes de récits : d'une part, ceux où le narrateur se donne pour témoin oculaire ; de l'autre, ceux où il ne fait que rapporter ce qu'on lui a dit. Il est clair que, même dans ce dernier cas, son autorité est grande. Souvent, ce sont les conversations de Paul qui ont fourni les renseignements. Vers la fin surtout, le récit prend un caractère étonnant de précision. Les dernières pages des *Actes* sont les seules pages complétement historiques que nous ayons sur les origines chrétiennes. Les premières, au contraire, sont les plus attaquables de tout le Nouveau Testament. C'est surtout pour ces premières années que l'auteur obéit à des partis pris semblables à ceux qui l'ont préoccupé dans la composition de son Évangile, et plus décevants encore. Son système des quarante jours, son récit de l'ascension, fermant par une sorte d'enlèvement final et de solennité théâtrale la vie fantastique de Jésus, sa façon de raconter la descente du Saint-Esprit et les prédications miraculeuses, sa manière d'entendre le don des langues, si différente de celle de saint Paul [1], décèlent les préoccupations d'une époque relativement basse, où la

---

1. I. Cor., xii-xiv. Comp. Marc, xvi, 17. et même *Act.*, ii, 4, 13; x, 46; xi, 15; xix, 6.

légende est très-mûre, arrondie en quelque sorte dans toutes ses parties. Tout se passe chez lui avec une mise en scène étrange et un grand déploiement de merveilleux. Il faut se rappeler que l'auteur écrit un demi-siècle après les événements, loin du pays où ils se sont passés, sur des faits qu'il n'a pas vus, que son maître n'a pas vus davantage, d'après des traditions en partie fabuleuses ou transfigurées. Non-seulement Luc est d'une autre génération que les premiers fondateurs du christianisme; mais il est d'un autre monde; il est helléniste, très-peu juif, presque étranger à Jérusalem et aux secrets de la vie juive; il n'a pas touché la primitive société chrétienne; à peine en a-t-il connu les derniers représentants. On sent dans les miracles qu'il raconte plutôt des inventions *a priori* que des faits transformés; les miracles de Pierre et ceux de Paul forment deux séries qui se répondent[1]. Ses personnages se ressemblent; Pierre ne diffère en rien de Paul, ni Paul de Pierre. Les discours qu'il met dans la bouche de ses héros, quoique habilement appropriés aux circonstances, sont tous du même style et appartiennent à l'auteur plutôt qu'à ceux auxquels il les attribue. On y trouve même des

---

1. Comparez *Act.*, III, 2 et suiv. à XIV, 8 et suiv.; IX, 36 et suiv. à XX, 9 et suiv.; V, 1 et suiv. à XIII, 9 et suiv.; V, 15-16 à XIX, 12; XII, 7 et suiv. à XVI, 26 et suiv.; X, 44 à XIX, 6.

impossibilités[1]. Les *Actes*, en un mot, sont une histoire dogmatique, arrangée pour appuyer les doctrines orthodoxes du temps ou inculquer les idées qui souriaient le plus à la piété de l'auteur. Ajoutons qu'il ne pouvait en être autrement. On ne connaît l'origine de chaque religion que par les récits des croyants. Il n'y a que le sceptique qui écrive l'histoire *ad narrandum.*

Ce ne sont pas là de simples soupçons, des conjectures d'une critique défiante à l'excès. Ce sont de solides inductions : toutes les fois qu'il nous est permis de contrôler le récit des *Actes*, nous le trouvons fautif et systématique. Le contrôle, en effet, que nous ne pouvons demander à des textes synoptiques, nous pouvons le demander aux épîtres de saint Paul, surtout à l'épître aux Galates. Il est clair que, dans les cas où les *Actes* et les épîtres sont en désaccord, la préférence doit toujours être donnée aux épîtres, textes d'une authenticité absolue, plus anciens, d'une sincérité complète, sans légendes. En

---

1. Dans un discours que l'auteur prête à Gamaliel, en une circonstance qui est de l'an 36 à peu près, il est question de Theudas, dont l'entreprise est expressément déclarée antérieure à celle de Juda le Gaulonite (*Act.*, v, 36-37). Or, la révolte de Theudas est de l'an 44 (Jos., *Ant.*, XX, v, 1), et en tout cas bien postérieure à celle du Gaulonite (Jos., *Ant.*, XVIII, i, 1 ; *B. J.*, II, viii, 1).

histoire, les documents ont d'autant plus de poids qu'ils ont moins la forme historique. L'autorité de toutes les chroniques doit céder à celle d'une inscription, d'une médaille, d'une charte, d'une lettre authentiques. A ce point de vue, les épîtres d'auteurs certains ou de dates certaines sont la base de toute l'histoire des origines chrétiennes. Sans elles, on peut dire que le doute atteindrait et ruinerait de fond en comble même la vie de Jésus. Or, dans deux circonstances très-importantes, les épîtres mettent en un jour frappant les tendances particulières de l'auteur des *Actes* et son désir d'effacer la trace des divisions qui avaient existé entre Paul et les apôtres de Jérusalem [1].

Et d'abord, l'auteur des *Actes* veut que Paul, après l'accident de Damas (IX, 19 et suiv. ; XXII, 17 et suiv.), soit venu à Jérusalem, à une époque où l'on

[1]. Les personnes qui ne peuvent lire sur tout ceci les écrits allemands de Baur, Schneckenburger, de Wette, Schwegler, Zeller, où les questions critiques relatives aux *Actes* sont amenées à une solution à peu près définitive, consulteront avec fruit les *Études historiques et critiques sur les origines du christianisme*, par A. Stap (Paris, Lacroix, 1864), p. 116 et suiv.; Michel Nicolas, *Études critiques sur la Bible. Nouveau Testament* (Paris, Lévy, 1864), p. 223 et suiv.; Reuss, *Histoire de la théologie chrétienne au siècle apostolique*, l. VI, ch. v; divers travaux de MM. Kayser, Scherer, Reuss dans la *Revue de théologie* de Strasbourg, 1e série, t. II et III; 2e série, t. II et III.

savait à peine sa conversion, qu'il ait été présenté aux apôtres, qu'il ait vécu avec les apôtres et les fidèles sur le pied de la plus grande cordialité, qu'il ait disputé publiquement contre les Juifs hellénistes, qu'un complot de ceux-ci et une révélation céleste l'aient porté à s'éloigner de Jérusalem. Or, Paul nous apprend que les choses se passèrent très-différemment. Pour prouver qu'il ne relève pas des Douze et qu'il doit à Jésus lui-même sa doctrine et sa mission, il assure (*Gal.*, I, 11 et suiv.) qu'après sa conversion il évita de prendre conseil de qui que ce soit[1] et de se rendre à Jérusalem vers ceux qui étaient apôtres avant lui; qu'il alla prêcher dans le Hauran de son propre mouvement et sans mission de personne; que, trois ans plus tard, il est vrai, il accomplit le voyage de Jérusalem pour faire la connaissance de Céphas; qu'il resta quinze jours auprès de lui, mais qu'il ne vit aucun autre apôtre, si ce n'est Jacques, frère du Seigneur, si bien que son visage était inconnu aux Églises de Judée. L'effort pour adoucir les aspérités du rude apôtre, pour le présenter comme le collaborateur des Douze, travaillant à Jérusalem de concert avec eux, paraît ici avec évidence. On fait de Jérusalem sa capitale et son point

---

1. Pour la nuance de οὐ προσανεθέμην σαρκὶ καὶ αἵματι, comp. Matth., XVI, 17.

de départ; on veut que sa doctrine soit tellement identique à celle des apôtres, qu'il ait pu en quelque sorte les remplacer dans la prédication; on réduit son premier apostolat aux synagogues de Damas; on veut qu'il ait été disciple et auditeur, ce qu'il ne fut jamais [1]; on resserre le temps entre sa conversion et son premier voyage à Jérusalem; on allonge son séjour dans cette ville; on l'y fait prêcher à la satisfaction générale; on soutient qu'il a vécu intimement avec tous les apôtres, quoique lui-même assure qu'il n'en a vu que deux; on montre les frères de Jérusalem veillant sur lui, tandis que Paul déclare que son visage leur est inconnu.

Le désir de faire de Paul un visiteur assidu de Jérusalem, qui a porté notre auteur à avancer et à allonger son premier séjour en cette ville après sa conversion, semble l'avoir induit à prêter à l'apôtre un voyage de trop. Selon lui, Paul serait venu à Jérusalem avec Barnabé, porter l'offrande des fidèles, lors de la famine de l'an 44 (*Act.*, xi, 30 ; xii, 25). Or, Paul déclare expressément qu'entre le voyage qui eut lieu trois ans après sa conversion et le voyage pour l'affaire de la circoncision, il ne vint pas à Jérusalem (*Gal.*, i et ii). En d'autres termes, Paul exclut

---

[1]. C'est lui qui le déclare avec serment. Lire surtout les chap. i et ii de l'épître aux Galates.

formellement tout voyage entre *Act.*, ix, 26 et *Act.*, xv, 2. Nierait-on, contre toute raison, l'identité du voyage raconté *Gal.*, ii, 1 et suiv., avec le voyage raconté *Act.*, xv, 2 et suiv., on n'obtiendrait pas une moindre contradiction. « Trois ans après ma conversion, dit saint Paul, je montai à Jérusalem, pour faire la connaissance de Céphas. Quatorze ans après, je montai de nouveau à Jérusalem... » On a pu douter si le point de départ de ces quatorze ans est la conversion, ou le voyage qui l'a suivi à trois ans d'intervalle. Prenons la première hypothèse, qui est la plus favorable à celui qui veut défendre le récit des *Actes*. Il y aurait donc onze ans, au moins, d'après saint Paul, entre son premier et son second voyage à Jérusalem ; or, sûrement, il n'y a pas onze ans entre ce qui est raconté *Act.*, ix, 26 et suiv. et ce qui est rapporté *Act.*, xi, 30. Et le soutiendrait-on contre toute vraisemblance, on tomberait dans une autre impossibilité. En effet, ce qui est rapporté *Act.*, xi, 30, est contemporain de la mort de Jacques, fils de Zébédée[1], laquelle nous fournit la seule date fixe des *Actes des Apôtres*, puisqu'elle précéda de très-peu de temps la mort d'Hérode Agrippa 1er, arrivée l'an 44 [2].

---

1. *Act.*, xii, 1.
2. Jos., *Ant.*, XIX, viii, 2; *B. J.*, II, xii, 6.

Le second voyage de Paul ayant eu lieu au moins quatorze ans après sa conversion, si Paul avait réellement fait le voyage de l'an 44, cette conversion aurait eu lieu l'an 30, ce qui est absurde. Il est donc impossible de maintenir au voyage raconté *Act.*, XI, 30 et XII, 35, aucune réalité.

Ces allées et venues paraissent avoir été racontées par notre auteur d'une façon très-inexacte. En comparant *Act.*, XVII, 14-16; XVIII, 5, à *I Thess.*, III, 1-2, on trouve un autre désaccord. Mais, celui-ci ne tenant pas à des motifs dogmatiques, nous n'avons pas à en parler ici.

Ce qui est capital pour le sujet qui nous occupe, ce qui fournit le trait de lumière à la critique en cette question difficile de la valeur historique des *Actes*, c'est la comparaison des passages relatifs à l'affaire de la circoncision dans les *Actes* (ch. XV) et dans l'épître aux Galates (ch. II). Selon les *Actes*, des frères de Judée étant venus à Antioche et ayant soutenu la nécessité de la circoncision pour les païens convertis, une députation composée de Paul, de Barnabé, de plusieurs autres, est envoyée d'Antioche à Jérusalem pour consulter les apôtres et les anciens sur cette question. Ils sont reçus avec empressement par tout le monde; une grande assemblée a lieu. Le dissentiment se montre à peine, étouffé qu'il est sous les effusions d'une charité réciproque et sous le bonheur de se trouver ensemble. Pierre énonce l'avis qu'on s'attendrait à trouver dans la bouche de Paul, à savoir que les païens convertis ne sont pas assujettis à la loi de Moïse. Jacques n'apporte à cet avis qu'une très-légère restriction [1]. Paul ne parle pas, et, à vrai dire, il n'a pas besoin de parler, puisque sa doctrine est mise ici dans la bouche de Pierre. L'avis des frères de Judée n'est soutenu par personne. Un décret solennel est porté conformément à l'avis de Jacques. Ce décret est signifié aux Églises par des députés choisis exprès.

Comparons maintenant le récit de Paul dans l'épître aux Galates. Paul veut que le voyage qu'il fit cette fois-là à Jérusalem ait été l'effet d'un mouvement spontané et même le résultat d'une révélation. Arrivé à Jérusalem, il communique son Évangile à qui de droit; il a en particulier des entrevues avec ceux qui paraissent être des personnages considérables. On ne lui fait pas une seule critique; on ne lui communique rien; on ne lui demande que de se souvenir des pauvres de Jérusalem. Si Tite qui l'a accompagné consent à se laisser

---

[1]. La citation d'Amos (xv, 16-17), faite par Jacques conformément à la version grecque et en désaccord avec l'hébreu, montre bien, du reste, que ce discours est une fiction de l'auteur.

circoncire [1], c'est par égard pour « des faux frères intrus ». Paul leur fait cette concession passagère ; mais il ne se soumet pas à eux. Quant aux hommes importants (Paul ne parle d'eux qu'avec une nuance d'aigreur et d'ironie), ils ne lui ont rien appris de nouveau. Bien plus, Céphas étant venu plus tard à Antioche, Paul « lui résiste en face, parce qu'il a tort ». D'abord, en effet, Céphas mangeait avec tous indistinctement. Arrivent des émissaires de Jacques ; Pierre se cache, évite les incirconcis. « Voyant qu'il ne marchait pas dans la droite voie de la vérité de l'Évangile, » Paul apostrophe Céphas devant tout le monde et lui reproche amèrement sa conduite.

On voit la différence. D'une part, une solennelle concorde ; de l'autre, des colères mal retenues, des susceptibilités extrêmes. D'un côté, une sorte de concile ; de l'autre, rien qui y ressemble. D'un côté, un décret formel porté par une autorité reconnue ; de l'autre, des opinions diverses qui restent en présence, sans se rien céder réciproquement, si ce n'est pour la forme. Inutile de dire quelle est la version qui mérite la préférence. Le récit des *Actes* est à peine vraisemblable, puisque, d'après ce récit, le concile

---

[1]. Nous établirons plus tard que c'est là le vrai sens. En tout cas, le doute sur la question de savoir si Tite fut ou ne fut pas circoncis importe peu au raisonnement que nous poursuivons ici.

a pour occasion une dispute dont on ne voit plus de trace dès que le concile est réuni. Les deux orateurs y tiennent des discours en opposition avec ce que nous savons par ailleurs de leur rôle. Le décret que le concile est censé avoir porté est sûrement une fiction. Si ce décret, dont Jacques aurait fixé la rédaction, avait été réellement promulgué, pourquoi ces transes du bon et timide Pierre devant les gens envoyés par Jacques? Pourquoi se cache-t-il? Lui et les chrétiens d'Antioche agissaient en pleine conformité avec le décret dont les termes auraient été arrêtés par Jacques lui-même. L'affaire de la circoncision eut lieu vers 51. Quelques années après, vers l'an 56, la querelle que le décret aurait terminée est plus vive que jamais. L'Église de Galatie est troublée par de nouveaux émissaires du parti juif de Jérusalem[1]. Paul répond à cette nouvelle attaque de ses ennemis par sa foudroyante épître. Si le décret rapporté *Act.*, xv, avait quelque réalité, Paul avait un moyen bien simple de mettre fin au débat, c'était de le citer. Or, tout ce qu'il dit suppose la non-existence de ce décret. En 57, Paul, écrivant aux Corinthiens, ignore le même décret et même en viole les prescriptions. Le décret ordonne de s'abstenir des viandes immolées aux

---

1. Comp. *Act.*, xv, 1; Gal., i, 7; ii, 12.

idoles. Paul, au contraire, est d'avis qu'on peut très-bien manger de ces viandes si cela ne scandalise personne, mais qu'il faut s'en abstenir dans le cas où cela ferait du scandale [1]. En 58, enfin, lors du dernier voyage de Paul à Jérusalem, Jacques est plus obstiné que jamais [2]. Un des traits caractéristiques des *Actes*, trait qui prouve bien que l'auteur se propose moins de présenter la vérité historique et même de satisfaire la logique que d'édifier des lecteurs pieux, est cette circonstance que la question de l'admission des incirconcis y est toujours résolue sans l'être jamais. Elle l'est d'abord par le baptême de l'eunuque de la candace, puis par le baptême du centurion Corneille, tous deux miraculeusement ordonnés, puis par la fondation de l'Église d'Antioche (XI, 19 et suiv.), puis par le prétendu concile de Jérusalem, ce qui n'empêche pas qu'aux dernières pages du livre (XXI, 20-21) la question est encore en suspens. A vrai dire, elle resta toujours en cet état. Les deux fractions du christianisme naissant ne se fondirent jamais. Seulement, l'une d'elles, celle qui garda les pratiques du judaïsme, resta inféconde et s'éteignit obscurément. Paul fut si loin d'être accepté de tous, qu'après sa mort une portion du chris-

1. I Cor., VIII, 4, 9 ; X, 25-29.
2. *Act.*, XXI, 20 et suiv.

tianisme[1] l'anathématise et le poursuit de ses calomnies.

C'est dans notre livre troisième que nous aurons à traiter avec détail la question de fond engagée dans ces curieux incidents. Nous avons voulu seulement donner ici quelques exemples de la manière dont l'auteur des *Actes* entend l'histoire, de son système de conciliation, de ses idées préconçues. Faut-il conclure de là que les premiers chapitres des *Actes* sont dénués d'autorité, comme le pensent des critiques célèbres, que la fiction y va jusqu'à créer de toutes pièces des personnages, tels que l'eunuque de la candace, le centurion Corneille, et même le diacre Étienne et la pieuse Tabitha? Je ne le crois nullement. Il est probable que l'auteur des *Actes* n'a pas inventé de personnages[2]; mais c'est un avocat habile qui écrit pour prouver, et qui tâche de tirer parti des faits dont il a entendu parler pour démontrer ses thèses favorites, qui sont la légitimité de la vocation des gentils et l'institution divine de la hiérarchie. Un tel document demande à être employé avec de grandes précautions ; mais le repousser absolument est aussi

---

1. Les ébionites surtout. Voir les Homélies pseudo-clémentines ; Irénée, *Adv. hær.*, I, xxvi, 2 ; Épiphane, *Adv. hær.*, hær. xxx ; saint Jérôme, *In Matth.*, xii, init.

2. Je sacrifierais cependant volontiers Ananie et Saphire.

peu critique que de le suivre aveuglément. Quelques paragraphes, d'ailleurs, même en cette première partie, ont une valeur reconnue de tous et représentent des mémoires authentiques, extraits par le dernier rédacteur. Le chapitre xii, en particulier, est de très-bon aloi, et paraît provenir de Jean-Marc.

On voit dans quelle détresse nous serions, si nous n'avions pour documents en cette histoire qu'un livre aussi légendaire. Heureusement, nous en avons d'autres, qui se rapportent, il est vrai, directement à la période qui fera l'objet de notre livre troisième, mais qui répandent déjà sur celle-ci de très-grandes clartés. Ce sont les épîtres de saint Paul. L'épître aux Galates surtout est un véritable trésor, la base de toute la chronologie de cet âge, la clef qui ouvre tout, le témoignage qui doit rassurer les plus sceptiques sur la réalité des choses dont on pourrait douter. Je prie les lecteurs sérieux qui seraient tentés de me regarder comme trop hardi ou comme trop crédule de relire les deux premiers chapitres de cet écrit singulier. Ce sont, bien certainement, les deux pages les plus importantes pour l'étude du christianisme naissant. Les épîtres de saint Paul ont, en effet, un avantage sans égal en cette histoire : c'est leur authenticité absolue. Aucun doute n'a jamais été élevé par la critique sérieuse contre l'authenticité de l'épître aux Galates, des deux épîtres aux Corinthiens, de l'épître aux Romains. Les raisons par lesquelles on a voulu attaquer les deux épîtres aux Thessaloniciens et celle aux Philippiens sont sans valeur. En tête de notre livre troisième, nous aurons à discuter les objections plus spécieuses, quoique aussi peu décisives, qu'on a élevées contre l'épître aux Colossiens et le billet à Philémon; le problème particulier que présente l'épître aux Éphésiens; les fortes preuves, enfin, qui portent à rejeter les deux épîtres à Timothée et celle à Tite. Les épîtres dont nous aurons à faire usage en ce volume sont celles dont l'authenticité est indubitable; ou, du moins, les inductions que nous tirerons des autres sont indépendantes de la question de savoir si elles ont été ou non dictées par saint Paul.

On n'a pas à revenir ici sur les règles de critique qui ont été suivies dans la composition de cet ouvrage; car on l'a déjà fait dans l'introduction de la *Vie de Jésus*. Les douze premiers chapitres des *Actes* sont, en effet, un document analogue aux Évangiles synoptiques, et qui demande à être traité de la même façon. Ces sortes de documents, à demi historiques, à demi légendaires, ne peuvent être pris ni comme des légendes, ni comme de l'histoire. Presque tout y est faux dans le détail, et néanmoins il est permis d'en induire de précieuses vérités. Traduire purement et simplement ces récits, ce n'est pas faire de l'histoire. Ces récits, en effet, sont souvent contredits par d'autres textes plus autorisés. Par conséquent, même dans les cas où nous n'avons qu'un seul texte, on est toujours fondé à craindre que, s'il y en avait d'autres, la contradiction n'existât. Pour la vie de Jésus, le récit de Luc est sans cesse contrôlé et rectifié par les deux autres Évangiles synoptiques et par le quatrième. N'est-il pas probable, je le répète, que, si nous avions pour les *Actes* l'analogue des Évangiles synoptiques et du quatrième Évangile, les *Actes* seraient mis en défaut sur une foule de points où nous n'avons maintenant que leur témoignage? De tout autres règles nous guideront dans notre livre troisième, où nous serons en pleine histoire positive, et où nous aurons entre les mains des renseignements originaux et parfois autobiographiques. Quand saint Paul nous donne lui-même le récit de quelque épisode de sa vie qu'il n'avait pas d'intérêt à présenter sous tel ou tel jour, il est clair que nous n'avons qu'à insérer mot à mot dans notre récit ses paroles mêmes, selon la méthode de Tillemont. Mais, quand nous avons affaire à un narrateur préoccupé d'un système, écrivant pour faire prévaloir certaines idées, ayant ce mode de rédaction enfantin, aux contours vagues et mous, aux couleurs absolues et tranchées, qu'offre toujours la légende, le devoir du critique n'est pas de s'en tenir au texte; son devoir est de tâcher de découvrir ce que le texte peut recéler de vrai, sans jamais se croire assuré de l'avoir trouvé. Défendre à la critique de pareilles interprétations serait aussi peu raisonnable que si l'on commandait à l'astronome de ne s'occuper que de l'état apparent du ciel. L'astronomie, au contraire, ne consiste-t-elle pas à redresser la parallaxe causée par la position de l'observateur et à construire un état réel véritable d'après un état apparent trompeur?

Comment, d'ailleurs, prétendre qu'on doit suivre à la lettre des documents où se trouvent des impossibilités? Les douze premiers chapitres des *Actes* sont un tissu de miracles. Or, une règle absolue de la critique, c'est de ne pas donner place dans les récits historiques à des circonstances miraculeuses. Cela n'est pas la conséquence d'un système métaphysique. C'est tout simplement un fait d'observation. On n'a jamais constaté de faits de ce genre. Tous les faits prétendus miraculeux qu'on peut étudier de près se résolvent en illusion ou en imposture. Si un seul miracle était prouvé, on ne pourrait rejeter en bloc tous ceux des anciennes histoires; car, après tout, en admettant qu'un très-grand nombre de ces derniers fussent faux, on pourrait croire que certains seraient vrais. Mais il n'en est pas ainsi. Tous les miracles discutables s'évanouissent. N'est-on pas autorisé à conclure de là que les miracles qui sont éloignés de nous par des siècles, et sur lesquels il n'y a pas moyen d'établir de débat contradictoire, sont aussi sans réalité? En d'autres termes, il n'y a de miracle que quand on y croit; ce qui fait le surnaturel, c'est la foi. Le catholicisme, qui prétend que la force miraculeuse n'est pas encore éteinte dans son sein, subit lui-même l'influence de cette loi. Les miracles qu'il prétend faire ne se passent pas dans les endroits où il faudrait. Quand on a un moyen si simple de se prouver, pourquoi ne pas s'en servir au grand jour? Un miracle à Paris, devant des savants compétents, mettrait fin à tant de doutes! Mais, hélas! voilà ce qui n'arrive jamais. Jamais il ne s'est passé de miracle devant le public qu'il faudrait convertir, je veux dire devant des incrédules. La condition du miracle, c'est la crédulité du témoin. Aucun miracle ne s'est produit devant ceux qui auraient pu le discuter et le critiquer. Il n'y a pas à cela une seule exception. Cicéron l'a dit avec son bon sens et sa finesse ordinaires: « Depuis quand cette force secrète a-t-elle disparu? Ne serait-ce pas depuis que les hommes sont devenus moins crédules [1] ? »

« Mais, dit-on, s'il est impossible de prouver qu'il y ait jamais eu un fait surnaturel, il est impossible aussi de prouver qu'il n'y en a pas eu. Le savant positif qui nie le surnaturel procède donc aussi gratuitement que le croyant qui l'admet. » Nullement. C'est à celui qui affirme une proposition de la prouver. Celui devant qui on l'affirme n'a qu'une seule chose à faire, attendre la preuve et y céder si elle est bonne. On serait venu sommer Buffon de donner une place dans son *Histoire naturelle* aux sirènes et aux centaures, Buffon aurait répondu : « Montrez-moi un spécimen de ces êtres, et je les admettrai ; jusque-là, ils n'existent pas pour moi. — Mais prouvez qu'ils n'existent pas. — C'est à vous de prouver qu'ils existent. » La charge de faire la preuve, dans la science, pèse sur ceux qui allèguent un fait. Pourquoi ne croit-on plus aux anges, aux démons, quoique d'innombrables textes historiques en supposent l'existence ? Parce que jamais l'existence d'un ange, d'un démon ne s'est prouvée.

Pour soutenir la réalité du miracle, on fait appel à des phénomènes qu'on prétend n'avoir pu se passer selon le cours des lois de la nature, la création de l'homme, par exemple. « La création de l'homme,

---

1. *De divinatione*, II, 57.

dit-on, n'a pu se faire que par une intervention directe de la Divinité; pourquoi cette intervention ne se produirait-elle pas dans les autres moments décisifs du développement de l'univers ? » Je n'insisterai pas sur l'étrange philosophie et l'idée mesquine de la Divinité que renferme une telle manière de raisonner ; car l'histoire doit avoir sa méthode indépendante de toute philosophie. Sans entrer le moins du monde sur le terrain de la théodicée, il est facile de montrer combien une telle argumentation est défectueuse. Elle équivaut à dire que tout ce qui n'arrive plus dans l'état actuel du monde, tout ce que nous ne pouvons pas expliquer dans l'état actuel de la science, est miraculeux. Mais alors le soleil est un miracle, car la science est loin d'avoir expliqué le soleil ; la conception de chaque homme est un miracle, car la physiologie se tait encore sur ce point ; la conscience est un miracle, car elle est un mystère absolu; tout animal est un miracle, car l'origine de la vie est un problème sur lequel nous n'avons encore presque aucune donnée. Si on répond que toute vie, toute âme est, en effet, d'un ordre supérieur à la nature, on joue sur les mots. Nous voulons bien l'entendre ainsi; mais alors il faut s'expliquer sur le mot miracle. Qu'est-ce qu'un miracle qui se passe tous les jours et à toute heure ? Le miracle n'est pas l'inexpliqué ;

c'est une dérogation formelle, au nom d'une volonté particulière, à des lois connues. Ce que nous nions, c'est le miracle à l'état d'exception, ce sont des interventions particulières, comme celle d'un horloger qui aurait fait une horloge, fort belle il est vrai, à laquelle cependant il serait obligé de temps en temps de mettre la main pour suppléer à l'insuffisance des rouages. Que Dieu soit en toute chose, surtout en tout ce qui vit, d'une manière permanente, c'est justement notre théorie ; nous disons seulement qu'aucune intervention particulière d'une force surnaturelle n'a jamais été constatée. Nous nions la réalité du surnaturel particulier, jusqu'à ce qu'on nous ait apporté un fait de ce genre démontré. Chercher ce fait avant la création de l'homme; pour se dispenser de constater des miracles historiques, fuir au delà de l'histoire, à des époques où toute constatation est impossible; c'est se réfugier derrière le nuage, c'est prouver une chose obscure par une autre plus obscure, c'est contester une loi connue à cause d'un fait que nous ne connaissons pas. On invoque des miracles qui auraient eu lieu avant qu'aucun témoin existât, faute d'en pouvoir citer un qui ait eu de bons témoins.

Sans doute, il s'est passé dans l'univers, à des époques reculées, des phénomènes qui ne se présentent plus, au moins sur la même échelle, dans l'état actuel. Mais ces phénomènes ont eu leur raison d'être à l'heure où ils se sont manifestés. On rencontre dans les formations géologiques un grand nombre de minéraux et de pierres précieuses qui semblent ne plus se produire aujourd'hui dans la nature. Et pourtant, MM. Mitscherlich, Ebelmen, de Sénarmont, Daubrée ont recomposé artificiellement la plupart de ces minéraux et de ces pierres précieuses. S'il est douteux qu'on réussisse jamais à produire artificiellement la vie, cela tient à ce que la reproduction des circonstances où la vie commença (si elle a commencé) sera peut-être toujours au-dessus des moyens humains. Comment ramener un état de la planète disparu depuis des milliers d'années ? comment faire une expérience qui dure des siècles ? La diversité des milieux et des siècles de lente évolution, voilà ce qu'on oublie quand on appelle miracles les phénomènes qui se sont passés autrefois, et qui ne se passent plus aujourd'hui. Dans tel corps céleste, à l'heure qu'il est, il se produit peut-être des faits qui ont cessé chez nous depuis un temps infini. Certes, la formation de l'humanité est la chose du monde la plus choquante, la plus absurde, si on la suppose subite, instantanée. Elle rentre dans les analogies générales (sans cesser d'être mystérieuse), si on y voit le résultat d'un progrès lent continué durant des périodes incalculables. Il ne faut pas appliquer à la vie embryonnaire les lois de la vie de l'âge mûr. L'embryon développe, les uns après les autres, tous ses organes; l'homme adulte, au contraire, ne se crée plus d'organes. Il ne s'en crée plus, parce qu'il n'est plus dans l'âge de créer; de même que le langage ne s'invente plus, parce qu'il n'est plus à inventer. — Mais à quoi bon suivre des adversaires qui déplacent la question? Nous demandons un miracle historique constaté; on nous répond qu'avant l'histoire il a dû s'en passer. Certes, s'il fallait une preuve de la nécessité des croyances surnaturelles pour certains états de l'âme, on l'aurait dans ce fait que des esprits doués en toute autre chose de pénétration ont pu faire reposer l'édifice de leur foi sur un argument aussi désespéré.

D'autres, abandonnant le miracle de l'ordre physique, se retranchent dans le miracle d'ordre moral, sans lequel ils prétendent que ces événements ne peuvent être expliqués. Certainement, la formation du christianisme est le plus grand fait de l'histoire religieuse du monde. Mais elle n'est pas un miracle pour cela. Le bouddhisme, le babisme ont eu des martyrs aussi nombreux, aussi exaltés, aussi résignés que le christianisme. Les miracles de la fondation de l'islamisme sont d'une tout autre nature, et j'avoue qu'ils me touchent peu. Il faut cependant remarquer que les docteurs musulmans font sur l'établissement de l'islamisme, sur sa diffusion comme par une traînée de feu, sur ses rapides conquêtes, sur la force qui lui donne partout un règne si absolu, les mêmes raisonnements que font les apologistes chrétiens sur l'établissement du christianisme, et prétendent montrer là clairement le doigt de Dieu. Accordons même, si l'on veut, que la fondation du christianisme soit un fait unique. Une autre chose absolument unique, c'est l'hellénisme, en entendant par ce mot l'idéal de perfection dans la littérature, dans l'art, dans la philosophie, que la Grèce a réalisé. L'art grec dépasse tous les autres arts autant que le christianisme dépasse les autres religions, et l'Acropole d'Athènes, collection de chefs-d'œuvre à côté desquels tout le reste n'est que tâtonnement maladroit ou imitation plus ou moins bien réussie, est peut-être ce qui défie le plus, en son genre, toute comparaison. L'hellénisme, en d'autres termes, est autant un prodige de beauté que le christianisme est un prodige de sainteté. Une chose unique n'est pas une chose miraculeuse. Dieu est à des degrés divers dans tout ce qui est beau, bon et vrai. Mais il n'est jamais dans une de ses manifestations d'une façon si exclusive, que la présence de son souffle en un mouvement religieux ou philosophique doive être considérée comme un privilége ou une exception.

J'espère qu'un intervalle de deux années et demie écoulées depuis la publication de la *Vie de Jésus* portera certains lecteurs à s'occuper de ces problèmes avec plus de calme. La controverse religieuse est toujours de mauvaise foi, sans le savoir et sans le vouloir. Il ne s'agit pas pour elle de discuter avec indépendance, de chercher avec anxiété; il s'agit de défendre une doctrine arrêtée, de prouver que le dissident est un ignorant ou un homme de mauvaise foi. Calomnies, contre-sens, falsifications des idées et des textes, raisonnements triomphants sur des choses que l'adversaire n'a pas dites, cris de victoire sur des erreurs qu'il n'a pas commises, rien ne paraît déloyal à celui qui croit tenir en main les intérêts de la vérité absolue. J'aurais fort ignoré l'histoire, si je ne m'étais attendu à tout cela. J'ai assez de froideur pour y avoir été peu sensible, et un goût assez vif des choses de la foi pour qu'il m'ait été donné d'apprécier doucement ce qu'il y a eu parfois de touchant dans le sentiment qui inspirait mes contradicteurs. Souvent, en voyant tant de naïveté, une si pieuse assurance, une colère partant si franchement de si belles et si bonnes âmes, j'ai dit comme Jean Huss, à la vue d'une vieille femme qui suait pour apporter un fagot à son bûcher : *O sancta simplicitas!* J'ai seulement regretté certaines émotions, qui ne pouvaient être que stériles. Selon la belle expression de l'Écriture, « Dieu n'est pas dans la tourmente ». Ah! sans doute, si tout ce trouble aidait à découvrir la vérité, on se consolerait de tant d'agitation. Mais il n'en est pas ainsi; la vérité n'est pas faite pour l'homme passionné. Elle se réserve aux esprits qui cherchent sans parti pris, sans amour persistant, sans haine durable, avec une liberté absolue et sans nulle arrière-pensée d'agir sur la direction des affaires de l'humanité. Ces problèmes ne sont qu'une des innombrables questions dont le monde est rempli et que les curieux examinent. On n'offense personne en énonçant une opinion théorique. Ceux qui tiennent à leur foi comme à un trésor ont un moyen bien simple de la défendre, c'est de ne pas tenir compte des ouvrages écrits dans un sens différent du leur. Les timides font mieux de ne pas lire.

Il est des personnes pratiques, qui, à propos d'une œuvre de science, demandent quel parti politique l'auteur s'est proposé de satisfaire, et qui veulent qu'une œuvre de poésie renferme une leçon de morale. Ces personnes n'admettent pas qu'on écrive pour autre chose qu'une propagande. L'idée de l'art et de la science, n'aspirant qu'à trouver le vrai et à réaliser le beau, en dehors de toute politique, leur est étrangère. Entre nous et de telles personnes, les malentendus sont inévitables. « Ces gens-là, comme disait un philosophe grec, prennent avec leur main gauche ce que nous leur donnons avec notre main droite. » Une foule de lettres dictées par un sentiment honnête, que j'ai reçues, se résument ainsi : « Qu'avez-vous donc voulu ? Quel but vous êtes-vous proposé ? » Eh ! mon Dieu ! le même qu'on se propose en écrivant toute histoire. Si je disposais de plusieurs vies, j'emploierais l'une à écrire une histoire d'Alexandre, une autre à écrire une histoire d'Athènes, une troisième à écrire soit une histoire de la Révolution française, soit une histoire de l'ordre de Saint-François. Quel but me proposerais-je en écrivant ces ouvrages ? Un seul : trouver le vrai et le faire vivre, travailler à ce que les grandes choses du passé soient connues avec le plus d'exactitude possible et exposées d'une façon digne d'elles. La pensée d'ébranler la foi de personne est à mille lieues de moi. Ces œuvres doivent être exécutées avec une suprême indifférence, comme si l'on écrivait pour une planète déserte. Toute concession aux scrupules d'un ordre inférieur est un manquement au culte de l'art et de la vérité. Qui ne voit que l'absence de prosélytisme est la qualité et le défaut des ouvrages composés dans un tel esprit?

Le premier principe de l'école critique, en effet, est que chacun admet en matière de foi ce qu'il a besoin d'admettre, et fait, en quelque sorte, le lit de ses croyances proportionné à sa mesure et à sa taille. Comment serions-nous assez insensés pour nous mêler de ce qui dépend de circonstances sur lesquelles personne ne peut rien? Si quelqu'un vient à nos principes, c'est qu'il a le tour d'esprit et l'éducation nécessaires pour y venir; tous nos efforts ne donneraient pas cette éducation et ce tour d'esprit à ceux qui ne les ont pas. La philosophie diffère de la foi en ce que la foi est censée opérer par elle-même, indépendamment de l'intelligence qu'on a des dogmes. Nous croyons, au contraire, qu'une vérité n'a de valeur que quand on y est arrivé par soi-même, quand on voit tout l'ordre d'idées auquel elle se rattache. Nous ne nous obligeons pas à taire celles de nos opinions qui ne sont pas d'accord avec la croyance d'une portion de nos semblables; nous ne faisons aucun sacrifice aux exigences des diverses orthodoxies; mais nous ne songeons pas davantage à les attaquer ni à les provoquer; nous faisons comme si elles n'existaient pas. Pour moi, le jour où l'on pourrait me convaincre d'un effort pour attirer à mes idées un seul adhérent qui n'y vient pas de lui-même, on me causerait la peine la plus vive. J'en conclurais ou que mon esprit s'est laissé troubler dans sa libre et sereine allure, ou que quelque chose s'est appesanti en moi, puisque je ne suis plus capable de me contenter de la joyeuse contemplation de l'univers.

Qui ne voit, d'ailleurs, que, si mon but était de faire la guerre aux cultes établis, je devrais procéder d'une autre manière, m'attacher uniquement à montrer les impossibilités, les contradictions des textes et des dogmes tenus pour sacrés. Cette besogne fastidieuse a été faite mille fois et très-bien faite. En 1856[1], j'écrivais ce qui suit : « Je proteste une fois pour toutes contre la fausse interprétation qu'on donnerait à mes travaux, si l'on prenait comme des œuvres de polémique les divers essais sur l'histoire des religions que j'ai publiés, ou que je pourrai publier à l'avenir. Envisagés comme des œuvres de polémique, ces essais, je suis le premier à le reconnaître, seraient fort inhabiles. La polémique exige une stratégie à laquelle je suis étranger : il faut savoir choisir le côté faible de ses adversaires, s'y tenir, ne jamais toucher aux questions incertaines, se garder de toute concession, c'est-à-dire renoncer à ce qui fait l'essence même de l'esprit scientifique. Telle n'est pas ma méthode. La question fondamen-

[1]. Préface des *Études d'histoire religieuse*.

tale sur laquelle doit rouler la discussion religieuse, c'est-à-dire la question de la révélation et du surnaturel, je ne la touche jamais; non que cette question ne soit résolue pour moi avec une entière certitude, mais parce que la discussion d'une telle question n'est pas scientifique, ou, pour mieux dire, parce que la science indépendante la suppose antérieurement résolue. Certes, si je poursuivais un but quelconque de polémique ou de prosélytisme, ce serait là une faute capitale, ce serait transporter sur le terrain des problèmes délicats et obscurs une question qui se laisse traiter avec plus d'évidence dans les termes grossiers où la posent d'ordinaire les controversistes et les apologistes. Loin de regretter les avantages que je donne ainsi contre moi-même, je m'en réjouirai, si cela peut convaincre les théologiens que mes écrits sont d'un autre ordre que les leurs, qu'il n'y faut voir que de pures recherches d'érudition, attaquables comme telles, où l'on essaye parfois d'appliquer à la religion juive et à la religion chrétienne les principes de critique qu'on suit dans les autres branches de l'histoire et de la philologie. Quant à la discussion des questions purement théologiques, je n'y entrerai jamais, pas plus que MM. Burnouf, Creuzer, Guigniaut et tant d'autres historiens critiques des religions de l'antiquité ne se sont crus obligés d'entreprendre la réfutation ou l'apologie des cultes dont ils s'occupaient. L'histoire de l'humanité est pour moi un vaste ensemble où tout est essentiellement inégal et divers, mais où tout est du même ordre, sort des mêmes causes, obéit aux mêmes lois. Ces lois, je les recherche sans autre intention que de découvrir l'exacte nuance de ce qui est. Rien ne me fera changer un rôle obscur, mais fructueux pour la science, contre le rôle de controversiste, rôle facile en ce qu'il concilie à l'écrivain une faveur assurée auprès des personnes qui croient devoir opposer la guerre à la guerre. A cette polémique, dont je suis loin de contester la nécessité, mais qui n'est ni dans mes goûts ni dans mes aptitudes, Voltaire suffit. On ne peut être à la fois bon controversiste et bon historien. Voltaire, si faible comme érudit, Voltaire, qui nous semble si dénué du sentiment de l'antiquité, à nous autres qui sommes initiés à une méthode meilleure, Voltaire est vingt fois victorieux d'adversaires encore plus dépourvus de critique qu'il ne l'est lui-même. Une nouvelle édition des œuvres de ce grand homme satisferait au besoin que le moment présent semble éprouver de faire une réponse aux envahissements de la théologie ; réponse mauvaise en soi, mais accommodée à ce qu'il s'agit de combattre ; réponse arriérée à une science arriérée. Faisons mieux, nous tous que possèdent l'amour du vrai et la grande curiosité. Laissons ces débats à ceux qui s'y complaisent ; travaillons pour le petit nombre de ceux qui marchent dans la grande ligne de l'esprit humain. La popularité, je le sais, s'attache de préférence aux écrivains qui, au lieu de poursuivre la forme la plus élevée de la vérité, s'appliquent à lutter contre les opinions de leur temps ; mais, par un juste retour, ils n'ont plus de valeur dès que l'opinion qu'ils ont combattue a cessé d'être. Ceux qui ont réfuté la magie et l'astrologie judiciaire, au xvie et au xviie siècle, ont rendu à la raison un immense service : et pourtant leurs écrits sont inconnus aujourd'hui ; leur victoire même les a fait oublier. »

Je m'en tiendrai invariablement à cette règle de conduite, la seule conforme à la dignité du savant. Je sais que les recherches d'histoire religieuse touchent à des questions vives, qui semblent exiger une solution. Les personnes peu familiarisées avec la libre spéculation ne comprennent pas les calmes lenteurs de la pensée ; les esprits pratiques s'impatientent contre la science, qui ne répond pas à leurs empressements. Défendons-nous de ces vaines ardeurs. Gardons-nous de rien fonder ; restons dans nos Églises respectives, profitant de leur culte séculaire et de leur tradition de vertu, participant à leurs bonnes œuvres et jouissant de la poésie de leur passé. Ne repoussons que leur intolérance. Pardonnons même à cette intolérance ; car elle est, comme l'égoïsme, une des nécessités de la nature humaine. Supposer qu'il se fonde désormais de nouvelles familles religieuses ou que la proportion entre celles qui existent aujourd'hui arrive à changer beaucoup, c'est aller contre les apparences. Le catholicisme sera bientôt travaillé par de grands schismes; les temps d'Avignon, des antipapes, des clémentins et des urbanistes, vont revenir. L'Église catholique va refaire son xive siècle ; mais, malgré ses divisions, elle restera l'Église catholique. Il est probable que dans cent ans la relation entre le nombre des protestants, celui des catholiques, celui des juifs n'aura pas sensiblement varié. Mais un grand changement se sera accompli, ou plutôt sera devenu sensible aux yeux de tous. Chacune de ces familles religieuses aura deux sortes de fidèles, les uns croyants absolus comme au moyen âge, les autres sacrifiant la lettre et ne tenant qu'à l'esprit. Cette seconde fraction grandira dans chaque communion, et, comme l'esprit rapproche autant que la lettre divise, les spiritualistes de chaque communion arriveront à se rapprocher tellement qu'ils négligeront de se réunir tout à fait. Le fanatisme se perdra dans une tolérance générale. Le dogme deviendra une arche mystérieuse, que l'on conviendra de n'ouvrir jamais. Si l'arche est vide, alors, qu'importe? Une seule religion résistera, je le crains, à cet amollissement dogmatique; c'est l'islamisme. Il y a chez certains musulmans des anciennes écoles et chez quelques hommes éminents de Constantinople, il y a en Perse surtout des germes d'esprit large et conciliant. Si ces bons germes sont étouffés par le fanatisme des ulémas, l'islamisme périra; car deux choses sont évidentes : la première, c'est que la civilisation moderne ne désire pas que les anciens cultes meurent tout à fait; la seconde, c'est qu'elle ne souffrira pas d'être entravée dans son œuvre par les vieilles institutions religieuses. Celles-ci ont le choix entre fléchir ou mourir.

Quant à la religion pure, dont la prétention est justement de ne pas être une secte ni une Église à part, pourquoi se donnerait-elle les inconvénients d'une position dont elle n'a pas les avantages? pourquoi élèverait-elle drapeau contre drapeau, quand elle sait que le salut est possible à tous et partout, qu'il dépend du degré de noblesse que chacun porte en soi? On comprend que le protestantisme, au XVI° siècle, ait été amené à une rupture ouverte. Le protestantisme partait d'une foi très-absolue. Loin de correspondre à un affaiblissement du dogmatisme, la Réforme marqua une renaissance de l'esprit chrétien le plus rigide. Le mouvement du xixᵉ siècle, au contraire, part d'un sentiment qui est l'inverse du dogmatisme; il aboutira non à des sectes ou Églises séparées, mais à un adoucissement général de toutes les Églises. Les divisions tranchées augmentent le fanatisme de l'orthodoxie et provoquent des réactions. Les Luther, les Calvin firent les Caraffa, les Ghislieri, les Loyola, les Philippe II. Si notre Église nous repousse, ne récriminons pas; sachons apprécier la douceur des mœurs modernes, qui a rendu ces haines impuissantes; consolons-nous en songeant à cette Église invisible qui renferme les saints excommuniés, les meilleures âmes de chaque siècle. Les bannis d'une Église en sont toujours l'élite; ils devancent le temps; l'hérétique d'aujourd'hui est l'orthodoxe de l'avenir. Qu'est-ce, d'ailleurs, que l'excommunication des hommes? Le Père céleste n'excommunie que les esprits secs et les cœurs étroits. Si le prêtre refuse de nous admettre en son cimetière, défendons à nos familles de réclamer. C'est Dieu qui juge; la terre est une bonne mère qui ne fait pas de différences; le cadavre de l'homme de bien entrant dans le coin non bénit y porte la bénédiction avec lui.

Sans doute, il est des positions où l'application de

ces principes est difficile. L'esprit souffle où il veut ; l'esprit, c'est la liberté. Or, il est des personnes rivées en quelque sorte à la foi absolue ; je veux parler des hommes engagés dans les ordres sacrés ou revêtus d'un ministère pastoral. Même alors, une belle âme sait trouver des issues. Un digne prêtre de campagne arrive, par ses études solitaires et par la pureté de sa vie, à voir les impossibilités du dogmatisme littéral ; faut-il qu'il contriste ceux qu'il a consolés jusque-là, qu'il explique aux simples des changements que ceux-ci ne peuvent bien comprendre ? A Dieu ne plaise ! Il n'y a pas deux hommes au monde qui aient juste les mêmes devoirs. Le bon évêque Colenso a fait un acte d'honnêteté comme l'Église n'en a pas vu depuis son origine en écrivant ses doutes dès qu'ils lui sont venus. Mais l'humble prêtre catholique, en un pays d'esprit étroit et timide, doit se taire. Oh ! que de tombes discrètes, autour des églises de village, cachent ainsi de poétiques réserves, d'angéliques silences ? Ceux dont le devoir a été de parler égaleront-ils le mérite de ces secrets connus de Dieu seul ?

La théorie n'est pas la pratique. L'idéal doit rester l'idéal ; il doit craindre de se souiller au contact de la réalité. Des pensées bonnes pour ceux qui sont préservés par leur noblesse de tout danger moral peuvent, si on les applique, n'être pas sans inconvénient pour ceux qui sont entachés de bassesse. On ne fait de grandes choses qu'avec des idées strictement arrêtées ; car la capacité humaine est chose limitée ; l'homme absolument sans préjugé serait impuissant. Jouissons de la liberté des fils de Dieu ; mais prenons garde d'être complices de la diminution de vertu qui menacerait nos sociétés, si le christianisme venait à s'affaiblir. Que serions-nous sans lui ? Qui remplacera ces grandes écoles de sérieux et de respect telles que Saint-Sulpice, ce ministère de dévouement des Filles de la Charité? Comment n'être pas effrayé de la sécheresse de cœur et de la petitesse qui envahissent le monde? Notre dissidence avec les personnes qui croient aux religions positives est, après tout, uniquement scientifique ; par le cœur, nous sommes avec elles ; nous n'avons qu'un ennemi, et c'est aussi le leur, je veux dire le matérialisme vulgaire, la bassesse de l'homme intéressé.

Paix donc, au nom de Dieu ! Que les divers ordres de l'humanité vivent côte à côte, non en faussant leur génie propre pour se faire des concessions réciproques, qui les amoindriraient, mais en se supportant mutuellement. Rien ne doit régner ici-bas à l'exclusion de son contraire ; aucune force ne doit pouvoir supprimer les autres. L'harmonie de l'humanité résuite de la libre émission des notes les plus discordantes. Que l'orthodoxie réussisse à tuer la science, nous savons ce qui arrivera ; le monde musulman et l'Espagne meurent pour avoir trop consciencieusement accompli cette tâche. Que le rationalisme veuille gouverner le monde sans égard pour les besoins religieux de l'âme, l'expérience de la Révolution française est là pour nous apprendre les conséquences d'une telle faute. L'instinct de l'art, porté aux plus grandes délicatesses, mais sans honnêteté, fit de l'Italie de la renaissance un coupe-gorge, un mauvais lieu. L'ennui, la sottise, la médiocrité sont la punition de certains pays protestants, où, sous prétexte de bon sens et d'esprit chrétien, on a supprimé l'art et réduit la science à quelque chose de mesquin. Lucrèce et sainte Thérèse, Aristophane et Socrate, Voltaire et François d'Assise, Raphaël et Vincent de Paul ont également raison d'être, et l'humanité serait moindre si un seul des éléments qui la composent lui manquait.

LES
APOTRES

CHAPITRE PREMIER.

FORMATION DES CROYANCES RELATIVES A LA RÉSURRECTION
DE JÉSUS. — LES APPARITIONS DE JÉRUSALEM.

Jésus, quoique parlant sans cesse de résurrection, de nouvelle vie, n'avait jamais dit bien clairement qu'il ressusciterait en sa chair [1]. Les disciples, dans

1. Marc, xvi, 11; Luc, xviii, 34; xxiv, 11; Jean, xx, 9, 24 et suiv. L'opinion contraire exprimée dans Matth., xii, 40; xvi, 4, 21; xvii, 9, 23; xx, 19; xxvi, 32; Marc, viii, 31; ix, 9-10, 31; x, 34; Luc, ix, 22; xi, 29-30; xviii, 31 et suiv.; xxiv, 6-8; Justin, *Dial. cum Tryph.*, 106, vient de ce que, à partir d'une certaine époque, on tint beaucoup à ce que Jésus eût annoncé sa résurrection. Les synoptiques reconnaissent, du reste, que, si Jésus en parla, les apôtres n'y comprirent rien (Marc, ix, 10, 32; Luc, xviii, 34; comparez Luc, xxiv, 8, et Jean, ii, 24-22).

les premières heures qui suivirent sa mort, n'avaient à cet égard aucune espérance arrêtée. Les sentiments dont ils nous font la naïve confidence supposent même qu'ils croyaient tout fini. Ils pleurent et enterrent leur ami, sinon comme un mort vulgaire, du moins comme une personne dont la perte est irréparable[1]; ils sont tristes et abattus; l'espoir qu'ils avaient eu de le voir réaliser le salut d'Israël est convaincu de vanité; on dirait des hommes qui ont perdu une grande et chère illusion.

Mais l'enthousiasme et l'amour ne connaissent pas les situations sans issue. Ils se jouent de l'impossible, et, plutôt que d'abdiquer l'espérance, ils font violence à toute réalité. Plusieurs paroles qu'on se rappelait du maître, celles surtout par lesquelles il avait prédit son futur avénement, pouvaient être interprétées en ce sens qu'il sortirait du tombeau[2]. Une telle croyance était d'ailleurs si naturelle, que la foi des disciples aurait suffi pour la créer de toutes pièces. Les grands prophètes Hénoch et Élie n'avaient pas goûté la mort. On commençait même à croire que les patriarches et les hommes de premier ordre dans l'ancienne loi n'étaient pas réellement morts, et que leurs corps étaient dans leurs sépulcres à Hébron,

1. Marc, xvi, 10; Luc, xxiv, 17, 21.
2. Passages précités, surtout Luc, xvii, 24-25; xviii, 31-34.

vivants et animés [1]. Il devait arriver pour Jésus ce qui arrive pour tous les hommes qui ont captivé l'attention de leurs semblables. Le monde, habitué à leur attribuer des vertus surhumaines, ne peut admettre qu'ils aient subi la loi injuste, révoltante, inique, du trépas commun. Au moment où Mahomet expira, Omar sortit de la tente le sabre à la main, et déclara qu'il abattrait la tête de quiconque oserait dire que le prophète n'était plus [2]. La mort est chose si absurde quand elle frappe l'homme de génie ou l'homme d'un grand cœur, que le peuple ne croit pas à la possibilité d'une telle erreur de la nature. Les héros ne meurent pas. La vraie existence n'est-elle pas celle qui se continue pour nous au cœur de ceux qui nous aiment? Ce maître adoré avait rempli, durant des années, le petit monde qui se pressait autour de lui de joie et d'espérance; consentirait-on à le laisser pourrir au tombeau? Non; il avait trop vécu dans ceux qui l'entourèrent pour qu'on n'affirmât pas, après sa mort, qu'il vivait toujours [3].

1. Talmud de Babylone, *Baba Bathra*, 58 *a*, et l'extrait arabe donné par l'abbé Bargès, dans le *Bulletin de l'Œuvre des pèlerinages en terre sainte*, février 1863.

2. Ibn-Hischam, *Sirat errasoul*, édit. Wüstenfeld, pages 1012 et suiv.

3. Luc, XXIV, 23; *Act.*, XXV, 19; Jos., *Ant.*, XVIII, III, 3.

La journée qui suivit l'ensevelissement de Jésus (samedi, 15 de nisan) fut remplie par ces pensées. On s'interdit toute œuvre des mains à cause du sabbat. Mais jamais repos ne fut plus fécond. La conscience chrétienne n'eut, ce jour-là, qu'un objet, le maître déposé au tombeau. Les femmes surtout le couvrirent en esprit de leurs plus tendres caresses. Leur pensée n'abandonne pas un instant ce doux ami, couché dans sa myrrhe, que les méchants ont tué! Ah! sans doute, les anges l'entourent, et se voilent la face en son linceul. Il disait bien qu'il mourrait, que sa mort serait le salut du pécheur, et qu'il revivrait dans le royaume de son Père. Oui, il revivra; Dieu ne laissera pas son fils en proie aux enfers; il ne permettra pas que son élu voie la corruption [1]. Qu'est-ce que cette pierre du tombeau qui pèse sur lui? Il la soulèvera; il remontera à la droite de son Père, d'où il est descendu. Et nous le verrons encore; nous entendrons sa voix charmante; nous jouirons de nouveau de ses entretiens, et c'est en vain qu'ils l'auront tué.

La croyance à l'immortalité de l'âme, qui, par l'influence de la philosophie grecque, est devenue un dogme du christianisme, permet de prendre faci-

---

[1]. Ps. xvi, 10. Le sens de l'original est un peu différent. Mais c'est ainsi que les versions reçues traduisaient le passage.

lement son parti de la mort, puisque la dissolution du corps en cette hypothèse n'est qu'une délivrance de l'âme, affranchie désormais de liens gênants sans lesquels elle peut exister. Mais cette théorie de l'homme, envisagé comme un composé de deux substances, n'était pas bien claire pour les Juifs. Le règne de Dieu et le règne de l'esprit consistaient pour eux dans une complète transformation du monde et dans l'anéantissement de la mort [1]. Reconnaître que la mort pouvait être victorieuse de Jésus, de celui qui venait supprimer son empire, c'était le comble de l'absurdité. L'idée seule qu'il pût souffrir avait autrefois révolté ses disciples [2]. Ceux-ci n'eurent donc pas de choix entre le désespoir ou une affirmation héroïque. Un homme pénétrant aurait pu annoncer dès le samedi que Jésus revivrait. La petite société chrétienne, ce jour-là, opéra le véritable miracle; elle ressuscita Jésus en son cœur par l'amour intense qu'elle lui porta. Elle décida que Jésus ne mourrait pas. L'amour chez ces âmes passionnées fut vraiment plus fort que la mort [3], et, comme le propre de la passion est d'être communicative, d'allumer à la manière d'un flambeau un sentiment qui

---

1. I Thess., IV, 12 et suiv.; I Cor., XV entier; Apoc., XX-XXII.
2. Matth., XVI, 21 et suiv.; Marc, VIII, 31 et suiv.
3. Josèphe, *Ant.*, XVIII, III, 3.

lui ressemble et se propage ensuite indéfiniment, Jésus, en un sens, à l'heure où nous sommes parvenus, est déjà ressuscité. Qu'un fait matériel insignifiant permette de croire que son corps n'est plus ici-bas, et le dogme de la résurrection sera fondé pour l'éternité.

Ce fut ce qui arriva dans des circonstances qui, pour être en partie obscures, par suite de l'incohérence des traditions, et surtout des contradictions qu'elles présentent, se laissent néanmoins saisir avec un degré suffisant de probabilité[1].

Le dimanche matin, de très-bonne heure, les femmes galiléennes qui, le vendredi soir, avaient embaumé le corps à la hâte, se rendirent au caveau où on l'avait provisoirement déposé. C'étaient Marie de Magdala, Marie Cléophas, Salomé, Jeanne, femme de Khouza, d'autres encore[2]. Elles vinrent probablement chacune de leur côté; car, s'il est difficile de révoquer en doute la tradition des trois Évangiles synoptiques, d'après laquelle plusieurs femmes vinrent au tombeau[3], il est certain d'un autre côté que,

---

1. Relire avec soin les quatre récits des Évangiles et le passage 1 Cor., xv, 4-8.

2. Matth., xxviii, 1; Marc, xvi, 1; Luc, xxiv, 1; Jean, xx, 1.

3. Jean, xx, 2, semble même supposer que Marie ne fut pas toujours seule.

dans les deux récits les plus authentiques [1] que nous ayons de la résurrection, Marie de Magdala joue seule un rôle. En tout cas, elle eut, en ce moment solennel, une part d'action tout à fait hors ligne. C'est elle qu'il faut suivre pas à pas ; car elle porta, ce jour-là, pendant une heure tout le travail de la conscience chrétienne ; son témoignage décida de la foi de l'avenir.

Rappelons que le caveau où avait été renfermé le corps de Jésus était un caveau récemment creusé dans le roc et situé dans un jardin près du lieu de l'exécution [2]. On l'avait pris uniquement pour cette dernière cause, vu qu'il était tard, et qu'on ne voulait pas violer le sabbat [3]. Seul, le premier Évangile ajoute une circonstance : c'est que le caveau appartenait à Joseph d'Arimathie. Mais, en général, les cir-

1. Jean, xx, 1 et suiv., et Marc, xvi, 9 et suiv. Il faut observer que l'Évangile de Marc a, dans nos textes imprimés du Nouveau Testament, deux finales : Marc, xvi, 1-8; Marc, xvi, 9-20, sans parler de deux autres finales, dont l'une nous a été conservée par le manuscrit L de Paris et la marge de la version philoxénienne (*Nov. Test.* édit. Griesbach-Schultz, I, page 294, note), l'autre par saint Jérôme, *Adv. Pelag.*, l. II (t. IV, 2ᵉ part., col. 520, édit. Martianay). La finale xvi, 9 et suiv. manque dans le manuscrit B du Vatican, dans le *Codex Sinaïticus* et dans les plus importants manuscrits grecs. Mais elle est en tout cas d'une grande antiquité, et son accord avec le quatrième Évangile est une chose frappante.

2. Matth., xxvii, 60; Marc, xv, 46; Luc, xxiii, 53.
3. Jean, xix, 41-42.

constances anecdotiques ajoutées par le premier Évangile au fond commun de la tradition sont sans valeur, surtout quand il s'agit des derniers jours de la vie de Jésus [1]. Le même Évangile mentionne un autre détail qui, vu le silence des autres, n'a aucune probabilité : c'est le fait des scellés et d'une garde mise au tombeau [2]. — Rappelons aussi que les caveaux funéraires étaient des chambres basses, taillées dans un roc incliné, où l'on avait pratiqué une coupe verticale. La porte, d'ordinaire en contre-bas, était fermée par une pierre très-lourde, qui s'engageait dans une feuillure [3]. Ces chambres n'avaient pas de serrure fermant à clef; la pesanteur de la pierre était la seule garantie qu'on eût contre les voleurs ou les profanateurs de tombeaux ; aussi s'arrangeait-on de telle sorte qu'il fallût pour la remuer ou une machine ou l'effort réuni de plusieurs personnes. — Toutes les traditions sont d'accord sur ce point que la pierre avait été mise à l'orifice du caveau le vendredi soir.

Or, quand Marie de Magdala arriva, le dimanche

---

[1]. Voir *Vie de Jésus,* p. xxxviii.

[2]. L'Évangile des hébreux renfermait peut-être quelque circonstance analogue (dans saint Jérôme, *De viris illustribus,* 2).

[3]. M. de Vogüé, *les Églises de la terre sainte,* p. 125-126. Le verbe ἀποκυλίω (Matth., xxviii, 2; Marc, xvi, 3, 4; Luc, xxiv, 2) prouve bien que telle était la disposition du tombeau de Jésus.

matin, la pierre n'était pas à sa place. Le caveau était ouvert. Le corps n'y était plus. L'idée de la résurrection était encore chez elle peu développée. Ce qui remplissait son âme, c'était un regret tendre et le désir de rendre les soins funèbres au corps de son divin ami. Aussi ses premiers sentiments furent-ils la surprise et la douleur. La disparition de ce corps chéri lui enlevait la dernière joie sur laquelle elle avait compté. Elle ne le toucherait plus de ses mains!... Et qu'était-il devenu?... L'idée d'une profanation se présenta à elle et la révolta. Peut-être, en même temps, une lueur d'espoir traversa son esprit. Sans perdre un moment, elle court à une maison où Pierre et Jean étaient réunis [1] : « On a pris le corps

---

[1]. En tout ceci, le récit du quatrième Évangile a une grande supériorité. Il nous sert de guide principal. Dans Luc, XXIV, 12, Pierre seul va au tombeau. Dans la finale de Marc donnée par le manuscrit L et par la marge de la version philoxénienne (Griesbach, *loc. cit.*), il y a ταῖς περὶ τὸν Πέτρον. Saint Paul (1 Cor., XV, 5) également ne fait figurer que Pierre en cette première vision. Plus loin, Luc (XXIV, 24) suppose que plusieurs disciples sont allés au tombeau, ce qui s'applique probablement à des visites successives. Il est possible que Jean ait cédé ici à l'arrière-pensée, qui se trahit plus d'une fois en son Évangile, de montrer qu'il a eu dans l'histoire de Jésus un rôle de premier ordre, égal même à celui de Pierre. Peut-être aussi les déclarations répétées de Jean, qu'il a été témoin oculaire des faits fondamentaux de la foi chrétienne (Évang., I, 14; XXI, 24; I Joan., I, 1-3; IV, 14), doivent-elles s'appliquer à cette visite.

du maître, dit-elle, et nous ne savons pas où on l'a mis. »

Les deux disciples se lèvent à la hâte, et courent de toute leur force. Jean, le plus jeune, arrive le premier. Il se baisse pour regarder à l'intérieur. Marie avait raison. Le tombeau était vide. Les linges qui avaient servi à l'ensevelissement étaient épars dans le caveau. Pierre arrive à son tour. Tous deux entrent, examinent les linges, sans doute tachés de sang, et remarquent en particulier le suaire qui avait enveloppé la tête roulé à part en un coin[1]. Pierre et Jean se retirèrent chez eux dans un trouble extrême. S'ils ne prononcèrent pas encore le mot décisif : « Il est ressuscité ! » on peut dire qu'une telle conséquence était irrévocablement tirée et que le dogme générateur du christianisme était déjà fondé.

Pierre et Jean étant sortis du jardin, Marie resta seule sur le bord du caveau. Elle pleurait abondamment. Une seule pensée la préoccupait : Où avait-on mis le corps? Son cœur de femme n'allait pas au delà du désir de tenir encore dans ses bras le cadavre bien-aimé. Tout à coup, elle entend un bruit léger derrière elle. Un homme est debout. Elle croit d'abord que c'est le jardinier : « Oh! dit-

---

1. Jean, xx, 1-10. Comparez Luc, xxiv, 12, 34; I Cor., xv, 5 et la finale de Marc dans le manuscrit L.

elle, si c'est toi qui l'as pris, dis-moi où tu l'as posé, afin que je l'emporte. » Pour toute réponse, elle s'entend appeler par son nom : « Marie ! » C'était la voix qui tant de fois l'avait fait tressaillir. C'était l'accent de Jésus. « O mon maître !... » s'écrie-t-elle. Elle veut le toucher. Une sorte de mouvement instinctif la porte à baiser ses pieds [1]. La vision légère s'écarte et lui dit : « Ne me touche pas ! » Peu à peu l'ombre disparaît [2]. Mais le miracle de l'amour est accompli. Ce que Céphas n'a pu faire, Marie l'a fait : elle a su tirer la vie, la parole douce et pénétrante du tombeau vide. Il ne s'agit plus de conséquences à déduire, ni de conjectures à former. Marie a vu et entendu. La résurrection a son premier témoin immédiat.

Folle d'amour, ivre de joie, Marie rentra dans la ville, et aux premiers disciples qu'elle rencontra : « Je l'ai vu, il m'a parlé, » dit-elle [3]. Son imagination fortement troublée [4], ses discours entrecoupés et sans suite, la firent prendre par quelques-uns pour

---

1. Matth., xxviii, 9, en observant que Matthieu, xxviii, 9-10, répond à Jean, xx, 16-17.

2. Jean, xx, 11-17, en accord avec Marc, xvi, 9-10. Comparez le récit parallèle, mais bien moins satisfaisant de Matth., xxviii, 1-10; Luc, xxiv, 1-10.

3. Jean, xx, 18.

4. Comparez Marc, xvi, 9; Luc, viii, 2.

une folle [1]. Pierre et Jean, de leur côté, racontent ce qu'ils ont vu. D'autres disciples vont au tombeau et voient de même [2]. La conviction arrêtée de tout ce premier groupe fut que Jésus était ressuscité. Bien des doutes restaient encore ; mais l'assurance de Marie, de Pierre, de Jean s'imposait aux autres. Plus tard, on appela cela « la vision de Pierre » [3] ; Paul, en particulier, ne parle pas de la vision de Marie et reporte tout l'honneur de la première apparition sur Pierre. Mais cette expression était très-inexacte. Pierre ne vit que le caveau vide, le suaire et le linceul. Marie seule aima assez pour dépasser la nature et faire revivre le fantôme du maître exquis. Dans ces sortes de crises merveilleuses, voir après les autres n'est rien : tout le mérite est de voir pour la première fois ; car les autres modèlent ensuite leur vision sur le type reçu. C'est le propre des belles organisations de concevoir l'image promptement, avec justesse et par une sorte de sens

---

1. Luc, XXIV, 11.
2. *Ibid.*, XXIV, 24.
3. *Ibid.*, XXIV, 34; I Cor., XV, 5; la finale de Marc dans le manuscrit L. Le fragment de l'Évangile des hébreux, dans saint Ignace, *Epist. ad Smyrn.*, 3, et dans saint Jérôme, *De viris ill.*, 16, semble placer « la vision de Pierre » le soir, et la fondre avec celle des apôtres assemblés. Mais saint Paul distingue expressément les deux visions.

intime du dessin. La gloire de la résurrection appartient donc à Marie de Magdala. Après Jésus, c'est Marie qui a le plus fait pour la fondation du christianisme. L'ombre créée par les sens délicats de Madeleine plane encore sur le monde. Reine et patronne des idéalistes, Madeleine a su mieux que personne affirmer son rêve, imposer à tous la vision sainte de son âme passionnée. Sa grande affirmation de femme : « Il est ressuscité ! » a été la base de la foi de l'humanité. Loin d'ici, raison impuissante ! Ne va pas appliquer une froide analyse à ce chef-d'œuvre de l'idéalisme et de l'amour. Si la sagesse renonce à consoler cette pauvre race humaine, trahie par le sort, laisse la folie tenter l'aventure. Où est le sage qui a donné au monde autant de joie que la possédée Marie de Magdala ?

Les autres femmes, cependant, qui avaient été au tombeau, répandaient des bruits divers [1]. Elles n'avaient pas vu Jésus [2] ; mais elles parlaient d'un homme blanc, qu'elles avaient aperçu dans le caveau et qui leur avait dit : « Il n'est plus ici, retournez en

---

1. Luc, xxiv, 22-24, 34. Il résulte de ces passages que les nouvelles se répandirent séparément.

2. Marc, xvi, 1-8. — Matthieu, xxviii, 9-10, dit le contraire. Mais cela détonne dans le système synoptique, où les femmes ne voient qu'un ange. Il semble que le premier Évangile a voulu concilier le système synoptique et celui du quatrième, où une seule femme voit Jésus.

Galilée; il vous y précédera, vous l'y verrez[1]. » Peut-être étaient-ce les linceuls blancs qui avaient donné lieu à cette hallucination. Peut-être aussi ne virent-elles rien, et ne commencèrent-elles à parler de leur vision que quand Marie de Magdala eut raconté la sienne. Selon un des textes les plus authentiques, en effet[2], elles gardèrent quelque temps le silence, silence qu'on attribua ensuite à la terreur. Quoi qu'il en soit, ces récits allaient à chaque heure grossissant, et subissaient d'étranges déformations. L'homme blanc devint l'ange de Dieu; on raconta que son vêtement était éblouissant comme la neige, que sa figure sembla un éclair. D'autres parlaient de deux anges, dont l'un apparut à la tête, l'autre au pied du tombeau[3]. Le soir, peut-être, bien des personnes croyaient déjà que les femmes avaient vu cet ange descendre du ciel, tirer la pierre, et Jésus s'élancer dehors avec fracas[4]. Elles-mêmes variaient sans doute dans leurs

---

[1]. Matth., xxviii, 2 et suiv.; Marc, xvi, 5 et suiv.; Luc, xxiv, 4, et suiv., 23. Cette apparition d'anges s'est introduite même dans le récit du quatrième Évangile (xx, 12-13), qu'elle dérange tout à fait, étant appliquée à Marie de Magdala. L'auteur n'a pas voulu abandonner ce trait donné par la tradition.

[2]. Marc, xvi, 8.

[3]. Luc, xxiv, 4-7; Jean, xx, 12-13.

[4]. Matth., xxviii, 1 et suiv. Le récit de Matthieu est celui où les circonstances ont été ainsi le plus exagérées. Le tremblement de terre et le rôle des gardiens sont probablement des additions tardives.

dépositions[1] ; subissant l'effet de l'imagination des autres, comme il arrive toujours aux gens du peuple, elles se prêtaient à tous les embellissements, et participaient à la création de la légende qui naissait autour d'elles et à propos d'elles.

La journée fut orageuse et décisive. La petite société était fort dispersée. Quelques-uns étaient déjà partis pour la Galilée; d'autres s'étaient cachés par crainte[2]. La déplorable scène du vendredi, le spectacle navrant qu'on avait eu sous les yeux, en voyant celui dont on avait tant espéré finir sur le gibet sans que son Père vînt le délivrer, avaient d'ailleurs ébranlé la foi de plusieurs. Les nouvelles données par les femmes et par Pierre ne trouvèrent de divers côtés qu'une incrédulité à peine dissimulée[3]. Des récits divers se croisaient; les femmes allaient çà et là avec des discours étranges et peu concordants, enchérissant les unes sur les autres. Les sentiments les plus opposés se faisaient jour. Les uns pleuraient encore le triste

---

[1]. Les six ou sept récits que nous avons de cette scène du matin (Marc en ayant deux ou trois, et Paul ayant aussi le sien, sans parler de l'Évangile des hébreux) sont en complet désaccord les uns avec les autres.

[2]. Matth., xxvi, 31; Marc, xiv, 27; Jean, xvi, 32; Justin, *Apol.* I, 50; *Dial. cum Tryph.*, 53, 106. Le système de Justin est qu'au moment de la mort de Jésus, il y eut de la part des disciples une complète apostasie.

[3]. Matth., xxviii, 17; Marc, xvi, 11; Luc, xxiv, 11.

événement de l'avant-veille ; d'autres triomphaient déjà ; tous étaient disposés à accueillir les récits les plus extraordinaires. Cependant la défiance qu'inspirait l'exaltation de Marie de Magdala [1], le peu d'autorité qu'avaient les femmes, l'incohérence de leurs récits, produisaient de grands doutes. On était dans l'attente de visions nouvelles, qui ne pouvaient pas manquer de venir. L'état de la secte était tout à fait favorable à la propagation de bruits étranges. Si toute la petite Église eût été réunie, la création légendaire eût été impossible ; ceux qui savaient le secret de la disparition du corps eussent probablement réclamé contre l'erreur. Mais, dans le désarroi où l'on était, la porte était ouverte aux plus féconds malentendus.

C'est le propre des états de l'âme où naissent l'extase et les apparitions d'être contagieux [2]. L'histoire de toutes les grandes crises religieuses prouve que ces sortes de visions se communiquent : dans une assemblée de personnes remplies des mêmes croyances, il suffit qu'un membre de la réunion affirme voir ou entendre quelque chose de surnaturel, pour que

---

1. Marc. XVI, 9 ; Luc, VIII, 2.
2. Voir, par exemple, Calmeil, *De la folie au point de vue pathologique, philosophique, historique et judiciaire.* Paris, 1845, 2 vol. in-8°.

les autres voient et entendent aussi. Chez les protestants persécutés, le bruit se répandait qu'on avait entendu les anges chanter des psaumes sur les ruines d'un temple récemment détruit; tous y allaient et entendaient le même psaume [1]. Dans les cas de ce genre, ce sont les plus échauffés qui font la loi et qui règlent le degré de l'atmosphère commune. L'exaltation des uns se transmet à tous; personne ne veut rester en arrière ni convenir qu'il est moins favorisé que les autres. Ceux qui ne voient rien sont entraînés et finissent par croire ou qu'ils sont moins clairvoyants, ou qu'ils ne se rendent pas compte de leurs sensations; en tout cas, ils se gardent de l'avouer; ils troubleraient la fête, attristeraient les autres et se feraient un rôle désagréable. Quand une apparition se produit dans de telles réunions, il est donc ordinaire que tous la voient ou l'acceptent. Il faut se rappeler, d'ailleurs, quel était le degré de culture intellectuelle des disciples de Jésus. Ce qu'on appelle une tête faible s'associe très-bien à l'exquise bonté du cœur. Les disciples croyaient aux fan-

---

[1]. Voir les *Lettres pastorales* de Jurieu, 1ᵉ année, 7ᵉ lettre; 3ᵉ année, 4ᵉ lettre; Misson, *le Théâtre sacré des Cévennes* (Londres, 1707), p. 28, 34, 38, 102, 103, 104, 107; Mémoires de Court, dans Sayous, *Hist. de la littér. française à l'étranger*, xviiᵉ siècle, I, p. 303; *Bulletin de la Société de l'hist. du protest. franç.*, 1862, p. 174.

tômes[1]; ils s'imaginaient être entourés de miracles; ils ne participaient en rien à la science positive du temps. Cette science existait chez quelques centaines d'hommes, uniquement répandus dans les pays où la culture grecque avait pénétré. Mais le vulgaire, dans tous les pays, y participait très-peu. La Palestine était, à cet égard, un des pays les plus arriérés; les Galiléens étaient les plus ignorants des Palestiniens, et les disciples de Jésus pouvaient compter entre les gens les plus simples de la Galilée. C'était cette simplicité même qui leur avait valu leur céleste élection. Dans un tel monde, la croyance aux faits merveilleux trouvait les facilités les plus extraordinaires pour se répandre. Une fois l'opinion de la résurrection de Jésus ébruitée, de nombreuses visions devaient se produire. Elles se produisirent en effet.

Dans la journée même du dimanche, à une heure avancée de la matinée, où déjà les récits des femmes avaient circulé, deux disciples, dont l'un se nommait Cléopatros ou Cléopas, entreprirent un petit voyage à un bourg nommé Emmaüs[2], situé à une faible distance de Jérusalem[3]. Ils causaient entre eux

---

1. Matth., xiv, 26; Marc, vi, 49; Luc, xxiv, 37; Jean, iv, 19.
2. Marc, xvi, 12-13; Luc, xxiv, 13-33.
3. Comparez Josèphe, B. J., VII, vi, 6. Luc met ce village à soixante stades et Josèphe à trente stades de Jérusalem. Ἑξήκοντα,

des derniers événements, et ils étaient pleins de tristesse. Dans la route, un compagnon inconnu s'adjoignit à eux et leur demanda la cause de leur chagrin. « Es-tu donc le seul étranger à Jérusalem, lui dirent-ils, pour ignorer ce qui vient de s'y passer? N'as-tu pas entendu parler de Jésus de Nazareth, qui fut un homme prophète, puissant en œuvres et en paroles devant Dieu et le peuple? Ne sais-tu pas comment les prêtres et les grands l'ont fait condamner et crucifier? Nous espérions qu'il allait délivrer Israël, et voilà qu'aujourd'hui est le troisième jour depuis que tout cela s'est passé. Et puis, quelques femmes qui sont des nôtres nous ont jetés ce matin dans d'étranges perplexités. Elles ont été avant le jour au tombeau; elles n'ont pas trouvé le corps, mais elles affirment avoir vu des anges, qui leur ont dit qu'il est vivant. Quelques-uns des nôtres ont été ensuite au tombeau; ils ont tout trouvé comme les femmes avaient dit;

que portent certains manuscrits et certaines éditions de Josèphe, est une correction chrétienne. Voir l'édition de G. Dindorf. La situation la plus probable d'Emmaüs est Kulonié, joli endroit au fond d'un vallon, sur la route de Jérusalem à Jaffa. Voir Sepp, *Jerusalem und das Heilige Land* (1863), 1, p. 56; Bourquenoud, dans les *Études rel. hist. et litt.* des PP. de la Soc. de Jésus, 1863, n° 9, et, pour les distances exactes, H. Zschokke, *Das neutestamentliche Emmaüs* (Schaffouse, 1865).

mais lui, ils ne l'ont pas vu. » L'inconnu était un homme pieux, versé dans les Écritures, citant Moïse et les prophètes. Ces trois bonnes personnes lièrent amitié. A l'approche d'Emmaüs, comme l'inconnu allait continuer sa route, les deux disciples le supplièrent de prendre le repas du soir avec eux. Le jour baissait; les souvenirs des deux disciples deviennent alors plus poignants. Cette heure du repas du soir était celle que tous se rappelaient avec le plus de charme et de mélancolie. Combien de fois n'avaient-ils pas vu, à ce moment-là, le maître bien-aimé oublier le poids du jour dans l'abandon de gais entretiens, et, animé par quelques gouttes d'un vin très-noble, leur parler du fruit de la vigne qu'il boirait nouveau avec eux dans le royaume de son Père. Le geste qu'il faisait en rompant le pain et en le leur offrant, selon l'habitude du chef de maison chez les Juifs, était profondément gravé dans leur mémoire. Pleins d'une douce tristesse, ils oublient l'étranger; c'est Jésus qu'ils voient tenant le pain, puis le rompant et le leur offrant. Ces souvenirs les préoccupent à un tel point, qu'ils s'aperçoivent à peine que leur compagnon, pressé de continuer sa route, les a quittés. Et quand ils furent sortis de leur rêverie : « Ne sentions-nous pas, se dirent-ils, quelque chose d'étrange? Ne te souviens-tu pas que notre cœur était comme ardent pendant qu'il nous parlait dans le chemin? » — « Et les prophéties qu'il citait prouvaient bien que le Messie doit souffrir pour entrer dans sa gloire. Ne l'as-tu pas reconnu à la fraction du pain? » — « Oui, nos yeux étaient fermés jusque-là ; ils se sont ouverts quand il s'est évanoui. » La conviction des deux disciples fut qu'ils avaient vu Jésus. Ils rentrèrent en toute hâte à Jérusalem.

Le groupe principal des disciples était justement à ce moment-là rassemblé autour de Pierre [1]. La nuit était tout à fait tombée. Chacun communiquait ses impressions et ce qu'il avait entendu dire. La croyance générale voulait déjà que Jésus fût ressuscité. A l'entrée des deux disciples, on se hâta de leur parler de ce qu'on appelait « la vision de Pierre » [2]. Eux, de leur côté, racontèrent ce qui leur était arrivé dans la route et comment ils l'avaient reconnu à la fraction du pain. L'imagination de tous se trouva vivement excitée. Les portes étaient fermées ; car on redoutait les Juifs. Les villes orientales sont muettes après le coucher du soleil. Le silence était donc par moments très-profond à l'intérieur ; tous les petits

---

1. Marc, XVI, 14; Luc, XXIV, 33 et suiv.; Jean, XX, 19 et suiv.; Évang. des hébr., dans saint Ignace, *Epist. ad Smyrn.*, 3, et dans saint Jérôme, *De viris ill.*, 16; I Cor., XV, 5.; Justin, *Dial. cum Tryph.*, 106.

2. Luc, XXIV, 34.

bruits qui se produisaient par hasard étaient interprétés dans le sens de l'attente universelle. L'attente crée d'ordinaire son objet[1]. Pendant un instant de silence, quelque léger souffle passa sur la face des assistants. A ces heures décisives, un courant d'air, une fenêtre qui crie, un murmure fortuit, arrêtent la croyance des peuples pour des siècles. En même temps que le souffle se fit sentir, on crut entendre des sons. Quelques-uns dirent qu'ils avaient discerné le mot *schalom*, « bonheur » ou « paix ». C'était le salut ordinaire de Jésus et le mot par lequel il signalait sa présence. Nul doute possible ; Jésus est présent ; il est là dans l'assemblée. C'est sa voix chérie ; chacun la reconnaît[2]. Cette imagination était d'autant plus facile à accepter que Jésus leur avait dit que, toutes les fois

[1]. Dans une île vis-à-vis de Rotterdam, dont la population est restée attachée au calvinisme le plus austère, les paysans sont persuadés que Jésus vient, à leur lit de mort, assurer ses élus de leur justification ; beaucoup le voient en effet.

[2]. Pour concevoir la possibilité de pareilles illusions, il suffit de se rappeler les scènes de nos jours où des personnes réunies reconnaissent unanimement entendre des bruits sans réalité, et cela, avec une parfaite bonne foi. L'attente, l'effort de l'imagination, la disposition à croire, parfois des complaisances innocentes, expliquent ceux de ces phénomènes qui ne sont pas le produit direct de la fraude. Ces complaisances viennent, en général, de personnes convaincues, animées d'un sentiment bienveillant, ne voulant pas que la séance finisse mal, et désireuses de tirer d'embarras les maîtres de la maison. Quand on croit au miracle, on y

qu'ils se réuniraient en son nom, il serait au milieu d'eux. Ce fut donc une chose reçue que, le dimanche soir, Jésus était apparu devant ses disciples assemblés. Quelques-uns prétendirent avoir distingué dans ses mains et ses pieds la marque des clous, et dans son flanc la trace du coup de lance. Selon une tradition fort répandue, ce fut ce soir-là même qu'il souffla sur ses disciples le Saint-Esprit[1]. L'idée, au moins, que son souffle avait couru sur la réunion fut généralement admise.

Tels furent les incidents de ce jour qui a fixé le sort de l'humanité. L'opinion que Jésus était ressuscité s'y fonda d'une manière irrévocable. La secte, qu'on avait cru éteindre en tuant le maître, fut dès lors assurée d'un immense avenir.

Quelques doutes, cependant, se produisaient encore[2]. L'apôtre Thomas, qui ne s'était pas trouvé à la réunion du dimanche soir, avoua qu'il portait quelque envie à ceux qui avaient vu la trace de la

---

aide toujours sans s'en apercevoir. Le doute et la négation sont impossibles dans ces sortes de réunions. On ferait de la peine à ceux qui croient et à ceux qui vous ont invité. Voilà pourquoi ces expériences, qui réussissent devant de petits comités, échouent d'ordinaire devant un public payant, et manquent toujours devant les commissions scientifiques.

1. Jean, xx, 22-23, qui a un écho dans Luc, xxiv, 49.
2. Matth., xxviii, 17; Marc, xvi, 14; Luc, xxiv, 39-40.

lance et des clous. On dit que, huit jours après, il fut satisfait[1]. Mais il en resta sur lui une tache légère et comme un doux reproche. Par une vue instinctive d'une exquise justesse, on comprit que l'idéal ne veut pas être touché avec les mains, qu'il n'a nul besoin de subir le contrôle de l'expérience. *Noli me tangere* est le mot de toutes les grandes amours. Le toucher ne laisse rien à la foi; l'œil, organe plus pur et plus noble que la main, l'œil, que rien ne souille, et par qui rien n'est souillé, devint même bientôt un témoin superflu. Un sentiment singulier commença à se faire jour; toute hésitation parut un manque de loyauté et d'amour; on eut honte de rester en arrière; on s'interdit de désirer voir. Le dicton « Heureux ceux qui n'ont pas vu et qui ont cru[2]! » devint le mot de la situation. On trouva quelque chose de plus généreux à croire sans preuve. Les vrais amis de cœur ne voulurent pas avoir eu de vision[3], de même que, plus tard, saint Louis refusait d'être témoin d'un miracle eucharis-

---

1. Jean, xx, 24-29 ; comparez Marc, xvi, 14 : Luc, xxiv, 39-40, et la finale de Marc, conservée par saint Jérôme, *Adv. Pelag.*, II (v. ci-dessus, p. 7).

2. Jean, xx, 29.

3. Il est bien remarquable, en effet, que Jean, sous le nom duquel nous a été transmis le dicton précité, n'a pas de vision particulière pour lui seul. Cf. I Cor., xv, 5-8.

tique pour ne pas s'enlever le mérite de la foi. Ce fut, dès lors, en fait de crédulité, une émulation effrayante et comme une sorte de surenchère. Le mérite consistant à croire sans avoir vu, la foi à tout prix, la foi gratuite, la foi allant jusqu'à la folie fut exaltée comme le premier des dons de l'âme. Le *credo quia absurdum* est fondé; la loi des dogmes chrétiens sera une étrange progression qui ne s'arrêtera devant aucune impossibilité. Une sorte de sentiment chevaleresque empêchera de regarder jamais en arrière. Les dogmes les plus chers à la piété, ceux auxquels elle s'attachera avec le plus de frénésie, seront les plus répugnants à la raison, par suite de cette idée touchante que la valeur morale de la foi augmente en proportion de la difficulté de croire, et qu'on ne fait preuve d'aucun amour en admettant ce qui est clair.

Ces premiers jours furent ainsi comme une période de fièvre intense, où les fidèles, s'enivrant les uns les autres et s'imposant les uns aux autres leurs rêves, s'entraînaient mutuellement et se portaient aux idées les plus exaltées. Les visions se multipliaient sans cesse. Les réunions du soir étaient le moment le plus ordinaire où elles se produisaient[1].

---

1. Jean, xx, 26. Le passage xxi, 14, suppose, il est vrai, qu'il n'y eut à Jérusalem que deux apparitions devant les disciples réunis. Mais les passages xx, 30, et xxi, 25, laissent beaucoup plus de latitude. Comparez *Act.*, i, 3.

Quand les portes étaient fermées, et que tous étaient obsédés de leur idée fixe, le premier qui croyait entendre le doux mot *schalom* « salut » ou « paix », donnait le signal. Tous écoutaient et entendaient bientôt la même chose. C'était alors une grande joie pour ces âmes simples de savoir le maître au milieu d'elles. Chacun savourait la douceur de cette pensée, et se croyait favorisé de quelque colloque intérieur. D'autres visions étaient calquées sur un autre modèle, et rappelaient celle des voyageurs d'Emmaüs. Au moment du repas, on voyait Jésus apparaître, prendre le pain, le bénir, le rompre et l'offrir à celui qu'il favorisait de sa vision[1]. En quelques jours, un cycle entier de récits, fort divergents dans les détails, mais inspirés par un même esprit d'amour et de foi absolue, se forma et se répandit. C'est la plus grave erreur de croire que la légende a besoin de beaucoup de temps pour se faire. La légende naît parfois en un jour. Le dimanche soir (16 de nisan, 5 avril), la résurrection de Jésus était tenue pour une réalité. Huit jours après, le caractère de la vie d'outre-tombe qu'on fut amené à concevoir pour lui était arrêté quant aux traits essentiels.

2. Luc, xxiv, 41-43; Évangile des hébreux, dans saint Jérôme, *De viris illustribus*, 2; finale de Marc, dans saint Jérôme, *Adv. Pelag.*, II.

CHAPITRE II.

DÉPART DES DISCIPLES DE JÉRUSALEM. — DEUXIÈME VIE GALILÉENNE DE JÉSUS.

Le désir le plus vif de ceux qui ont perdu une personne chère, est de revoir les lieux où ils ont vécu avec elle. Ce fut sans doute ce sentiment qui, quelques jours après les événements de la Pâque, porta les disciples à regagner la Galilée. Dès le moment de l'arrestation de Jésus, et immédiatement après sa mort, il est probable que plusieurs avaient déjà pris le chemin des provinces du Nord. Au moment de la résurrection, un bruit s'était répandu d'après lequel c'était en Galilée qu'on le reverrait. Quelques-unes des femmes qui avaient été au tombeau revinrent en disant que l'ange leur avait dit que Jésus les avait déjà précédées en Galilée [1]. D'autres disaient que c'était Jésus qui avait ordonné de s'y

---

1. Matth., xxviii, 7; Marc, xvi, 7.

rendre [1]. Parfois on croyait même se souvenir qu'il l'avait dit de son vivant [2]. Ce qu'il y a de certain, c'est qu'au bout de quelques jours, peut-être après l'achèvement complet des fêtes de Pâques, les disciples crurent avoir un commandement de retourner dans leur patrie, et y retournèrent en effet [3]. Peut-être les visions commençaient-elles à se ralentir à Jérusalem. Une sorte de nostalgie s'empara d'eux. Les courtes apparitions de Jésus n'étaient pas suffisantes pour compenser le vide énorme laissé par son absence. Ils songeaient avec un sentiment mélancolique au lac et à ces belles montagnes où ils avaient goûté le royaume de Dieu [4]. Les femmes surtout voulaient à tout prix retourner dans le pays où elles avaient joui de tant de bonheur. Il faut observer que l'ordre de partir venait surtout d'elles [5]. Cette ville

---

1. Matth., xxviii, 10.
2. *Ibid.*, xxvi, 32; Marc, xiv, 28.
3. Matth., xxviii, 16; Jean, xxi. — Luc, xxiv, 49, 50, 52 et les *Actes*, i, 3-4, sont ici en contradiction flagrante avec Marc, xvi, 1-8, et Matthieu. La seconde finale de Marc (xvi, 9 et suiv.), et même les deux autres qui ne font pas partie du texte reçu (voir ci-dessus, p. 7), paraissent conçues dans le système de Luc. Mais cela ne peut prévaloir contre l'accord d'une partie de la tradition synoptique avec le quatrième Évangile et même, indirectement, avec Paul (I Cor., xv, 5-8) sur ce point.
4. Matth., xxviii, 16.
5. *Ibid.*, xxviii, 7; Marc, xvi, 7.

odieuse leur pesait ; elles aspiraient à revoir la terre où elles avaient possédé celui qu'elles aimaient, bien sûres d'avance de l'y rencontrer encore.

La plupart des disciples partirent donc pleins de joie et d'espérance, peut-être en compagnie de la caravane qui ramenait les pèlerins de la fête de Pâques. Ce qu'ils espéraient trouver en Galilée, ce n'étaient pas seulement des visions passagères, c'était Jésus lui-même d'une manière continue, comme cela avait lieu avant sa mort. Une immense attente remplissait leurs âmes. Allait-il renouveler le royaume d'Israël, fonder définitivement le règne de Dieu, et, comme on disait, « révéler sa justice [1] » ? Tout était possible. Ils se représentaient déjà les riants paysages où ils avaient joui de lui. Plusieurs croyaient qu'il leur avait donné rendez-vous sur une montagne [2], probablement celle-là même à laquelle se rattachaient leurs plus doux souvenirs. Jamais sans doute voyage ne fut plus joyeux. C'étaient tous leurs rêves de bonheur qui étaient à la veille de se réaliser. Ils allaient le revoir !

Ils le revirent en effet. A peine rendus à leurs paisibles chimères, ils se crurent en pleine période évangélique. On était vers la fin du mois d'avril.

---

1. Finale de Marc, dans saint Jérôme, *Adv. Pelag.*, II.
2. Matth., xxviii, 16.

La terre alors est parsemée d'anémones rouges, qui sont probablement ces « lis des champs » dont Jésus aimait à tirer ses comparaisons. A chaque pas, on retrouvait ses paroles, comme attachées aux mille accidents du chemin. Voici l'arbre, la fleur, la semence, dont il prit sa parabole; voici la colline où il tint ses plus touchants discours; voici la barque où il enseigna. C'était comme un beau rêve recommencé, comme une illusion évanouie puis retrouvée. L'enchantement sembla renaître. Le doux « royaume de Dieu » galiléen reprit son cours. Cet air transparent, ces matinées sur la rive ou sur la montagne, ces nuits passées sur le lac en gardant les filets, se retrouvèrent pleines de visions. Ils le voyaient partout où ils avaient vécu avec lui. Sans doute, ce n'était pas la joie de la jouissance à toute heure. Parfois le lac devait leur paraître bien solitaire. Mais le grand amour se contente de peu de chose. Si tous tant que nous sommes, une fois par an, à la dérobée, durant un instant assez long pour échanger deux paroles, nous pouvions revoir les personnes aimées que nous avons perdues, la mort ne serait plus la mort!

Tel était l'état d'âme de la troupe fidèle, dans cette courte période où le christianisme sembla revenir un moment à son berceau pour lui dire un éternel adieu. Les principaux disciples, Pierre, Thomas, Nathanaël, les fils de Zébédée, se retrouvèrent sur le bord du lac et désormais vécurent ensemble[1] ; ils avaient repris leur ancien état de pêcheurs, à Bethsaïda ou à Capharnahum. Les femmes galiléennes étaient sans doute avec eux. Elles avaient poussé plus que personne à ce retour, qui était pour elles un besoin de cœur. Ce fut leur dernier acte dans la fondation du christianisme. A partir de ce moment, on ne les voit plus paraître. Fidèles à leur amour, elles ne voulurent plus quitter le pays où elles avaient goûté leur grande joie[2]. On les oublia vite, et, comme le christianisme galiléen n'eut guère de postérité, leur souvenir se perdit complétement dans certaines branches de la tradition. Ces touchantes démoniaques, ces pécheresses converties, ces vraies fondatrices du christianisme, Marie de Magdala, Marie Cléophas, Jeanne, Susanne, passèrent à l'état de saintes délaissées. Saint Paul ne les connaît pas[3]. La foi qu'elles

1. Jean, xxi, 2 et suiv.

2. L'auteur des *Actes*, i, 14, les place à Jérusalem lors de l'ascension. Mais cela tient à son parti systématique (Luc, xxiv, 49; Act., 1-4) de ne pas admettre de voyage en Galilée après la résurrection (système contredit par Matthieu et par Jean). Pour être fidèle à ce système, il est obligé de placer l'ascension à Béthanie, en quoi il est contredit par toutes les autres traditions.

3. 1 Cor., xv, 5 et suiv.

avaient créée les mit presque dans l'ombre. Il faut descendre jusqu'au moyen âge pour que justice leur soit rendue; l'une d'elles, Marie-Madeleine, reprend alors sa place capitale dans le ciel chrétien.

Les visions au bord du lac paraissent avoir été assez fréquentes. Sur ces flots où ils avaient touché Dieu, comment les disciples n'eussent-ils pas revu leur divin ami? Les plus simples circonstances le leur rendaient. Une fois, ils avaient ramé toute la nuit sans prendre un seul poisson; tout à coup les filets se remplissent; ce fut un miracle. Il leur sembla que quelqu'un leur avait dit de terre : « Jetez vos filets à droite. » Pierre et Jean se regardèrent : « C'est le Seigneur, » dit Jean. Pierre, qui était nu, se couvrit à la hâte de sa tunique et se jeta à la mer pour aller rejoindre l'invisible conseiller [1]. — D'autres fois, Jésus venait prendre part à leurs simples repas. Un jour, à l'issue de la pêche, ils furent surpris de trouver les charbons allumés, un poisson posé dessus et du pain à côté. Un vif souvenir de leurs festins du temps passé leur traversa l'esprit. Le pain et le poisson en faisaient toujours une partie essentielle. Jésus avait l'habitude de leur en offrir. Ils

---

1. Jean, xxi, 1 et suiv. Ce chapitre a été ajouté à l'Évangile déjà achevé, comme un post-scriptum. Mais i est de la même provenance que le reste.

furent persuadés, après le repas, que Jésus s'était assis à côté d'eux et leur avait présenté de ces mets, déjà devenus pour eux eucharistiques et sacrés [1].

C'était surtout Jean et Pierre qui étaient favorisés de ces intimes entretiens avec le fantôme bien-aimé. Un jour, Pierre, en songe peut-être (mais que dis-je! leur vie sur ces bords n'était-elle pas un songe perpétuel?), crut entendre Jésus lui demander : « M'aimes-tu ? » La question se renouvela trois fois. Pierre, tout possédé d'un sentiment tendre et triste, s'imaginait répondre : « Oh! oui, Seigneur, tu sais que je t'aime; » et, à chaque fois, l'apparition disait :

---

[1]. Jean, XXI, 9-14; comp. Luc, XXIV, 41-43. Jean réunit en une seule les deux scènes de la pêche et du repas. Mais Luc groupe autrement les choses. En tout cas, si on pèse attentivement les versets Jean, XXI, 14-15, on se convaincra que les liaisons de Jean sont ici un peu artificielles. Les hallucinations, au moment où elles naissent, sont toujours isolées. C'est plus tard qu'on en forme des anecdotes suivies. Cette façon de joindre comme consécutifs des faits séparés par des mois et des semaines se voit d'une manière frappante en comparant entre eux deux passages du même écrivain, Luc, Évang., XXIV, fin, et *Actes*, I, commencement. D'après le premier passage, Jésus serait monté au ciel le jour même de la résurrection; or, d'après le second, il y eut un intervalle de quarante jours. Si l'on prenait aussi à la rigueur Marc, XVI, 9-20, l'ascension aurait eu lieu le soir de la résurrection. Rien ne prouve mieux que la contradiction de Luc dans ces deux passages combien les rédacteurs des écrits évangéliques tenaient peu aux sutures de leurs récits.

« Pais mes brebis [1]. » Une autre fois, Pierre fit à Jean la confidence d'un songe étrange. Il avait rêvé qu'il se promenait avec le maître. Jean venait par derrière à quelques pas. Jésus lui parla en termes très-obscurs, qui semblaient lui annoncer la prison ou une mort violente, et lui répéta à diverses reprises : « Suis-moi. » Pierre alors, montrant du doigt Jean qui les suivait, demanda : « Seigneur, et celui-là ? — Celui-là, dit Jésus, si je veux qu'il reste, jusqu'à ce que je vienne, que t'importe ? Suis-moi. » Après le supplice de Pierre, Jean se rappela ce rêve, et y vit une prédiction du genre de mort de son ami. Il le raconta à ses disciples ; ceux-ci crurent y trouver l'assurance que leur maître ne mourrait pas avant l'avénement final de Jésus [2].

Ces grands rêves mélancoliques, ces entretiens sans cesse interrompus et recommencés avec le mort chéri remplissaient les jours et les mois. La sympathie de la Galilée pour le prophète que les Hiérosolymites avaient mis à mort s'était réveillée. Plus de cinq cents personnes étaient déjà groupées autour du souvenir de Jésus [3]. A défaut du maître perdu,

---

1. Jean, XXI, 15 et suiv.
2. *Ibid.*, XXI, 18 et suiv.
3. I Cor., XV, 6.

elles obéissaient à ses disciples les plus autorisés, surtout à Pierre. Un jour qu'à la suite de leurs chefs spirituels, les Galiléens fidèles étaient montés sur une de ces montagnes où Jésus les avait souvent conduits, ils crurent encore le voir. L'air sur ces hauteurs est plein d'étranges miroitements. La même illusion qui autrefois avait eu lieu pour les disciples les plus intimes [1] se produisit encore. La foule assemblée s'imagina voir le spectre divin se dessiner dans l'éther; tous tombèrent sur la face et adorèrent [2]. Le sentiment qu'inspire le clair horizon de ces montagnes est l'idée de l'ampleur du monde avec l'envie de le conquérir. Sur un des pics environnants, Satan, montrant de la main à Jésus les royaumes de la terre et toute leur gloire, les lui avait, disait-on, proposés, s'il voulait s'incliner devant lui. Cette fois, ce fut Jésus qui, du haut des sommets sacrés, montra à ses disciples la terre entière et leur assura l'avenir. Ils descendirent de la montagne persuadés que le fils de Dieu leur avait donné l'ordre de convertir le genre humain et avait promis d'être avec eux jusqu'à la fin des siècles. Une ardeur étrange, un feu divin, les remplissait au sortir de ces entretiens. Ils se regardaient

---

1. Transfiguration.
2. Matth., xxviii, 16-20; I Cor., xv, 6. Comparez Marc, xvi, 15 et suiv.; Luc, xxiv, 44 et suiv.

comme les missionnaires du monde, capables de tous les prodiges. Saint Paul vit plusieurs de ceux qui assistèrent à cette scène extraordinaire. Après vingt-cinq ans, leur impression était encore aussi forte et aussi vive que le premier jour [1].

Près d'un an s'écoula dans cette vie suspendue entre le ciel et la terre [2]. Le charme, loin de décroître,

---

1. I Cor., xv, 6.
2. Jean ne limite pas la durée de la vie d'outre-tombe de Jésus. Il paraît la supposer assez longue. Selon Matthieu, elle n'aurait duré que le temps nécessaire pour faire le voyage de Galilée et se rendre à la montagne indiquée par Jésus. Selon la première finale inachevée de Marc (xvi, 1-8), les choses se seraient passées, ce semble, comme dans Matthieu. Selon la seconde finale (xvi, 9-20), selon d'autres (voir ci-dessus, p. 7, note 1), et selon l'Évangile de Luc, la vie d'outre-tombe semblerait n'avoir duré qu'un jour. Paul (I Cor., xv, 5-8), d'accord avec le quatrième Évangile, la prolonge durant des années, puisqu'il donne sa vision, laquelle eut lieu cinq ou six ans au moins après la mort de Jésus, comme la dernière des apparitions. La circonstance des « cinq cents frères » conduit à la même supposition; car il ne semble pas qu'au lendemain de la mort de Jésus, le groupe de ses amis fût assez compacte pour fournir une telle assemblée (Act., i, 15). Plusieurs sectes gnostiques, en particulier les valentiniens et les séthiens, évaluaient la durée des apparitions à dix-huit mois, et même fondaient là-dessus des théories mystiques (Irénée, Adv. hær., I, iii, 2; xxx, 14). Seul, l'auteur des Actes (i, 3) fixe la durée de la vie d'outre-tombe de Jésus à quarante jours. Mais c'est là une bien faible autorité, surtout si l'on remarque qu'elle se rattache à un système erroné (Luc, xxiv, 49, 50, 52; Act., i, 4, 12), d'après lequel toute la vie d'outre-tombe se serait passée à Jéru-

augmentait. C'est le propre des grandes et saintes choses, de grandir et de se purifier toujours. Le sentiment d'une personne aimée qu'on a perdue est bien plus fécond à distance qu'au lendemain de la mort. Plus on s'éloigne, plus ce sentiment devient énergique. La tristesse qui d'abord s'y mêlait et, en un sens, l'amoindrissait, se change en piété sereine. L'image du défunt se transfigure, s'idéalise, devient l'âme de la vie, le principe de toute action, la source de toute joie, l'oracle que l'on consulte, la consolation qu'on cherche aux moments d'abattement. La mort est la condition de toute apothéose. Jésus, si aimé durant sa vie, le fut ainsi plus encore après son dernier soupir, ou plutôt son dernier soupir devint le commencement de sa véritable vie au sein de son Église. Il devint l'ami intérieur, le confident, le compagnon de voyage, celui qui, au détour de la route, se joint à vous, vous suit, s'attable avec

salem ou aux environs. Le nombre quarante est symbolique (le peuple passe quarante ans au désert ; Moïse, quarante jours au Sinaï ; Élie et Jésus jeûnent quarante jours, etc.). Quant à la forme de récit adoptée par l'auteur des douze derniers versets du second Évangile et par l'auteur du troisième Évangile, forme d'après laquelle les circonstances sont serrées en un jour, voir ci-dessus, p. 33, note. L'autorité de Paul, la plus ancienne et la plus forte de toutes, corroborant celle du quatrième Évangile, qui offre pour cette partie de l'histoire évangélique le plus de suite et de vraisemblance, nous paraît fournir un argument décisif.

vous, et se fait connaître en s'évanouissant [1]. Le manque absolu de rigueur scientifique dans l'esprit des nouveaux croyants faisait qu'on ne se posait aucune question sur la nature de son existence. On se le représentait comme impassible, doué d'un corps subtil, traversant les cloisons opaques, tantôt visible, tantôt invisible, mais toujours vivant. Quelquefois, on pensait que son corps n'avait aucune matière, qu'il était une pure ombre ou apparence [2]. D'autres fois, on lui prêtait de la matérialité, de la chair, des os ; par un scrupule naïf, et comme si l'hallucination eût voulu se précautionner contre elle-même, on le faisait boire, manger ; on voulait qu'il se fût laissé palper [3]. Les idées flottaient sur ce point dans le vague le plus complet.

A peine avons-nous songé jusqu'ici à poser une question oiseuse et insoluble. Pendant que Jésus ressuscitait de la vraie manière, c'est-à-dire dans le cœur de ceux qui l'aimaient, pendant que la conviction inébranlable des apôtres se formait et que la foi du monde se préparait, en quel endroit les

---

1. Luc, xxiv, 31.
2. Jean, xx, 19, 26.
3. Matth., xxviii, 9 ; Luc, xxiv, 37 et suiv. ; Jean, xx, 27 et suiv. ; xxi, 5 et suiv. ; Évangile des hébreux, dans saint Ignace, épître aux Smyrniens, 3, et dans saint Jérôme, *De viris illustribus,* 16.

vers consumaient-ils le corps inanimé qui avait été, le samedi soir, déposé au sépulcre? On ignorera toujours ce détail; car, naturellement, les traditions chrétiennes ne peuvent rien nous apprendre là-dessus. C'est l'esprit qui vivifie; la chair n'est rien [1]. La résurrection fut le triomphe de l'idée sur la réalité. Une fois l'idée entrée dans son immortalité, qu'importe le corps?

Vers l'an 80 ou 85, quand le texte actuel du premier Évangile reçut ses dernières additions, les Juifs avaient déjà à cet égard une opinion arrêtée [2]. A les en croire, les disciples seraient venus pendant la nuit et auraient volé le corps. La conscience chrétienne s'alarma de ce bruit, et, pour couper court à une telle objection, elle imagina la circonstance des gardiens et du sceau apposé au sépulcre [3]. Cette circonstance, ne se trouvant que dans le premier Évangile, mêlée à des légendes d'une autorité très-faible [4], n'est nullement admissible [5]. Mais l'explication des Juifs, quoique irréfutable, est loin de satisfaire à tout.

1. Jean, vi, 64.
2. Matth., xxviii, 11-15; Justin, *Dial. cum Tryph.*, 17, 108.
3. Matth., xxvii, 62-66; xxviii, 4, 11-15.
4. *Ibid.*, xxviii, 2 et suiv.
5. Les Juifs sont censés, Matth., xxvii, 63, savoir que Jésus a prédit qu'il ressusciterait. Mais les disciples mêmes de Jésus n'avaient à cet égard aucune idée précise. Voir ci-dessus, p. 1, note.

On ne peut guère admettre que ceux qui ont si fortement cru Jésus ressuscité soient ceux-là mêmes qui avaient enlevé le corps. Quelque peu précise que fût la réflexion chez de tels hommes, on imagine à peine une si étrange illusion. Il faut se souvenir que la petite Église à ce moment était complétement dispersée. Il n'y avait nulle entente, nulle centralisation, nulle publicité régulière. Les croyances naissaient éparses, puis se rejoignaient comme elles pouvaient. Les contradictions entre les récits qui nous restent sur les incidents du dimanche matin prouvent que les bruits se répandirent par des canaux très-divers, et qu'on ne se soucia pas beaucoup de se mettre d'accord. Il est possible que le corps ait été enlevé par quelques-uns des disciples, et transporté par eux en Galilée[1]. Les autres, restés à Jérusalem, n'auront pas eu connaissance du fait. D'un autre côté, les disciples qui auront emporté le corps en Galilée n'auront eu d'abord aucune connaissance des récits qui se formèrent à Jérusalem, si bien que la croyance à la résurrection se sera formée derrière eux et les aura surpris ensuite. Ils n'auront pas réclamé, et, l'eussent-ils fait, cela n'eût rien dérangé. Quand il s'agit de miracles, une rectification tardive est non

---

[1]. Le vague sentiment de ceci peut se retrouver dans Matthieu, xxvi, 32; xxviii, 7, 10; Marc, xiv, 28; xvi, 7.

avenue[1]. Jamais une difficulté matérielle n'empêche un sentiment de se développer et de créer les fictions dont il a besoin [2]. Dans l'histoire récente du miracle de la Salette, l'erreur a été démontrée jusqu'à l'évidence[3]; cela n'empêche pas la basilique de s'élever et la foi d'accourir.

1. Cela s'est vu pour les miracles de la Salette et de Lourdes. — Une des manières les plus ordinaires dont se forme la légende miraculeuse est celle-ci. Un saint personnage passe pour faire des guérisons. On lui amène un malade, qui, par suite de l'émotion, se trouve soulagé. Le lendemain, on répète à dix lieues à la ronde qu'il y a eu miracle. Le malade meurt cinq ou six jours après; personne n'en parle, si bien que, à l'heure où l'on enterre le défunt, on raconte avec admiration sa guérison à quarante lieues de là. — Le mot prêté au philosophe grec devant les *ex-voto* de Samothrace (Diog. Laërte, VI, II, 59) est aussi d'une parfaite justesse.

2. Un phénomène de ce genre, et des plus frappants, se passe chaque année à Jérusalem. Les grecs orthodoxes prétendent que le feu qui s'allume spontanément au saint sépulcre le samedi saint de leur Pâque efface les péchés de ceux qui le promènent sur leur figure, et ne brûle pas. Des milliers de pèlerins en font l'expérience et savent fort bien que ce feu brûle (les contorsions qu'ils font, jointes à l'odeur, le prouvent suffisamment). Néanmoins, il ne s'est jamais trouvé personne pour contredire la croyance de l'Église orthodoxe. Ce serait avouer qu'on a manqué de foi, qu'on a été indigne du miracle, et reconnaître, ô ciel! que les latins sont la vraie Église; car ce miracle est tenu des grecs pour la meilleure preuve que leur Église est la seule bonne.

3. Affaire de la Salette, devant le tribunal civil de Grenoble (arrêt du 2 mai 1855), et devant la cour de Grenoble (arrêt du

Il est permis de supposer aussi que la disparition du corps fut le fait des Juifs. Peut-être crurent-ils par là prévenir les scènes tumultueuses qui pouvaient se produire sur le cadavre d'un homme aussi populaire que Jésus. Peut-être voulurent-ils empêcher qu'on ne lui fît des funérailles bruyantes ou qu'on n'élevât un tombeau à ce juste. Enfin, qui sait si la disparition du cadavre ne fut pas le fait du propriétaire du jardin ou du jardinier[1]? Ce propriétaire, selon toutes les vraisemblances[2], était étranger à la secte. On choisit son caveau parce qu'il était le plus voisin du Golgotha et parce qu'on était pressé[3]. Peut-être fut-il mécontent de cette prise de possession, et fit-il enlever le cadavre. A vrai dire, les détails, rapportés par le quatrième Évangile, des linceuls laissés dans le caveau, et du suaire plié soigneusement à part dans un coin[4], ne s'accordent guère avec une telle hypothèse. Cette dernière circonstance ferait supposer qu'une main de femme s'était glissée là[5]. Les

6 mai 1857), plaidoiries de MM. Jules Favre et Bethmont, etc., recueillies par J. Sabbatier (Grenoble, Vellot, 1857).

1. Jean, xx, 15, renfermerait-il une lueur de ceci?
2. Voir ci-dessus, p. 7-8.
3. Jean le dit expressément, xix, 41-42.
4. Jean, xx, 6-7.
5. On songe involontairement à Marie de Béthanie, qui, en effet, n'a pas de rôle indiqué le dimanche matin. Voir *Vie de Jésus*, p. 341 et suiv.; 359 et suiv.

cinq récits de la visite des femmes au tombeau sont si confus et si embarrassés, qu'il nous est certes fort loisible de supposer qu'ils cachent quelque malentendu. La conscience féminine, dominée par la passion, est capable des illusions les plus bizarres. Souvent elle est complice de ses propres rêves [1]. Pour amener ces sortes d'incidents considérés comme merveilleux, personne ne trompe délibérément; mais tout le monde, sans y penser, est amené à conniver. Marie de Magdala avait été, selon le langage du temps, « possédée de sept démons [2] ». Il faut tenir compte en tout ceci du peu de précision d'esprit des femmes d'Orient, de leur défaut absolu d'éducation et de la nuance particulière de leur sincérité. La conviction exaltée rend impossible tout retour sur soi-même. Quand on voit le ciel partout, on est amené à se mettre par moments à la place du ciel.

Tirons le voile sur ces mystères. Dans les états de crise religieuse, tout étant considéré comme divin, les plus grands effets peuvent sortir des causes les plus mesquines. Si nous étions témoins des faits étranges qui sont à l'origine de toutes les œuvres de foi, nous y verrions des circonstances qui ne nous

---

1. Celse faisait déjà sur ce sujet d'excellentes observations critiques (dans Origène, *Contra Celsum*, II, 55).

2. Marc, XVI, 9; Luc, VIII, 2.

paraîtraient pas en proportion avec l'importance des résultats, d'autres qui nous feraient sourire. Nos vieilles cathédrales comptent entre les plus belles choses du monde; on ne peut y entrer sans être en quelque sorte ivre de l'infini. Or, ces splendides merveilles sont presque toujours l'épanouissement de quelque petite supercherie. Et qu'importe en définitive? Le résultat seul compte en pareille matière. La foi purifie tout. L'incident matériel qui a fait croire à la résurrection n'a pas été la cause véritable de la résurrection. Ce qui a ressuscité Jésus, c'est l'amour. Cet amour fut si puissant qu'un petit hasard suffit pour élever l'édifice de la foi universelle. Si Jésus avait été moins aimé, si la foi à la résurrection avait eu moins de raison de s'établir, ces sortes de hasards auraient eu beau se produire; il n'en serait rien sorti. Un grain de sable amène la chute d'une montagne, quand le moment de tomber est venu pour la montagne. Les plus grandes choses viennent à la fois de causes très-grandes et très-petites. Les grandes causes sont seules réelles; les petites ne font que déterminer la production d'un effet qui était déjà depuis longtemps préparé.

CHAPITRE III.

RETOUR DES APÔTRES A JÉRUSALEM. — FIN DE LA PÉRIODE DES APPARITIONS.

Les apparitions, cependant, ainsi qu'il arrive dans les mouvements de crédulité enthousiaste, commençaient à se ralentir. Les imaginations populaires ressemblent aux maladies contagieuses; elles s'émoussent vite et changent de forme. L'activité des âmes ardentes se tournait déjà d'un autre côté. Ce qu'on croyait entendre de la bouche du cher ressuscité, c'était l'ordre d'aller devant soi, de prêcher, de convertir le monde. Par où commencer? Naturellement par Jérusalem[1]. Le retour à Jérusalem fut donc résolu par ceux qui à ce moment dirigeaient la secte. Comme ces voyages se faisaient d'ordinaire en caravane, à l'époque des fêtes, on peut supposer avec

---

1. Luc, XXIV, 47.

vraisemblance que le retour dont il s'agit eut lieu à la fête des Tabernacles de la fin de l'an 33 ou à la Pâque de l'an 34.

La Galilée fut ainsi abandonnée par le christianisme, et abandonnée pour toujours. La petite Église qui y resta vécut encore sans doute ; mais on n'entend plus parler d'elle. Elle fut probablement écrasée, comme tout le reste, par l'effroyable désastre que subit le pays lors de la guerre de Vespasien ; les débris de la communauté dispersée se réfugièrent au delà du Jourdain. Après la guerre, ce ne fut pas le christianisme qui se reporta en Galilée ; ce fut le judaïsme. Au IIe, au IIIe, au IVe siècle, la Galilée est un pays tout juif, le centre du judaïsme, le pays du Talmud [1]. La Galilée ne compta ainsi que pour une heure dans l'histoire du christianisme ; mais ce fut l'heure sainte par excellence ; elle donna à la religion nouvelle ce qui l'a fait durer, sa poésie, son charme pénétrant. « L'Évangile », à la façon des synoptiques, fut une œuvre galiléenne. Or, nous essayerons de montrer plus tard que « l'Évangile », ainsi entendu, a été la cause principale du succès du christianisme et reste la plus sûre garantie de son avenir.

1. Sur le nom de « Galiléens » donné aux chrétiens, voir ci-dessous, p. 235, note 4.

Il est probable qu'une fraction de la petite école qui entourait Jésus dans ses derniers jours était restée à Jérusalem. Au moment de la séparation, la croyance à la résurrection était déjà établie. Cette croyance se développa ainsi des deux côtés avec une physionomie sensiblement différente, et telle est sans doute la cause des divergences complètes qui se remarquent dans les récits des apparitions. Deux traditions, l'une galiléenne, l'autre hiérosolymite, s'étaient formées ; d'après la première, toutes les apparitions (sauf celles du premier moment) avaient eu lieu en Galilée; d'après la seconde, toutes avaient eu lieu à Jérusalem[1]. L'accord des deux fractions de la petite Église sur le dogme fondamental ne fit naturellement que confirmer la croyance commune. On s'embrassa dans la même foi; on se redit avec effusion : « Il est ressuscité ! » Peut-être la joie et l'enthousiasme qui furent la conséquence de cette rencontre amenèrent-ils quelques autres visions. C'est vers ce temps qu'on peut placer « la vision

---

1. Matthieu est exclusivement galiléen; Luc et le second Marc, xvi, 9-20, sont exclusivement hiérosolymites. Jean réunit les deux traditions. Paul (I Cor., xv, 5-8) admet aussi des visions arrivées sur des points très-éloignés. Il est possible que la vision « des cinq cents frères » de Paul, que nous avons identifiée par conjecture avec celle « de la montagne de Galilée » de Matthieu, soit une vision hiérosolymite.

de Jacques », mentionnée par saint Paul [1]. Jacques était frère ou du moins parent de Jésus. On ne voit pas qu'il ait accompagné Jésus lors de son dernier séjour à Jérusalem. Il y vint probablement avec les apôtres, lorsque ceux-ci quittèrent la Galilée. Tous les grands apôtres avaient eu leur vision; il était difficile que ce « frère du Seigneur » n'eût pas la sienne. Ce fut, ce semble, une vision eucharistique, c'est-à-dire où Jésus apparut prenant et rompant le pain [2]. Plus tard, les parties de la famille chrétienne qui se rattachèrent à Jacques, ceux qu'on appela les hébreux, transportèrent cette vision au jour même de la résurrection, et voulurent qu'elle eût été la première de toutes [3].

Il est très-remarquable, en effet, que la famille de Jésus, dont quelques membres, durant sa vie, avaient été incrédules et hostiles à sa mission [4], fait maintenant partie de l'Église et y tient une place très-élevée.

---

1. I Cor., xv, 7. On ne peut expliquer le silence des quatre Évangiles canoniques sur cette vision qu'en la rapportant à une époque placée en deçà du cadre de leur récit. L'ordre chronologique des visions, sur lequel saint Paul insiste avec tant de précision, conduit au même résultat.

2. Évang. des hébreux, cité par saint Jérôme, *De viris illustribus*, 2. Comparez Luc, xxiv, 41-43.

3. Évang. des hébreux, *loc. cit.*

4. Jean, vii, 5.

On est porté à supposer que la réconciliation se fit durant le séjour des apôtres en Galilée. La célébrité qu'avait prise tout à coup le nom de leur parent, ces cinq cents personnes qui croyaient en lui et assuraient l'avoir vu ressuscité, purent faire impression sur leur esprit [1]. Dès l'établissement définitif des apôtres à Jérusalem, on voit avec eux Marie, mère de Jésus, et les frères de Jésus [2]. En ce qui concerne Marie, il paraît que Jean, croyant obéir en cela à une recommandation de son maître, l'avait adoptée et prise avec lui [3]. Il la ramena peut-être à Jérusalem. Cette femme, dont le rôle et le caractère personnels sont restés profondément obscurs, prenait dès lors de l'importance. Le mot que l'évangéliste met dans la bouche d'une inconnue : « Heureux le ventre qui t'a porté et les mamelles que tu as sucées! » commençait à se vérifier. Il est probable que Marie survécut peu d'années à son fils [4].

Quant aux frères de Jésus, la question est plus obs-

---

1. Y aurait-il une allusion à ce brusque changement dans Gal., II, 6?

2. *Act.*, I, 14, témoignage faible, il est vrai. On sent déjà chez Luc une tendance à grandir le rôle de Marie. Luc, chap. I et II.

3. Jean, XIX, 25-27.

4. La tradition sur son séjour à Éphèse est moderne et sans valeur. Voir Épiphane, *Adv. hær.*, hær. LXXVIII, 11.

cure. Jésus eut des frères et des sœurs [1]. Il semble probable cependant que, dans la classe de personnes qui s'appelaient « frères du Seigneur », il y eut des parents au second degré. La question n'a de gravité qu'en ce qui concerne Jacques. Ce Jacques le Juste, ou « frère du Seigneur », que nous allons voir jouer un très-grand rôle dans les trente premières années du christianisme, était-il Jacques, fils d'Alphée, qui paraît avoir été cousin germain de Jésus, ou un vrai frère de Jésus? Les données, à cet égard, sont tout à fait incertaines et contradictoires. Ce que nous savons de ce Jacques nous présente de lui une image tellement éloignée de celle de Jésus, qu'on répugne à croire que deux hommes si différents soient nés de la même mère. Si Jésus est le vrai fondateur du christianisme, Jacques en fut le plus dangereux ennemi; il faillit tout perdre par son esprit étroit. Plus tard, on crut certainement que Jacques le Juste était un vrai frère de Jésus [2]. Mais peut-être s'était-il établi à ce sujet quelque confusion.

Quoi qu'il en soit, les apôtres désormais ne se séparent plus que pour des voyages temporaires. Jérusalem devient leur centre [3]; ils semblent craindre de

---

1. Voir *Vie de Jésus*, p. 23 et suiv.
2. Évangile selon les hébreux, endroit cité ci-dessus, p. 48.
3. *Act.*, VIII, 1; Galat., I, 17-19; II, 1 et suiv.

se disperser, et certains traits paraissent révéler chez eux la préoccupation d'empêcher un nouveau retour en Galilée, lequel eût dissous la petite société. On supposa un ordre exprès de Jésus, interdisant de quitter Jérusalem, au moins jusqu'aux grandes manifestations que l'on attendait[1]. Les apparitions devenaient de plus en plus rares. On en parlait beaucoup moins, et l'on commençait à croire qu'on ne verrait plus le maître avant son retour solennel dans les nuées. Les imaginations se tournaient avec beaucoup de force vers une promesse qu'on supposait que Jésus avait faite. Durant sa vie, Jésus, dit-on, avait souvent parlé de l'Esprit-Saint, conçu comme une personnification de la sagesse divine[2]. Il avait promis à ses disciples que cet Esprit serait leur force dans les combats qu'ils auraient à livrer, leur inspiration dans les difficultés, leur avocat, s'ils avaient à parler en public. Quand les visions devinrent rares, on se rejeta sur cet Esprit, envisagé comme un consolateur, comme un autre lui-même que Jésus devait envoyer à ses amis. Quelquefois on se figurait que Jésus, se montrant tout à coup au milieu de ses dis-

---

1. Luc, xxiv, 49; *Act.*, i, 4.
2. Cette idée, il est vrai, n'est développée que dans le quatrième Évangile (ch. xiv, xv, xvi). Mais elle est indiquée dans Matth., iii, 11; Marc, i, 8; Luc, iii, 16; xii, 11-12; xxiv, 49.

ciples assemblés, avait soufflé sur eux de sa propre bouche un courant d'air vivificateur[1]. D'autres fois, la disparition de Jésus était regardée comme la condition de la venue de l'Esprit[2]. On croyait que dans ses apparitions il avait promis la descente de cet Esprit[3]. Plusieurs établissaient un lien intime entre cette descente et la restauration du royaume d'Israël[4]. Toute l'activité d'imagination que la secte avait déployée pour créer la légende de Jésus ressuscité, elle allait maintenant l'appliquer à la création d'un ensemble de croyances pieuses sur la descente de l'Esprit et sur ses dons merveilleux.

Il semble cependant qu'une grande apparition de Jésus eut lieu encore à Béthanie ou sur le mont des Oliviers[5]. Certaines traditions rapportaient à cette

---

1. Jean, xx, 22-23.
2. *Ibid.*, xvi, 7.
3. Luc, xxiv, 49; *Act.*, i, 4 et suiv.
4. *Act.*, i, 5-8.
5. I Cor., xv, 7; Luc, xxiv, 50 et suiv.; *Act.*, i, 2 et suiv. Certes, il serait très-admissible que la vision de Béthanie racontée par Luc fût parallèle à la vision de la montagne, dans Matth., xxviii, 16 et suiv., avec transposition de lieu. Cependant cette vision chez Matthieu n'est pas suivie de l'ascension. Dans la seconde finale de Marc, la vision des recommandations finales, suivie de l'ascension, a lieu à Jérusalem. Enfin Paul présente la vision « à tous les apôtres », comme distincte de celle « aux cinq cents frères ».

vision les recommandations finales, la promesse réitérée de l'envoi du Saint-Esprit, l'acte par lequel il investit ses disciples du pouvoir de remettre les péchés [1]. Les traits caractéristiques de ces apparitions devenaient de plus en plus vagues; on les confondait les unes avec les autres. On finit par n'y plus penser beaucoup. Il fut reçu que Jésus était vivant [2], qu'il s'était manifesté par un nombre d'apparitions suffisant pour prouver son existence, qu'il pouvait se manifester encore en des visions partielles, jusqu'à la grande révélation finale où tout serait consommé [3]. Ainsi, saint Paul présente la vision qu'il eut sur la route de Damas comme du même ordre que celles qui viennent d'être racontées [4]. En tout cas, on admettait, en un sens idéaliste, que le maître était avec ses disciples et serait avec eux jusqu'à la fin [5]. Dans les premiers jours, les apparitions étant très-fréquentes, Jésus était conçu comme habitant la terre d'une façon continue et remplissant plus ou moins les fonctions de la vie ter-

---

1. D'autres traditions rapportaient la collation de ce pouvoir à des visions antérieures (Jean, xx, 23).
2. Luc, xxiv, 23; *Act.*, xxv, 19.
3. *Act.*, i, 11.
4. I Cor., xv, 8.
5. Matth., xxviii, 20.

restre. Quand les visions devinrent rares, on se plia à une autre imagination. On se figura Jésus comme entré dans la gloire et assis à la droite de son Père. « Il est monté au ciel, » se dit-on.

Ce mot resta pour la plupart à l'état d'image vague ou d'induction [1]. Mais il se traduisit pour plusieurs en une scène matérielle. On voulut qu'à la suite de la dernière vision commune à tous les apôtres, et où il leur fit ses recommandations suprêmes, Jésus se fût élevé vers le ciel [2]. La scène fut plus tard développée et devint une légende complète. On raconta que des hommes célestes, selon l'appareil des manifestations divines très-brillantes [3], apparurent au moment où un nuage l'entourait, et consolèrent les disciples par l'assurance d'un retour dans les nues tout semblable à la scène dont ils venaient d'être témoins. La mort de Moïse avait été entourée par l'imagination populaire de circonstances du même genre [4]. Peut-être se souvint-on aussi de l'ascension

---

1. Jean, III, 13; VI, 62; XVI, 7; XX, 17; Ephes., IV, 10; I Petri, III, 22. Ni Matthieu ni Jean n'ont le récit de l'ascension. Paul (I Cor., XV, 7-8) en exclut jusqu'à l'idée.

2. Marc, XVI, 19; Luc, XXIV, 50-52; *Act.*, 2-12; Justin, *Apol. I,* 50; *Ascension d'Isaïe,* version éthiopienne, XI, 22; version latine Venise, 1522), *sub fin.*

3. Comparez le récit de la transfiguration.

4. Jos., *Antiq.*, IV, VIII, 48.

d'Élie[1]. — Une tradition[2] plaça le lieu de cette scène près de Béthanie, sur le sommet du mont des Oliviers. Ce quartier était resté fort cher aux disciples, sans doute parce que Jésus y avait habité.

La légende veut que les disciples, après cette scène merveilleuse, soient rentrés dans Jérusalem « avec joie[3] ». Pour nous, c'est avec tristesse que nous dirons à Jésus le dernier adieu. Le retrouver vivant encore de sa vie d'ombre a été pour nous une grande consolation. Cette seconde vie de Jésus, image pâle de la première, est encore pleine de charme. Maintenant, tout parfum de lui est perdu. Enlevé sur son nuage à la droite de son Père, il nous laisse avec des hommes, et que la chute est lourde, ô ciel ! Le règne de la poésie est passé. Marie de Magdala, retirée dans sa bourgade, y ensevelit ses souvenirs. Par suite de cette éternelle injustice qui fait que l'homme s'approprie à lui seul l'œuvre dans laquelle la femme a eu autant de part que lui, Céphas l'éclipse et la fait oublier ! Plus de sermons sur la montagne; plus de possédées guéries; plus de courtisanes touchées; plus de ces collaboratrices étranges de l'œuvre de la Ré-

---

1. II Reg., II, 11 et suiv.
2. Luc, dernier chapitre de l'Évangile, et premier chapitre des *Actes*.
3. Luc, XXIV, 52.

demption, que Jésus n'avait pas repoussées. Le dieu a vraiment disparu. L'histoire de l'Église sera le plus souvent désormais l'histoire des trahisons que subira l'idée de Jésus. Mais, telle qu'elle est, cette histoire est encore un hymne à sa gloire. Les paroles et l'image de l'illustre Nazaréen resteront, au milieu de misères infinies, comme un idéal sublime. On comprendra mieux combien il fut grand, quand on aura vu combien ses disciples furent petits.

CHAPITRE IV.

DESCENTE DE L'ESPRIT-SAINT. — PHÉNOMÈNES EXTATIQUES
ET PROPHÉTIQUES.

Petits, étroits, ignorants, inexpérimentés, ils l'étaient autant qu'on peut l'être. Leur simplicité d'esprit était extrême; leur crédulité n'avait pas de bornes. Mais ils avaient une qualité : ils aimaient leur maître jusqu'à la folie. Le souvenir de Jésus était resté le mobile unique de leur vie; c'était une obsession perpétuelle, et il était clair qu'ils ne vivraient jamais que de celui qui, pendant deux ou trois ans, les avait si fortement attachés et séduits. Pour les âmes de rang secondaire, qui ne peuvent aimer Dieu directement, c'est-à-dire trouver du vrai, créer du beau, faire du bien par elles-mêmes, le salut est d'aimer quelqu'un en qui luise un reflet du vrai, du beau, du bien. Le plus grand nombre des hommes a besoin d'un culte à deux degrés. La foule des adorateurs veut un intermédiaire entre elle et Dieu.

Quand une personne a réussi à fixer autour d'elle plusieurs autres personnes par un lien moral élevé, et qu'elle meurt, il arrive toujours que les survivants, souvent divisés jusque-là par des rivalités et des dissentiments, se prennent d'une grande amitié les uns pour les autres. Mille chères images du passé qu'ils regrettent forment entre eux comme un trésor commun. C'est une manière d'aimer le mort que d'aimer ceux avec lesquels on l'a connu. On cherche à se trouver ensemble pour se rappeler le temps heureux qui n'est plus. Une profonde parole de Jésus[1] se trouve alors vraie à la lettre : le mort est présent au milieu des personnes qui sont réunies par son souvenir.

L'affection que les disciples avaient les uns pour les autres, du vivant de Jésus, fut ainsi décuplée après sa mort. Ils formaient une petite société fort retirée et vivaient exclusivement entre eux. Ils étaient à Jérusalem au nombre d'environ cent vingt[2]. Leur piété était vive, et encore toute renfermée dans les formes de la piété juive. Le temple était leur grand lieu de dévotion[3]. Ils travaillaient sans doute pour vivre; mais le

---

1. Matth., XVIII, 20.

2. *Act.*, I, 15. La plus grande partie des « cinq cents frères » était sans doute restée en Galilée. Ce qui est dit *Act.*, II, 41, est sûrement une exagération, ou du moins une anticipation.

3. Luc, XXIV, 53; *Act.*, II, 46. Comp. Luc, II, 37; Hégésippe, dans Eusèbe, *Hist. eccl.*, II, 23.

travail manuel, dans la société juive d'alors, occupait très-peu. Tout le monde y avait un métier, et ce métier n'empêchait nullement qu'on fût un homme instruit ou bien élevé. Chez nous, les besoins matériels sont si difficiles à satisfaire, que l'homme vivant de ses mains est obligé de travailler douze ou quinze heures par jour; l'homme de loisir peut seul vaquer aux choses de l'âme; l'acquisition de l'instruction est une chose rare et chère. Mais, dans ces vieilles sociétés, dont l'Orient de nos jours donne encore une idée, dans ces climats, où la nature est si prodigue pour l'homme et si peu exigeante, la vie du travailleur laissait bien du loisir. Une sorte d'instruction commune mettait tout homme au courant des idées du temps. La nourriture et le vêtement suffisaient[1]; avec quelques heures de travail peu suivi, on y pourvoyait. Le reste appartenait au rêve, à la passion. La passion avait atteint dans ces âmes un degré d'énergie pour nous inconcevable. Les Juifs de ce temps[2] nous paraissent de vrais possédés, chacun obéissant comme un ressort aveugle à l'idée qui s'est emparée de lui.

L'idée dominante, dans la communauté chrétienne, au moment où nous sommes, et où les apparitions ont

---

1. Deuter., x, 18; I Tim., vi, 8.
2. Lire la *Guerre-des Juifs* de Josèphe.

cessé, était la venue de l'Esprit-Saint. On croyait le recevoir sous la forme d'un souffle mystérieux qui passait sur l'assistance. Plusieurs se figuraient que c'était le souffle de Jésus lui-même [1]. Toute consolation intérieure, tout mouvement de courage, tout élan d'enthousiasme, tout sentiment de gaieté vive et douce qu'on ressentait sans savoir d'où il venait, fut l'œuvre de l'Esprit. Ces bonnes consciences rapportaient, comme toujours, à une cause extérieure les sentiments exquis qui naissaient en elles. C'était particulièrement dans les assemblées que ces phénomènes bizarres d'illuminisme se produisaient. Quand tous étaient réunis, et qu'on attendait en silence l'inspiration d'en haut, un murmure, un bruit quelconque faisait croire à la venue de l'Esprit. Dans les premiers temps, c'étaient les apparitions de Jésus qui se produisaient de la sorte. Maintenant, le tour des idées avait changé. C'était l'haleine divine qui courait sur la petite Église et la remplissait d'effluves célestes.

Ces croyances se rattachaient à des conceptions tirées de l'Ancien Testament. L'esprit prophétique est montré dans les livres hébreux comme un souffle qui pénètre l'homme et l'exalte. Dans la belle vision d'Élie [2], Dieu passe sous la figure d'un vent léger, qui

1. Jean, xx, 22.
2. I Reg., xix, 11-12.

produit un petit bruissement. Ces vieilles images avaient amené, aux basses époques, des croyances fort analogues à celles des spirites de nos jours. Dans l'*Ascension d'Isaïe* [1], la venue de l'Esprit est accompagnée d'un certain froissement aux portes [2]. Plus souvent, toutefois, on concevait cette venue comme un autre baptême, savoir le « baptême de l'Esprit », bien supérieur à celui de Jean [3]. Les hallucinations du tact étant très-fréquentes parmi des personnes aussi nerveuses et aussi exaltées, le moindre courant d'air, accompagné d'un frémissement au milieu du silence, était considéré comme le passage de l'Esprit. L'un croyait sentir; bientôt tous sentaient [4], et l'enthousiasme se communiquait de proche en proche. L'analogie de ces phénomènes avec ceux que l'on retrouve chez les visionnaires de tous les temps est facile à saisir. Ils se produisent journellement, en partie sous l'influence de la lecture du livre des *Actes des Apôtres*, dans les sectes anglaises ou américaines de *quakers*,

---

1. Cet ouvrage paraît avoir été écrit au commencement du IIᵉ siècle de notre ère.

2. *Ascension d'Isaïe*, VI, 6 et suiv. (version éthiopienne).

3. Matth., III, 11; Marc, I, 8; Luc, III, 16; *Act.*, I, 5; XI, 16; XIX, 4; I Joan., V, 6 et suiv.

4. Comparez Misson, *le Théâtre sacré des Cévennes* (Londres, 1707), p. 103.

jumpers, shakers, irvingiens[1], chez les Mormons[2], dans les *camp-meetings* et les *revivals* de l'Amérique[3]. On les a vus reparaître chez nous dans la secte dite des « spirites ». Mais une immense différence doit être faite entre des aberrations sans portée et sans avenir, et des illusions qui ont accompagné l'établissement d'un nouveau code religieux pour l'humanité.

Entre toutes ces « descentes de l'Esprit », qui paraissent avoir été assez fréquentes, il y en eut une qui laissa dans l'Église naissante une profonde impression[4]. Un jour que les frères étaient réunis, un orage éclata. Un vent violent ouvrit les fenêtres; le ciel était en feu. Les orages en ces pays sont accompagnés d'un prodigieux dégagement de lumière; l'atmosphère est comme sillonnée de toutes parts de gerbes de flamme. Soit que le fluide électrique ait pénétré dans la pièce même, soit qu'un éclair éblouissant ait subitement illuminé la face de tous, on fut convaincu que l'Esprit était entré, et qu'il s'était épanché sur la tête de chacun sous forme

---

1. *Revue des Deux Mondes,* sept. 1853, p. 966 et suiv.
2. Jules Remy, *Voyage au pays des Mormons* (Paris, 1860), livres II et III ; par exemple, vol. I, p. 259-260; vol. II, 470 et suiv.
3. Astié, *le Réveil religieux des États-Unis* (Lausanne, 1859).
4. *Act.,* II, 1-3; Justin, *Apol. I,* 50.

de langues de feu [1]. C'était une opinion répandue dans les écoles théurgiques de Syrie que l'insinuation de l'Esprit se faisait par un feu divin et sous forme de lueur mystérieuse [2]. On crut avoir assisté à toutes les splendeurs du Sinaï [3], à une manifestation divine analogue à celle des anciens jours. Le baptême de l'Esprit devint dès lors aussi un baptême de feu. Le baptême de l'Esprit et du feu fut opposé et hautement préféré au baptême de l'eau, le seul que Jean eût connu [4]. Le baptême du feu ne se produisit que dans des occasions rares. Les apôtres seuls et les disciples du premier cénacle furent censés l'avoir reçu. Mais l'idée que l'Esprit s'était épanché sur eux sous la forme de pinceaux de flamme, ressemblant à des langues ardentes, donna origine à une série d'idées singulières, qui tinrent une grande place dans les imaginations du temps.

La langue de l'homme inspiré était supposée recevoir une sorte de sacrement. On prétendait que

---

1. L'expression « langue de feu » signifie simplement, en hébreu, une flamme (Isaïe v, 24). Comp. Virgile, Æn., II, 682-84.

2. Jamblique (De myst., sect. III, cap. 6) expose toute la théorie de ces descentes lumineuses de l'Esprit.

3. Comparez Talmud de Babylone, Chagiga, 14 b; Midraschim, Schir hasschirin rabba, fol. 10 b; Ruth rabba, fol. 42 a; Koheleth rabba, 87 a.

4. Matth., III, 11; Luc, III, 16.

plusieurs prophètes, avant leur mission, avaient été bègues [1]; que l'ange de Dieu avait promené sur leurs lèvres un charbon qui les purifiait et leur conférait le don de l'éloquence [2]. Dans la prédication, l'homme était censé ne point parler de lui-même [3]. Sa langue était considérée comme l'organe de la Divinité qui l'inspirait. Ces langues de feu parurent un symbole frappant. On fut convaincu que Dieu avait voulu signifier ainsi qu'il versait sur les apôtres ses dons les plus précieux d'éloquence et d'inspiration. Mais on ne s'arrêta point là. Jérusalem était, comme la plupart des grandes villes de l'Orient, une ville très-polyglotte. La diversité des langues était une des difficultés qu'on y trouvait pour une propagande d'un caractère universel. Une des choses, d'ailleurs, qui effrayaient le plus les apôtres, au début d'une prédication destinée à embrasser le monde, était le nombre des langues qu'on y parlait; ils se demandaient sans cesse comment ils apprendraient tant de dialectes. « Le don des langues » devint de la sorte un privilége merveilleux. On crut la prédication de l'Évangile affranchie de l'obstacle que créait la diversité des idiomes. On se figura que, dans quelques circonstances solen-

---

1. Exode, iv, 10; comp. Jérémie, i, 6.
2. Isaïe, vi, 5 et suiv.; comp. Jérém., i, 9.
3. Luc, xi, 12; Jean, xiv, 26.

nelles, les assistants avaient entendu la prédication apostolique chacun dans sa propre langue, en d'autres termes que la parole apostolique se traduisait d'elle-même à chacun des assistants [1]. D'autres fois, cela se concevait d'une manière un peu différente. On prêtait aux apôtres le don de savoir, par infusion divine, tous les idiomes et de les parler à volonté [2].

Il y avait en cela une pensée libérale ; on voulait dire que l'Évangile n'a pas de langue à lui, qu'il est traduisible en tous les idiomes, et que la traduction vaut l'original. Tel n'était pas le sentiment du judaïsme orthodoxe. L'hébreu était pour le juif de Jérusalem la « langue sainte » ; aucun idiome ne pouvait lui être comparé. Les traductions de la Bible étaient peu estimées ; tandis que le texte hébreu était gardé scrupuleusement, on se permettait dans les traductions des changements, des adoucissements. Les juifs d'Égypte et les hellénistes de Palestine pratiquaient, il est vrai, un système plus tolérant ; ils employaient le grec dans la prière [3], et lisaient habi-

---

1. *Act.*, II, 5 et suiv. C'est le sens le plus probable du récit, quoiqu'il puisse signifier aussi que chacun des idiomes était parlé séparément par chacun des prédicants.

2. *Act.*, II, 4. Comp. I Cor. XII, 10, 28 ; XIV, 21-22. Pour des imaginations analogues, voir Calmeil, *De la folie*, I, p. 9, 262 ; II, p. 357 et suiv.

3. Talmud de Jérusalem, *Sota*, 21 *b*.

tuellement les traductions grecques de la Bible. Mais la première idée chrétienne fut plus large encore : selon cette idée, la parole de Dieu n'a pas de langue propre ; elle est libre, dégagée de toute entrave d'idiome ; elle se livre à tous spontanément et sans interprète. La facilité avec laquelle le christianisme se détacha du dialecte sémitique qu'avait parlé Jésus, la liberté avec laquelle il laissa d'abord chaque peuple se créer sa liturgie et ses versions de la Bible en dialecte national, tenaient à cette espèce d'émancipation des langues. On admettait généralement que le Messie ramènerait toutes les langues comme tous les peuples à l'unité [1]. Le commun usage et la promiscuité des idiomes étaient le premier pas vers cette grande ère d'universelle pacification.

Bientôt, du reste, le don des langues se transforma considérablement et aboutit à des effets plus étranges. L'exaltation des têtes amena l'extase et la prophétie. Dans ces moments d'extase, le fidèle, saisi par l'Esprit, proférait des sons inarticulés et sans suite, qu'on prenait pour des mots en langue étrangère, et qu'on cherchait naïvement à interpréter [2]. D'autres fois, on croyait que l'extatique parlait des langues nouvelles et inconnues jusque-

---

[1]. *Testam. des douze patr.*, Juda, 25.
[2]. *Act.*, II, 4 ; X, 44 et suiv. ; XI, 15 ; XIX, 6 ; I Cor., XII-XIV.

là¹, ou même la langue des anges². Ces scènes bizarres, qui amenèrent des abus, ne devinrent habituelles que plus tard³. Mais il est probable que, dès les premières années du christianisme, elles se produisirent. Les visions des anciens prophètes avaient souvent été accompagnées de phénomènes d'excitation nerveuse⁴. L'état dithyrambique des Grecs entraînait des faits du même genre; la Pythie se servait de préférence de ces mots étrangers ou tombés en désuétude qu'on appelait, comme dans le phénomène apostolique, *glosses*⁵. Beaucoup des mots de passe du christianisme primitif, lesquels sont justement bilingues ou formés par anagrammes, tels que *Abba pater, Anathema Maranatha*⁶, étaient peut-être sortis de ces accès bizarres, entremêlés de soupirs⁷, de gémis-

1. Marc, xvi, 17. Il faut se rappeler que, dans l'ancien hébreu, comme du reste dans toutes les langues anciennes (voir mon *Orig. du langage*, p. 177 et suiv.), les mots désignant « étranger », « langue étrangère », venaient de mots qui signifiaient « bégayer », « balbutier », un idiome inconnu se présentant toujours aux peuples naïfs comme un bégayement indistinct. V. Isaïe, xxviii, 11; xxxiii, 19; I Cor., xiv, 21.

2. I Cor., xiii, 1, en tenant compte de ce qui précède.

3. I Cor., xii, 28, 30; xiv, 2 et suiv.

4. I Sam., xix, 23 et suiv.

5. Plutarque, *De Pythiæ oraculis*, 24. Comparez la prédiction de Cassandre dans l'*Agamemnon* d'Eschyle.

6. I Cor., xii, 3; xvi, 22; Rom., viii, 15.

7. Rom., viii, 23, 26, 27.

sements étouffés, d'éjaculations, de prières, d'élans subits, que l'on tenait pour prophétiques. C'était comme une vague musique de l'âme, épandue en sons indistincts, et que les auditeurs cherchaient à traduire en images et en mots déterminés [1], ou plutôt comme des prières de l'Esprit, s'adressant à Dieu en une langue connue de Dieu seul et que Dieu sait interpréter [2]. L'extatique, en effet, ne comprenait rien à ce qu'il disait, et n'en avait même aucune conscience [3]. On écoutait avec avidité, et on prêtait à des syllabes incohérentes les pensées qu'on trouvait sur-le-champ. Chacun se reportait à son patois et cherchait naïvement à expliquer les sons inintelligibles par ce qu'il savait en fait de langues. On y réussissait toujours plus ou moins, l'auditeur mettant dans ces mots entrecoupés ce qu'il avait au cœur.

L'histoire des sectes d'illuminés est riche en faits du même genre. Les prédicants des Cévennes offrirent plusieurs cas de « glossolalie » [4]. Mais le fait

---

1. I Cor., xiii, 1 ; xiv, 7 et suiv.
2. Rom., viii, 26-27.
3. I Cor., xiv, 13, 14, 27 et suiv.
4. Jurieu, *Lettres pastorales*, 3ᵉ année, 3ᵉ lettre; Misson, *le Théâtre sacré des Cévennes*, p. 10, 14, 15, 18, 19, 22, 31, 32, 36, 37, 65, 66, 68, 70, 94, 104, 109, 126, 140; Brueys, *Histoire du fanatisme* (Montpellier, 1709), I, pages 145 et suiv.; Fléchier, *Lettres choisies* (Lyon, 1734), I, p. 353 et suiv.

le plus frappant est celui des « liseurs » suédois [1], vers 1841-1843. Des paroles involontaires, dénuées de sens pour ceux qui les prononçaient, et accompagnées de convulsions et d'évanouissements, furent longtemps un exercice journalier dans cette petite secte. Cela devint tout à fait contagieux, et un assez grand mouvement populaire s'y rattacha. Chez les irvingiens, le phénomène des langues s'est produit avec des traits qui reproduisent de la manière la plus frappante les récits des *Actes* et de saint Paul [2]. Notre siècle a vu des scènes d'illusion du même genre qu'on ne rappellera pas ici; car il est toujours injuste de comparer la crédulité inséparable d'un grand mouvement religieux à la crédulité qui n'a pour cause que la platitude d'esprit.

Ces phénomènes étranges transpiraient parfois au dehors. Des extatiques, au moment même où ils étaient en proie à leurs illuminations bizarres, osaient sortir et se montrer à la foule. On les prenait pour des gens

1. Karl Hase, *Hist. de l'Église*, § 439 et 458, 5; le journa protestant *l'Espérance*, 1ᵉʳ avril 1847.
2. M. Hohl, *Bruchstücke aus dem Leben und den Schriften Ed. Irving's* (Saint-Gall, 1839), p. 145, 149 et suiv.; Karl Hase, *Hist. de l'Égl.*, § 458, 4. — Pour les Mormons, voir Remy, *Voyage*, I, p. 176-177, note; 259-260; II, p. 55 et suiv. — Pour les convulsionnaires de Saint-Médard, voir surtout Carré de Montgeron, *la Vérité sur les miracles*, etc. (Paris, 1737-1741), II, p. 48, 19, 49, 54, 55, 63, 64. 80, etc

ivres[1]. Quoique sobre en fait de mysticisme, Jésus avait plus d'une fois présenté en sa personne les phénomènes ordinaires de l'extase[2]. Les disciples, pendant deux ou trois ans, furent obsédés de ces idées. Le prophétisme était fréquent et considéré comme un don analogue à celui des langues[3]. La prière, mêlée de convulsions, de modulations cadencées, de soupirs mystiques, d'enthousiasme lyrique, de chants d'action de grâce[4], était un exercice journalier. Une riche veine de « cantiques », de « psaumes », d' « hymnes », imités de ceux de l'Ancien Testament, se trouva ainsi ouverte[5]. Tantôt la bouche et le cœur s'accompagnaient mutuellement; tantôt le cœur chantait seul, accompagné intérieurement de la grâce[6]. Aucune langue ne rendant les sensations nouvelles qui se produisaient, on se laissait aller à un bégayement indistinct, à la fois sublime et puéril, où ce qu'on peut appeler « la langue chrétienne » flottait à l'état d'embryon. Le christianisme, ne trouvant pas

---

1. *Act.*, II, 13, 15.
2. Marc, III, 21 et suiv.; Jean, x, 20 et suiv.; XII, 27 et suiv.
3. *Act.*, XIX, 6; I Cor., XIV, 3 et suiv.
4. *Act.*, x, 46; I Cor. XIV, 15, 16, 26.
5. Col., III, 16; Eph., v, 19 (Ψαλμοί, ὕμνοι, ᾠδαὶ πνευματικαί). Voir les premiers chapitres de l'Évangile de Luc. Comparez, en particulier, Luc, I, 46 à *Act.*, x, 46.
6. I Cor., XIV, 15; Col., III, 16; Eph., v, 19.

dans les langues anciennes un instrument approprié à ses besoins, les a brisées. Mais, en attendant que la religion nouvelle se formât un idiome à son usage, il y eut des siècles d'efforts obscurs et comme de vagissement. Le style de saint Paul, et en général des écrivains du Nouveau Testament, qu'est-il, à sa manière, si ce n'est l'improvisation étouffée, haletante, informe, du « glossolale »? La langue leur faisait défaut. Comme les prophètes, ils débutaient par l'*a a a* de l'enfant[1]. Ils ne savaient point parler. Le grec et le sémitique les trahissaient également. De là cette énorme violence que le christianisme naissant fit au langage. On dirait un bègue dans la bouche duquel les sons s'étouffent, se heurtent, et aboutissent à une pantomime confuse, mais souverainement expressive.

Tout cela était bien loin du sentiment de Jésus; mais pour des esprits pénétrés de la croyance au surnaturel, ces phénomènes avaient une grande importance. Le don des langues, en particulier, était considéré comme un signe essentiel de la religion nouvelle et comme une preuve de sa vérité[2]. En tout cas, il en résultait de grands fruits d'édification. Plusieurs païens

1. Jérémie, I, 6.
2. Marc, XVI, 17.

étaient convertis par là [1]. Jusqu'au III° siècle, la « glossolalie » se manifesta d'une manière analogue à ce que décrit saint Paul, et fut considérée comme un miracle permanent [2]. Quelques-uns des mots sublimes du christianisme sont sortis de ces soupirs entrecoupés. L'effet général était touchant et pénétrant. Cette façon de mettre en commun ses inspirations et de les livrer à l'interprétation de la communauté devait établir entre les fidèles un lien profond de fraternité.

Comme tous les mystiques, les nouveaux sectaires menaient une vie de jeûne et d'austérité [3]. Comme la plupart des Orientaux, ils mangeaient peu, ce qui contribuait à les maintenir dans l'exaltation. La sobriété du Syrien, cause de sa faiblesse physique, le met dans un état perpétuel de fièvre et de susceptibilité nerveuse. Nos grands efforts continus de tête sont impossibles avec un tel régime. Mais cette débilité cérébrale et musculaire amène, sans cause apparente, de vives alternatives de tristesse et de joie, qui mettent l'âme en

---

1. I Cor., xiv, 22. Πνεῦμα, dans les épîtres de saint Paul, est souvent rapproché de δύναμις. Les phénomènes spirites sont regardés comme des δυνάμεις, c'est-à-dire des miracles.

2. Irénée, Adv. hær., V, vi, 1 ; Tertullien, Adv. Marcion., V, 8 ; Constit. apost., VIII, 1.

3. Luc, ii, 37 ; II Cor., vi. 5 ; xi, 27.

rapport continuel avec Dieu. Ce qu'on appelait « la tristesse selon Dieu[1] » passait pour un don céleste. Toute la doctrine des Pères de la vie spirituelle, des Jean Climaque, des Basile, des Nil, des Arsène, tous les secrets du grand art de la vie intérieure, une des créations les plus glorieuses du christianisme, étaient en germe dans l'étrange état d'âme que traversèrent, en leurs mois d'attente extatique, ces ancêtres illustres de tous les « hommes de désirs ». Leur état moral était étrange ; ils vivaient dans le surnaturel. Ils n'agissaient que par visions ; les rêves, les circonstances les plus insignifiantes leur semblaient des avertissements du ciel[2].

Sous le nom de dons du Saint-Esprit se cachaient ainsi les plus rares et les plus exquises effusions de l'âme, amour, piété, crainte respectueuse, soupirs sans objet, langueurs subites, tendresses spontanées. Tout ce qui naît de bon en l'homme, sans que l'homme y ait part, fut attribué à un souffle d'en haut. Les larmes surtout étaient tenues pour une faveur céleste. Ce don charmant, privilége des seules âmes très-bonnes et très-pures, se produisait avec des douceurs infinies. On sait quelle force les natures

---

[1]. II Cor., vii, 10.

[2]. *Act.,* viii, 26 et suiv.; x entier; xvi, 6, 7, 9 et suiv. Comparez Luc, ii, 27, etc.

délicates, surtout les femmes, puisent dans la divine faculté de pouvoir pleurer beaucoup. C'est leur prière, à elles, et sûrement la plus sainte des prières. Il faut descendre jusqu'en plein moyen âge, à cette piété toute trempée de pleurs des saint Bruno, des saint Bernard, des saint François d'Assise, pour retrouver les chastes mélancolies de ces premiers jours, où l'on sema vraiment dans les larmes pour moissonner dans la joie. Pleurer devint un acte pieux; ceux qui ne savaient ni prêcher, ni parler les langues, ni faire des miracles, pleuraient. On pleurait en priant, en prêchant, en avertissant[1]; c'était l'avénement du règne des pleurs. On eût dit que les âmes se fondaient et voulaient, en l'absence d'un langage qui pût rendre leurs sentiments, se répandre au dehors par une expression vive et abrégée de tout leur être intérieur.

1. *Act.*, xx, 19, 31; Rom., viii, 23, 26.

CHAPITRE V.

PREMIÈRE ÉGLISE DE JÉRUSALEM; ELLE EST TOUTE CÉNOBITIQUE.

L'habitude de vivre ensemble, dans une même foi et dans une même attente, créa nécessairement beaucoup d'habitudes communes. Très-vite, des règles s'établirent et donnèrent à cette Église primitive quelque analogie avec les établissements de vie cénobitique, tels que le christianisme les connut plus tard. Beaucoup de préceptes de Jésus portaient à cela; le vrai idéal de la vie évangélique est un monastère, non un monastère fermé de grilles, une prison à la façon du moyen âge, avec la séparation des deux sexes, mais un asile au milieu du monde, un espace réservé pour la vie de l'esprit, une association libre ou petite confrérie intime, traçant une haie autour d'elle pour écarter les soucis qui nuisent à la liberté du royaume de Dieu.

Tous vivaient donc en commun, n'ayant qu'un

cœur et qu'une âme [1]. Personne ne possédait rien qui lui fût propre. En se faisant disciple de Jésus, on vendait ses biens et on faisait don du prix à la société. Les chefs de la société distribuaient ensuite le bien commun à chacun selon ses besoins. Ils habitaient un seul quartier [2]. Ils prenaient leurs repas ensemble, et continuaient d'y attacher le sens mystique que Jésus avait prescrit [3]. De longues heures se passaient en prières. Ces prières étaient quelquefois improvisées à haute voix, plus souvent méditées en silence. Les extases étaient fréquentes, et chacun se croyait sans cesse favorisé de l'inspiration divine. La concorde était parfaite; nulle querelle dogmatique, nulle dispute de préséance. Le souvenir tendre de Jésus effaçait toutes les dissensions. La joie était dans tous les cœurs, vive et profonde [4]. La morale était austère, mais pénétrée d'un sentiment doux et tendre. On se groupait par maisons pour prier et se livrer aux exercices extatiques [5]. Le souvenir de ces deux ou trois premières

---

1. *Act.*, ii, 42-47; iv, 32-37; v, 1-11; vi, 1 et suiv.
2. *Ibid.*, ii, 44, 46, 47.
3. *Ibid.*, ii, 46; xx, 7, 11.
4. Jamais littérature ne répéta si souvent le mot « joie » que celle du Nouveau Testament. Voir I Thess., i, 6; v, 16; Rom., xiv, 17; xv, 13; Galat., v, 22; Philip., i, 25; iii, 1; iv, 4; I Joan., i, 4, etc.
5. *Act.*, xii, 12.

années resta comme celui d'un paradis terrestre, que le christianisme poursuivra désormais dans tous ses rêves, et où il essayera vainement de revenir. Qui ne voit, en effet, qu'une telle organisation ne pouvait s'appliquer qu'à une très-petite Église? Mais, plus tard, la vie monastique reprendra pour son compte cet idéal primitif, que l'Église universelle ne songera guère à réaliser.

Que l'auteur des *Actes*, à qui nous devons le tableau de cette première chrétienté de Jérusalem, ait un peu forcé les couleurs, et en particulier exagéré la communauté de biens qui y régnait, cela est possible assurément. L'auteur des *Actes* est le même que l'auteur du troisième Évangile, qui, dans la vie de Jésus, a l'habitude de transformer les faits selon ses théories [1], et chez lequel la tendance aux doctrines de l'*ébionisme* [2], c'est-à-dire de l'absolue pauvreté, est souvent très-sensible. Néanmoins, le récit des *Actes* ne peut être ici dénué de quelque fondement. Quand même Jésus n'aurait prononcé aucun des axiomes communistes qu'on lit dans le troisième Évangile, il est certain que le renoncement aux biens de ce monde et l'aumône poussée jusqu'à se dépouil-

---

1. Voir *Vie de Jésus*, p. XXXIX et suiv.
2. *Ebionim* veut dire « pauvres ». Voir *Vie de Jésus*, p. 182-183.

ler soi-même, était parfaitement conforme à l'esprit de sa prédication. La croyance que le monde va finir a toujours produit le dégoût des biens du monde et la vie commune [1]. Le récit des *Actes* est, d'ailleurs, parfaitement conforme à ce que nous savons de l'origine des autres religions ascétiques, du bouddhisme, par exemple. Ces sortes de religions commencent toujours par la vie cénobitique. Leurs premiers adeptes sont des espèces de moines mendiants. Le laïque n'y apparaît que plus tard et quand ces religions ont conquis des sociétés entières, où la vie monastique ne peut exister qu'à l'état d'exception [2].

Nous admettons donc, dans l'Église de Jérusalem, une période de vie cénobitique. Deux siècles plus tard, le christianisme faisait encore aux païens l'effet d'une secte communiste [3]. Il faut se rappeler que les esséniens ou thérapeutes avaient déjà donné le modèle de ce genre de vie, lequel sortait fort légitimement du mosaïsme. Le code mosaïque étant essen-

---

1. Se rappeler l'an 1000. Tous les actes commençant par la formule : *Adventante mundi vespera,* ou d'autres semblables, sont des donations aux monastères.

2. Hodgson, dans le *Journal Asiat. Soc. of Bengal,* t. V, p. 33 et suiv.; Eugène Burnouf, *Introd. à l'histoire du buddhisme indien,* I, p. 278 et suiv.

3. Lucien, *Mort de Peregrinus,* 13.

tiellement moral et non politique, son produit naturel
était l'utopie sociale, l'église, la synagogue, le couvent, non l'état civil, la nation, la cité. L'Égypte
avait, depuis plusieurs siècles, des reclus et des recluses nourris par l'État, probablement en exécution
de legs charitables, auprès du Sérapéum de Memphis[1]. Il faut se rappeler surtout qu'une telle vie en
Orient n'est nullement ce qu'elle a été dans notre
Occident. En Orient, on peut très-bien jouir de la
nature et de l'existence sans rien posséder. L'homme,
dans ces pays, est toujours libre, parce qu'il a peu
de besoins ; l'esclavage du travail y est inconnu.
Nous voulons bien que le communisme de l'Église
primitive n'ait été ni aussi rigoureux ni aussi universel que le veut l'auteur des *Actes*. Ce qui est sûr, c'est
qu'il y avait à Jérusalem une grande communauté
de pauvres, gouvernée par les apôtres, et à laquelle
on envoyait des dons de tous les points de la chrétienté[2]. Cette communauté fut obligée sans doute
d'établir des règlements assez sévères, et, quelques

1. Papyrus de Turin, de Londres, de Paris, groupés par Brunet
de Presle, *Mém. sur le Sérapéum de Memphis* (Paris, 1852);
Egger, *Mém. d'hist. anc. et de philologie*, p. 151 et suiv., et
dans les *Notices et extraits*, t. XVIII, 2ᵉ part., p. 264-359. Observez que la vie érémitique chrétienne prit naissance en Égypte.

2. *Act.*, xi, 29-30; xxiv, 17; Galat., ii, 10; Rom., xv, 26 et
suiv.; I Cor, xvi, 1-4; II Cor., viii et ix.

années plus tard, il fallut même, pour la gouverner, faire agir la terreur. Des légendes épouvantables circulaient, d'après lesquelles le seul fait d'avoir retenu quelque chose sur ce que l'on donnait à la communauté était présenté comme un crime capital, et puni de mort [1].

Les portiques du temple, surtout le portique de Salomon, qui dominait le val de Cédron, étaient le lieu où se réunissaient habituellement les disciples pendant le jour [2]. Ils y retrouvaient le souvenir des heures que Jésus avait passées dans le même endroit. Au milieu de l'extrême activité qui régnait autour du temple, on devait les remarquer peu. Les galeries qui faisaient partie de cet édifice étaient le siége d'écoles et de sectes nombreuses, le théâtre de disputes sans fin. Les fidèles de Jésus devaient d'ailleurs passer pour des dévots très-exacts; car ils observaient encore les pratiques juives avec scrupule, priant aux heures voulues [3] et observant tous les préceptes de la Loi. C'étaient des juifs, ne différant des autres qu'en ce qu'ils croyaient le Messie déjà venu. Les gens qui n'étaient pas au courant de ce qui les concernait (et c'était l'immense majorité) les regardaient comme une secte de

---

1. *Act.*, v, 1-11.
2. *Ibid.*, ii, 46; v, 12.
3. *Ibid.*, iii, 1.

hasidim ou gens pieux. On n'était ni schismatique ni hérétique pour s'affilier à eux [1], pas plus qu'on ne cesse d'être protestant pour être disciple de Spener, ou catholique pour être de l'ordre de Saint-François ou de Saint-Bruno. Le peuple les aimait à cause de leur piété, de leur simplicité, de leur douceur [2]. Les aristocrates du temple les voyaient sans doute avec déplaisir. Mais la secte faisait peu d'éclats ; elle était tranquille, grâce à son obscurité.

Le soir, les frères rentraient à leur quartier et prenaient le repas, divisés par groupes [3], en signe de fraternité et en souvenir de Jésus, qu'ils voyaient toujours présent au milieu d'eux. Le chef de table rompait le pain, bénissait la coupe [4], et les faisait circuler comme un symbole d'union en Jésus. L'acte le plus vulgaire de la vie devenait ainsi le plus auguste et le plus saint. Ces repas en famille, toujours aimés des Juifs [5], étaient accompagnés de prières, d'élans pieux, et remplis d'une douce gaieté. On se croyait encore au temps où Jésus les animait de sa présence ; on s'imaginait le

---

1. Jacques, par exemple, resta toute sa vie un juif pur.
2. *Act.*, II, 47 ; IV, 33 ; V, 13, 26.
3. *Ibid.*, II, 46.
4. I Cor., X, 16 ; Justin, *Apol. I*, 65-67.
5. Συνδεῖπνα. Joseph., *Antiq.*, XIV, x, 8, 12.

voir, et de bonne heure le bruit se répandit que Jésus avait dit : « Chaque fois que vous romprez le pain, faites-le en mémoire de moi [1]. » Le pain lui-même devint en quelque sorte Jésus, conçu comme source unique de force pour ceux qui l'avaient aimé et qui vivaient encore de lui. Ces repas, qui furent toujours le symbole principal du christianisme et l'âme de ses mystères [2], avaient d'abord lieu tous les soirs. Mais bientôt l'usage les restreignit au dimanche [3] soir [4]. Plus tard, le repas mystique fut transporté au matin [5]. Il est probable qu'au moment de l'histoire où nous sommes arrivés, le jour férié de chaque semaine était encore, pour les chrétiens, le samedi [6].

Les apôtres choisis par Jésus et qu'on supposait avoir reçu de lui un mandat spécial pour annoncer au monde le royaume de Dieu, avaient, dans la petite communauté, une supériorité incontestée. Un des premiers soins, dès que la secte se vit assise tranquillement à Jérusalem, fut de combler le vide que Juda

---

[1]. Luc, XXII, 19; I Cor., XI, 24 et suiv.; Justin, *loc. cit.*

[2]. En l'an 57, l'eucharistie est déjà une institution pleine d'abus (I Cor., XI, 17 et suiv.), et, par conséquent, vieille.

[3]. *Act.*, XX, 7; Pline, *Epist.*, X, 97; Justin, *Apol. I*, 67.

[4]. *Act.*, XX, 7, 11.

[5]. Pline, *Epist.*, X, 97.

[6]. Jean, XX, 26, ne suffit pas pour prouver le contraire. Les ébionites gardèrent toujours le sabbat. Saint Jérôme, *In Matth.*, XII, init.

de Kérioth avait laissé dans son sein [1]. L'opinion que ce dernier avait trahi son maître et avait été la cause de sa mort devenait de plus en plus générale. La légende s'en mêlait, et tous les jours on apprenait quelque circonstance nouvelle qui ajoutait à la noirceur de son action. Il s'était acheté un champ près de la vieille nécropole de Hakeldama, au sud de Jérusalem, et il y vivait retiré[2]. Tel était l'état d'exaltation naïve où se trouvait toute la petite Église, que, pour le remplacer, on résolut d'avoir recours à la voie du sort. En général, dans les grandes émotions religieuses, on affectionne ce moyen de se décider, car on admet en principe que rien n'est fortuit, qu'on est l'objet principal de l'attention divine, et que la part de Dieu dans un fait est d'autant plus grande que celle de l'homme est plus faible. On tint seulement à ce que les candidats fussent pris dans le groupe des disciples les plus anciens, qui avaient été témoins de toute la série des événements depuis le baptême de Jean. Cela réduisait considérablement le nombre des éligibles. Deux seulement se trouvèrent sur les rangs, José Bar-Saba, qui portait le nom de *Justus*[3], et Matthia. Le sort tomba sur Matthia, qui

---

1. *Act.*, I, 15-26.
2. Voir *Vie de Jésus*, p. 437 et suiv.
3. Comparez Eusèbe, *H. E.*, III, 39 (d'après Papias).

dès lors fut compté au nombre des Douze. Mais ce fut le seul exemple d'un tel remplacement. Les apôtres furent conçus désormais comme nommés une fois pour toutes par Jésus et ne devant pas avoir de successeurs. Le danger d'un collége permanent, gardant pour lui toute la vie et toute la force de l'association, fut écarté, pour un temps, avec un instinct profond. La concentration de l'Église en une oligarchie ne vint que bien plus tard.

Il faut se prémunir, du reste, contre les malentendus que ce nom d' « apôtre » peut provoquer et auxquels il n'a pas manqué de donner lieu. Dès une époque fort ancienne, on fut amené par quelques passages des Évangiles, et surtout par l'analogie de la vie de saint Paul, à concevoir les apôtres comme des missionnaires essentiellement voyageurs, se partageant en quelque sorte le monde d'avance, et parcourant en conquérants tous les royaumes de la terre [1]. Un cycle de légendes se forma sur cette donnée et s'imposa à l'histoire ecclésiastique [2]. Rien de plus contraire à la vérité [3]. Le corps des Douze fut d'habitude en permanence à Jérusalem ; jusqu'à l'an 60 à peu près, les apôtres ne sortirent de la ville sainte que pour des missions

1. Justin, *Apol.* I, 39, 50.
2. Pseudo-Abdias, etc.
3. Comparez I Cor., xv, 10 et Rom., xv, 19.

temporaires. Par là s'explique l'obscurité où restèrent la plupart des membres du conseil central. Très-peu d'entre eux eurent un rôle. Ce fut une sorte de sacré collége ou de sénat [1], uniquement destiné à représenter la tradition et l'esprit conservateur. On finit par les décharger de toute fonction active, de sorte qu'il ne leur resta qu'à prêcher et à prier [2]; encore les rôles brillants de la prédication ne leur échurent-ils pas. On savait à peine leurs noms hors de Jérusalem, et, vers l'an 70 ou 80, les listes qu'on donnait de ces douze élus primitifs n'étaient d'accord que sur les noms principaux [3].

Les « frères du Seigneur » paraissent souvent à côté des « apôtres », quoiqu'ils en fussent distincts [4]. Leur autorité était au moins égale à celle des apôtres. Ces deux groupes constituaient, dans l'Église naissante, une sorte d'aristocratie fondée uniquement sur les rapports plus ou moins intimes que leurs membres avaient eus avec le maître. C'étaient là les hommes que Paul appelait « les colonnes [5] » de l'Église de Jérusalem. On voit, du reste, que les

1. Gal., I, 17-19.
2. Act., VI, 4.
3. Comparez Matth., X, 2-4; Marc, III, 16-19; Luc, VI, 14-16, Act., I, 13.
4. Act., I, 14; Gal., I, 19; I Cor., IX, 5.
5. Gal., II, 9.

distinctions de la hiérarchie ecclésiastique n'existaient pas encore. Le titre n'était rien ; l'importance personnelle était tout. Le principe du célibat ecclésiastique était bien déjà posé [1] ; mais il fallait du temps pour amener tous ces germes à leur complet développement. Pierre et Philippe étaient mariés, avaient des fils et des filles [2].

Le terme pour désigner la réunion des fidèles était l'hébreu *kahal*, qu'on rendit par le mot essentiellement démocratique ἐκκλησία. *Ecclesia,* c'est la convocation du peuple dans les vieilles cités grecques, l'appel au Pnyx ou à l'*agora*. A partir du IIᵉ ou du IIIᵉ siècle avant J.-C., les mots de la démocratie athénienne devinrent en quelque sorte de droit commun dans la langue hellénique; plusieurs de ces termes [3], par suite de l'usage qu'en firent les confréries grecques, entrèrent dans la langue chrétienne. C'était, en effet, la vie populaire, restreinte depuis des siècles, qui reprenait son cours sous des formes tout à fait différentes. L'Église primitive est une petite démocratie à sa manière. Il n'est pas jusqu'à l'élection par le sort,

1. Voir *Vie de Jésus*, p. 307.
2. Voir *Vie de Jésus*, p. 150. Cf. Papias, dans Eusèbe, *H. E.*, III, 39; Polycrate, *ibid.*, V, 24; Clément d'Alex., *Strom.*, III, 6; VII, 11.
3. Par exemple, ἐπίσκοπος, peut-être κλῆρος. V. Wescher, dans la *Revue archéol.*, avril 1866, et ci-dessous, p. 352-353.

moyen si cher aux anciennes républiques, qui ne s'y retrouve parfois[1]. Moins âpre pourtant et moins soupçonneuse que les anciennes cités, l'Église déléguait volontiers son autorité; comme toute société théocratique, elle tendait à abdiquer entre les mains d'un clergé, et il était facile de prévoir qu'un ou deux siècles ne s'écouleraient pas avant que toute cette démocratie tournât à l'oligarchie.

Le pouvoir qu'on prêtait à l'Église réunie et à ses chefs était énorme. L'Église conférait toute mission, se guidant uniquement dans ses choix sur des signes donnés par l'Esprit[2]. Son autorité allait jusqu'à décréter la mort. On racontait qu'à la voix de Pierre, des délinquants étaient tombés à la renverse et avaient expiré sur-le-champ[3]. Saint Paul, un peu plus tard, ne craint pas, en excommuniant un incestueux, « de le livrer à Satan pour la mort de sa chair, afin que son esprit soit sauvé au grand jour du Seigneur[4] ». L'excommunication était tenue pour l'équivalent d'une sentence de mort. On ne doutait pas qu'une personne que les apôtres ou les chefs d'Église avaient retranchée du corps des saints et

---

1. *Act.*, I, 26. V. ci-dessous, p. 353.
2. *Act.*, XIII, 1 et suiv.; Clém. d'Alex., dans Eusèbe, *H. E.*, III, 23.
3. *Act.*, V, 1-11.
4. I Cor., V, 1 et suiv.

livrée au pouvoir du mal[1], ne fût perdue. Satan était considéré comme l'auteur des maladies; lui livrer le membre gangrené, c'était livrer celui-ci à l'exécuteur naturel de la sentence. Une mort prématurée était tenue d'ordinaire pour le résultat d'un de ces arrêts occultes, qui, selon la forte expression hébraïque, « extirpait une âme d'Israël[2] ». Les apôtres se croyaient investis de droits surnaturels. En prononçant de telles condamnations, ils pensaient que leurs anathèmes ne pouvaient manquer d'être suivis d'effet.

L'impression terrible que faisaient les excommunications, et la haine de tous les confrères contre les membres ainsi retranchés, pouvaient en effet, dans beaucoup de cas, amener la mort, ou du moins forcer le coupable à s'expatrier. La même équivoque terrible se retrouvait dans l'ancienne Loi. « L'extirpation » impliquait à la fois la mort, l'expulsion de la communauté, l'exil, un trépas solitaire et mystérieux[3]. Tuer l'apostat, le blasphémateur, frapper le corps pour sauver l'âme, devait paraître tout légi-

---

1. I Tim., i, 20.

2. Gen., xvii, 14 et autres passages nombreux dans le code mosaïque; Mischna, *Kerithouth*, 1, 1 ; Talmud de Bab., *Moëd katon*, 28 *a*. Comparez Tertullien, *De anima*, 57.

3. Voir les dictionnaires hébreux et rabbiniques, au mot כרת. Comparer le mot *exterminare*.

time. Il faut se rappeler que nous sommes au temps des zélotes, qui regardaient comme un acte de vertu de poignarder quiconque manquait à la loi[1], et ne pas oublier que certains chrétiens étaient ou avaient été zélotes[2]. Des récits comme celui de la mort d'Ananie et de Saphire[3] n'excitaient aucun scrupule. L'idée de la puissance civile était si étrangère à tout ce monde placé en dehors du droit romain, on était si persuadé que l'Église est une société complète, se suffisant à elle-même, que personne ne voyait, dans un miracle entraînant la mort ou la mutilation d'une personne, un attentat punissable devant la loi civile. L'enthousiasme et une foi ardente couvraient tout, excusaient tout. Mais l'effroyable danger que recelaient pour l'avenir ces maximes théocratiques s'aperçoit facilement. L'Église est armée d'un glaive; l'excommunication sera un arrêt de mort. Il y a désormais dans le monde un pouvoir en dehors de l'État qui dispose de la vie des citoyens. Certes, si l'autorité romaine s'était bornée à réprimer chez les juifs et les chrétiens des principes aussi condamnables, elle aurait eu mille fois raison. Seulement, dans sa brutalité,

1. Mischna, *Sanhédrin*, IX, 6; Jean, XVI, 2; Jos., *B. J.*, VII, VIII, 1; III Macch. (apocr.), VII, 8, 12-13.
2. Luc, VI, 15; *Act.*, I, 13. Comparez Matth., X, 4; Marc, III, 18.
3. *Act.*, V, 1-11. Comparez *Act.*, XIII, 6-11.

elle confondit la plus légitime des libertés, celle d'adorer à sa manière, avec des abus qu'aucune société n'a jamais pu supporter impunément.

Pierre avait parmi les apôtres une certaine primauté, tenant surtout à son zèle et à son activité [1]. En ces premières années, il se sépare à peine de Jean, fils de Zébédée. Ils marchaient presque toujours ensemble [2], et leur concorde fut sans doute la pierre angulaire de la foi nouvelle. Jacques, frère du Seigneur, les égalait presque en autorité, au moins dans une fraction de l'Église. Quant à certains amis intimes de Jésus, comme les femmes galiléennes, la famille de Béthanie, nous avons déjà remarqué qu'il n'est plus question d'eux. Moins soucieuses d'organiser et de fonder, les fidèles compagnes de Jésus se contentaient d'aimer mort celui qu'elles avaient aimé vivant. Plongées dans leur attente, les nobles femmes qui ont fait la foi du monde étaient presque des inconnues pour les hommes importants de Jérusalem. Quand elles moururent, les traits les plus importants de l'histoire du christianisme naissant furent mis au tombeau avec elles. Les rôles actifs font seuls la renommée; ceux qui se con-

1. *Act.*, i, 15; ii, 14, 37; v, 3, 29; Gal., i, 18; ii, 8.
2. *Act.*, iii, 1 et suiv.; viii, 14; Gal., ii, 9. Comparez Jean, xx, 2 et suiv.; xxi, 20 et suiv.

tentent d'aimer en secret restent obscurs, mais sûrement ils ont la meilleure part.

Inutile de dire que ce petit groupe de gens simples n'avait aucune théologie spéculative. Jésus s'était tenu sagement éloigné de toute métaphysique. Il n'eut qu'un dogme, sa propre filiation divine et la divinité de sa mission. Tout le symbole de l'Église primitive pouvait tenir en une ligne : « Jésus est le Messie, fils de Dieu. » Cette croyance reposait sur un argument péremptoire, le fait de la résurrection, dont les disciples se portaient comme témoins. En réalité, personne (pas même les femmes galiléennes) ne disait avoir vu la résurrection[1]. Mais l'absence du corps et les apparitions qui avaient suivi paraissaient équivalentes au fait lui-même. Attester la résurrection de Jésus, telle était la tâche que tous envisageaient comme leur étant spécialement imposée[2]. On s'imagina d'ailleurs bien vite que le maître

---

1. Selon Matth., XXVIII, 1° et suiv., les gardiens auraient été témoins de la descente de l'ange qui tira la pierre. Ce récit, très-embarrassé, voudrait aussi laisser entendre que les femmes furent témoins du même fait, mais il ne le dit pas expressément. En tout cas, ce que les gardiens et les femmes auraient vu, d'après le même récit, ce ne serait pas Jésus ressuscitant, ce serait l'ange. Une telle rédaction, isolée, inconsistante, est évidemment la plus moderne de toutes.

2. Luc, XXIV, 48 ; *Act.*, I, 22 ; II, 32 ; III, 15 ; IV, 33 ; V, 32 ; X, 41 ; XIII, 30, 31.

avait prédit cet événement. On se rappela diverses paroles de lui, qu'on se figura n'avoir pas bien comprises, et où l'on vit après coup une annonce de la résurrection [1]. La croyance en la prochaine manifestation glorieuse de Jésus était universelle [2]. Le mot secret que les confrères disaient entre eux pour se reconnaître et se fortifier, était *Maran atha*, « le Seigneur va venir » [3] ! On croyait se rappeler une déclaration de Jésus, d'après laquelle la prédication n'aurait pas le temps d'atteindre toutes les villes d'Israël avant que le Fils de l'homme apparût dans sa majesté [4]. En attendant, Jésus ressuscité est assis à la droite de son Père. Là, il se repose jusqu'au jour solennel où il viendra, assis sur les nuées, juger les vivants et les morts [5].

L'idée qu'ils avaient de Jésus était celle que Jésus leur avait donnée lui-même. Jésus a été un prophète puissant en œuvres et en paroles [6], un homme élu de Dieu, ayant reçu une mission spéciale pour l'humanité [7], mission qu'il a prouvée par ses miracles et sur-

---

1. Voir ci-dessus, page 1, note.
2. Voir *Vie de Jésus*, p. 275 et suiv.
3. I Cor., xvi, 22. Ces deux mots sont syro-chaldaïques.
4. Matth., x, 23.
5. *Act.*, ii, 33 et suiv.; x, 42.
6. Luc, xxiv, 19.
7. *Act.*, ii, 22.

tout par sa résurrection. Dieu l'a oint de l'Esprit-
Saint et l'a revêtu de force ; il a passé en faisant du
bien et en guérissant ceux qui étaient sous le pouvoir du diable [1] ; car Dieu était avec lui [2]. C'est le
fils de Dieu, c'est-à-dire un homme parfaitement de
Dieu, un représentant de Dieu sur la terre ; c'est le
Messie, le sauveur d'Israël, annoncé par les prophètes [3]. La lecture des livres de l'Ancien Testament,
surtout des prophètes et des psaumes, était habituelle
dans la secte. On portait dans cette lecture une idée
fixe, celle de retrouver partout le type de Jésus. On fut
persuadé que les anciens livres hébreux étaient pleins
de lui, et, dès les premières années, il se forma une
collection de textes tirés des prophètes, des psaumes,
et de certains livres apocryphes, où l'on était convaincu
que la vie de Jésus était prédite et décrite par avance [4].
Cette méthode d'interprétation arbitraire était alors
celle de toutes les écoles juives. Les allusions mes-
sianiques étaient une sorte de jeu d'esprit, analogue à
l'usage que les anciens prédicateurs faisaient des pas-

1. Les maladies étaient considérées en général comme l'ouvrage du démon.
2. *Act.*, x, 38.
3. *Ibid.*, ii, 36 ; viii, 37 ; ix, 22 ; xvii, 3, etc.
4. *Ibid.*, ii, 14 et suiv.; iii, 12 et suiv.; iv, 8 et suiv., 25 et suiv.;
vii, 2 et suiv.; x, 43, et l'épître attribuée à saint Barnabé, tout
entière.

sages de la Bible, détournés de leur sens naturel et pris comme de simples ornements de rhétorique sacrée.

Jésus, avec son tact exquis des choses religieuses, n'avait institué aucun rituel nouveau. La nouvelle secte n'avait pas encore de cérémonies spéciales [1]. Les pratiques de piété étaient les pratiques juives. Les réunions n'avaient rien de liturgique dans le sens précis; c'étaient des séances de confréries, où l'on se livrait à la prière, aux exercices de glossolalie, de prophétie [2], et à la lecture de la correspondance. Rien encore de sacerdotal. Il n'y a pas de prêtre (*cohen* ou ἱερεύς); le *presbyteros* est « l'ancien » de la communauté, rien de plus. Le seul prêtre est Jésus [3]; en un autre sens, tous les fidèles le sont [4]. Le jeûne était considéré comme une pratique très-méritoire [5]. Le baptême était le signe d'entrée dans la secte [6]. Le rite était le même que pour celui de Jean, mais on l'administrait au nom de Jésus [7]. Le baptême toutefois était considéré comme une initiation insuffisante.

1. Jac., I, 26-27.
2. Plus tard, cela s'appela λειτουργεῖν. *Act.*, XIII, 2.
3. Hebr., V, 6; VI, 20; VIII, 4; X, 11.
4. Apoc., I, 6; V, 10; XX, 6.
5. *Act.*, XIII, 2; Luc, II, 37.
6. Rom., VI, 4 et suiv.
7. *Act.*, VIII, 12, 16; X, 48.

Il devait être suivi de la collation des dons du Saint-Esprit[1], laquelle se faisait au moyen d'une prière prononcée par les apôtres sur la tête du néophyte, avec l'imposition des mains.

Cette imposition des mains, déjà si familière à Jésus[2], était l'acte sacramentel par excellence[3]. Elle conférait l'inspiration, l'illumination intérieure, le pouvoir de faire des prodiges, de prophétiser, de parler les langues. C'était ce qu'on appelait le baptême de l'Esprit. On croyait se rappeler une parole de Jésus : « Jean vous a baptisés par l'eau; mais vous, vous serez baptisés par l'Esprit[4]. » Peu à peu, on fondit ensemble toutes ces idées, et le baptême se conféra « au nom du Père et du Fils et de l'Esprit-Saint[5]. » Mais il n'est pas probable que cette formule, aux premiers jours où nous sommes, fût encore employée. On voit la simplicité de ce culte chrétien primitif. Ni Jésus ni les apôtres ne l'avaient inventé. Certaines sectes juives avaient adopté avant eux ces

---

1. *Act.*, VIII, 16; X, 47.
2. Matth., IX, 18; XIX, 13, 15; Marc, V, 23; VI, 5; VII, 32; VIII, 23, 25; X, 16; Luc, IV, 40; XIII, 13.
3. *Act.*, VI, 6; VIII, 17-19; IX, 12, 17; XIII, 3; XIV, 6; XXVIII, 8; I Tim., IV, 14; V, 22; II Tim., I, 6; Hébr., VI, 2; Jac., V, 13.
4. Matth., III, 11; Marc, I, 8; Luc, III, 16; Jean, I, 26; *Act.*, I, 5; XI, 16; XIX, 4.
5. Matth., XXVIII, 19.

cérémonies graves et solennelles, qui paraissent venir en partie de la Chaldée, où elles sont encore pratiquées avec des liturgies spéciales par les Sabiens ou Mendaïtes [1]. La religion de la Perse renfermait aussi beaucoup de rites du même genre [2].

Les croyances de médecine populaire, qui avaient fait une partie de la force de Jésus, se continuaient dans ses disciples. Le pouvoir des guérisons était une des grâces merveilleuses que conférait l'Esprit [3]. Les premiers chrétiens, comme presque tous les juifs du temps, voyaient dans les maladies la punition d'une faute [4] ou l'œuvre d'un démon malfaisant [5]. Les apôtres passaient, ainsi que Jésus, pour de puissants exorcistes [6]. On s'imaginait que des lotions d'huile opérées par eux, avec imposition des mains et invocation du nom de Jésus, étaient toutes-puissantes pour laver les péchés causes de la maladie

---

1. Voir le *Cholasté* (Manuscrits sabiens de la Bibl. imp., n⁰ˢ 8, 10, 11, 13).
2. *Vendidad-Sadé*, VIII, 296 et suiv.; IX, 1-145; XVI, 18-19; Spiegel, *Avesta,* II, p. LXXXIII et suiv.
3. I Cor., XII, 9, 28, 30.
4. Matth., IX, 2; Marc, II, 5; Jean, V, 14; IX, 2; Jac., V, 15; Mischna, *Schabbath*, II, 6; Talm. de Bab., *Nedarim,* fol. 41 a.
5. Matth., IX, 33; XII, 22; Marc, IX, 16, 24; Luc, XI, 14; *Act.,* XIX, 12; Tertullien, *Apol.,* 22; *Adv. Marc.,* IV, 8.
6. *Act.,* V, 16; XIX, 12-16.

et pour guérir le malade[1]. L'huile a toujours été en Orient le médicament par excellence[2]. Seule, du reste, l'imposition des mains des apôtres était censée avoir les mêmes effets[3]. Cette imposition se faisait par l'attouchement immédiat. Il n'est pas impossible que, dans certains cas, la chaleur des mains, se communiquant vivement à la tête, procurât au malade un peu de soulagement.

La secte étant jeune et peu nombreuse, la question des morts ne se posa pour elle que plus tard. L'effet causé par les premiers décès qui eurent lieu dans les rangs des confrères fut étrange[4]. On s'inquiéta du sort des trépassés; on se demanda s'ils seraient moins favorisés que ceux qui étaient réservés pour voir de leurs yeux l'avénement du Fils de l'homme. On en vint généralement à considérer l'intervalle entre la mort et la résurrection comme une sorte de lacune dans la conscience du défunt[5]. L'idée, exposée dans le *Phédon*, que l'âme existe avant et après la mort, que la mort est un bien, qu'elle est même l'état philosophique par excellence, puisque

1. Jac., v, 14-15; Marc, vi, 13.
2. Luc, x, 34.
3. Marc, xvi, 18; *Act.*, xxviii, 8.
4. I Thess., iv, 13 et suiv.; I Cor., xv, 12 et suiv.
5. Phil., i, 23, semble d'une nuance un peu différente. Cependant comparez I Thess., iv, 14-17. Voir surtout Apoc., xx, 4-6.

l'âme alors est tout à fait libre et dégagée, cette idée, dis-je, n'était nullement arrêtée chez les premiers chrétiens. Le plus souvent, il semble que l'homme pour eux n'existait pas sans corps. Cette conception dura longtemps, et ne céda que quand la doctrine de l'immortalité de l'âme, au sens de la philosophie grecque, eut fait son entrée dans l'Église, et se fut combinée tant bien que mal avec le dogme chrétien de la résurrection et du renouvellement universel. A l'heure où nous sommes, la croyance à la résurrection régnait à peu près seule[1]. Le rite des funérailles était sans doute le rite juif. On n'y attachait nulle importance; aucune inscription n'indiquait le nom du mort. La grande résurrection était proche; le corps du fidèle n'avait à faire dans le rocher qu'un bien court séjour. On ne tint pas beaucoup à se mettre d'accord sur la question de savoir si la résurrection serait universelle, c'est-à-dire embrasserait les bons et les méchants, ou si elle s'appliquerait aux seuls élus[2].

1. Paul, endroits précités, et Phil., III, 11; Apoc., xx entier; Papias, dans Eusèbe, *H. E.*, III, 39. On voit poindre parfois la croyance contraire, surtout dans Luc (Évang., xvi, 22 et suiv.; xxiii, 43, 46). Mais c'est là une autorité faible sur un point de théologie juive. Voir ci-dessus, Introd., p. xviii-xix. Les esséniens avaient déjà adopté le dogme grec de l'immortalité de l'âme.

2. Comparez *Act.*, xxiv, 15, à I Thess., iv, 13 et suiv.; Phil., III, 11. Cf. Apoc., xx, 5. Voir Leblant, *Inscr. chrét. de la Gaule*, II, p. 81 et suiv.

Un des phénomènes les plus remarquables de la nouvelle religion fut la réapparition du prophétisme. Depuis longtemps, on ne parlait plus guère de prophètes en Israël. Ce genre particulier d'inspiration sembla renaître dans la petite secte. L'Église primitive eut plusieurs prophètes et prophétesses[1], analogues à ceux de l'Ancien Testament. Les psalmistes reparurent aussi. Le modèle des psaumes chrétiens nous est sans doute offert par les cantiques que Luc aime à semer dans son Évangile[2], et qui sont calqués sur les cantiques de l'Ancien Testament. Ces psaumes, ces prophéties sont dénués d'originalité sous le rapport de la forme; mais un admirable esprit de douceur et de piété les anime et les pénètre. C'est comme un écho affaibli des dernières productions de la lyre sacrée d'Israël. Le livre des Psaumes fut en quelque sorte le calice de fleur où l'abeille chrétienne butina son premier suc. Le Pentateuque, au contraire, était, à ce qu'il semble, peu lu et peu médité; on y substituait des allégories à la façon des *midraschim* juifs, où tout le sens historique des livres était supprimé.

Le chant dont on accompagnait les hymnes nou-

---

1. *Act.*, xi, 27 et suiv.; xiii, 1; xv, 32; xxi, 9, 10 et suiv.; I Cor., xii, 28 et suiv.; xiv, 29-37; Eph., iii, 5; iv, 11; Apocal., i, 3; xvi, 6; xviii, 20, 24; xxii, 9.
2. Luc, i, 46 et suiv., 68 et suiv.; ii, 29 et suiv.

veaux¹ était probablement cette espèce de sanglot sans notes distinctes, qui est encore le chant d'église des Grecs, des Maronites et en général des chrétiens d'Orient². C'est moins une modulation musicale qu'une manière de forcer la voix et d'émettre par le nez une sorte de gémissement où toutes les inflexions se suivent avec rapidité. On exécute cette mélopée bizarre, debout, l'œil fixe, le front plissé, le sourcil froncé, avec un air d'effort. Le mot *amen* surtout se dit d'une voix chevrotante, avec tremblement. Ce mot jouait un grand rôle dans la liturgie. A l'imitation des Juifs³, les nouveaux fidèles l'employaient pour marquer l'adhésion de la foule à la parole du prophète ou du préchantre⁴. On lui attribuait déjà peut-être des vertus secrètes, et on le prononçait avec une certaine emphase. Nous ignorons si ce chant ecclésiastique primitif était accompagné d'instruments⁵. Quant au chant intime, à

---

1. *Act.*, xvi, 25; I Cor., xiv, 15; Col., iii, 16; Eph., v, 19; Jac., v, 13.

2. L'identité de ce chant chez des communautés religieuses séparées depuis les premiers siècles prouve qu'il est fort ancien.

3. Num., v, 22; Deuter., xxvii, 15 et suiv.; Ps. cvi, 48; I Paral., xvi, 36; Nehem., v, 13; viii, 6.

4. I Cor., xiv, 16; Justin, *Apol. I*, 65, 67.

5. I Cor., xiv, 7, 8, ne le prouve pas. L'emploi du verbe ψάλλω ne le prouve pas non plus. Ce verbe impliquait originairement

celui que les fidèles « chantaient en leur cœur[1] », et qui n'était que le trop-plein de ces âmes tendres, ardentes et rêveuses, il s'exécutait sans doute comme les cantilènes des lollards du moyen âge, à mi-voix[2]. En général, c'était la joie qui s'épanchait par ces hymnes. Une des maximes des sages de la secte était : « Si tu es triste, prie ; si tu es gai, chante[3]. »

Purement destinée, du reste, à l'édification des frères assemblés, cette première littérature chrétienne ne s'écrivait pas. Composer des livres était une idée qui ne venait à personne. Jésus avait parlé ; on se souvenait de ses paroles. N'avait-il pas promis que la génération de ses auditeurs ne passerait pas avant qu'il reparût[4] ?

l'usage d'un instrument à cordes, mais avec le temps il était devenu synonyme de « chanter des psaumes ».

1. Col., III, 16 ; Eph., v, 19.
2. Voir du Cange, au mot *Lollardi* (édit. Didot). Comparez les cantilènes des Cévenols. *Avertissemens prophétiques d'Elie Marion* (Londres 1707), p. 10, 12, 14, etc.
3. Jac., v, 13.
4. Matth., XVI, 28 ; XXIV, 34 ; Marc, VIII, 39 ; XIII, 30 ; Luc, IX, 27 ; XXI, 32.

CHAPITRE VI.

CONVERSION DE JUIFS HELLÉNISTES ET DE PROSÉLYTES.

Jusqu'ici, l'Église de Jérusalem s'est montrée à nous comme une petite colonie galiléenne. Les amis que Jésus s'était faits à Jérusalem et aux environs, tels que Lazare, Marthe, Marie de Béthanie, Joseph d'Arimathie, Nicodème, avaient disparu de la scène. Le groupe galiléen, serré autour des Douze, resta seul compacte et actif. Les prédications de ces disciples zélés étaient continuelles. Plus tard, après la destruction de Jérusalem, et loin de la Judée, on se représenta les sermons des apôtres comme des scènes publiques, ayant lieu sur les places, en présence de foules assemblées[1]. Une telle conception paraît devoir être mise au nombre de ces images convenues dont la légende est si prodigue. Les auto-

---

1. *Actes,* premiers chapitres.

rités qui avaient fait mettre Jésus à mort n'eussent pas permis que de tels scandales se renouvelassent. Le prosélytisme des fidèles s'exerçait surtout par des conversations pénétrantes, où la chaleur de leur âme se communiquait de proche en proche[1]. Leurs prédications sous le portique de Salomon devaient s'adresser à des cercles peu nombreux. Mais l'effet n'en était que plus profond. Leurs discours consistaient surtout en citations de l'Ancien Testament, par lesquelles on croyait prouver que Jésus était le Messie[2]. Le raisonnement était subtil et faible, mais toute l'exégèse des Juifs de ce temps est du même genre; les conséquences que les docteurs de la Mischna tirent des textes de la Bible ne sont pas plus satisfaisantes.

Plus faible encore était la preuve invoquée à l'appui de leurs arguments, et tirée de prétendus prodiges. Impossible de douter que les apôtres aient cru faire des miracles. Les miracles passaient pour le signe de toute mission divine[3]. Saint Paul, de beaucoup l'esprit le plus mûr de la première école

---

1. *Act.*, v, 42.
2. Voir, par exemple, *Act.*, ii, 34 et suiv., et en général tous les discours des premiers chapitres.
3. I Cor., i, 22; ii, 4-5; II Cor., xii, 12; I Thess., i, 5; II Thess., ii, 9; Gal., iii, 5; Rom., xv, 18-19.

chrétienne, crut en opérer[1]. On tenait pour certain que Jésus en avait fait. Il était naturel que la série de ces manifestations divines se continuât. En effet, la thaumaturgie est un privilége des apôtres jusqu'à la fin du premier siècle[2]. Les miracles des apôtres sont de même nature que ceux de Jésus, et consistent surtout, mais non pas exclusivement, en guérisons de maladies et en exorcismes de possédés[3]. On prétendait que leur ombre seule suffisait pour opérer des cures merveilleuses[4]. Ces prodiges étaient tenus pour des dons réguliers du Saint-Esprit, et appréciés au même titre que le don de science, de prédication, de prophétie[5]. Au IIIe siècle, l'Église croyait encore posséder les mêmes priviléges, et exercer comme une sorte de droit permanent le pouvoir de guérir les malades, de chasser les démons, de prédire l'avenir[6].

1. Rom., xv, 19; II Cor., xii, 12; I Thess., i, 5.
2. *Act.*, v, 12-16. Les *Actes* sont pleins de miracles. Celui d'Eutyque (*Act.*, xx, 7-12) est sûrement raconté par un témoin oculaire. De même pour *Act.*, xxviii. Comp. Papias, dans Eusèbe, *H. E.*, III, 39.
3. Les exorcismes juifs et chrétiens furent regardés comme les plus efficaces, même par les païens. Damascius, *Vie d'Isidore,* 56.
4. *Act.*, v, 15.
5. I Cor., xii, 9 et suiv., 28 et suiv.; *Constit. apost.*, VIII, i.
6. Irénée, *Adv. hær.*, II, xxxii, 4; V, vi, 1; Tertullien, *Apol.*, 23, 43; *Ad Scapulam*, 2; *De corona*, 11; *De spectaculis*, 24, *De anima*, 57; *Constit. apost.*, chapitre cité, lequel paraît tiré de l'ouvrage de saint Hippolyte sur les *Charismata*.

L'ignorance rendait tout possible à cet égard. Ne voyons-nous pas, de nos jours, des personnes honnêtes, mais auxquelles manque l'esprit scientifique, trompées d'une façon durable par les chimères du magnétisme et par d'autres illusions [1]?

Ce n'est point par ces erreurs naïves, ni par les chétifs discours que nous lisons dans les *Actes,* qu'il faut juger des moyens de conversion dont disposaient les fondateurs du christianisme. La vraie prédication, c'étaient les entretiens intimes de ces hommes bons et convaincus; c'était le reflet, encore sensible dans leurs discours, de la parole de Jésus; c'était surtout leur piété, leur douceur. L'attrait de la vie commune qu'ils menaient avait aussi beaucoup de force. Leur maison était comme un hospice où tous les pauvres, tous les délaissés trouvaient asile et secours.

Un des premiers qui s'affilièrent à la société naissante fut un Chypriote nommé Joseph Hallévi ou le Lévite. Il vendit son champ comme les autres, et en apporta le prix aux pieds des Douze. C'était un homme intelligent, d'un dévouement à toute épreuve, d'une parole facile. Les apôtres se l'attachèrent de très-près, et l'appelèrent *Bar-naba,*

1. Pour les Mormons, le miracle est chose quotidienne; chacun a les siens. Jules Remy, *Voy. au pays des Mormons,* I, p. 140, 192, 259-260; II, 53 et suiv.

c'est-à-dire « le fils de la prophétie » ou « de la
« prédication » [1]. Il comptait, en effet, au nombre
des prophètes [2], c'est-à-dire des prédicateurs inspirés. Nous le verrons plus tard jouer un rôle capital.
Après saint Paul, ce fut le missionnaire le plus actif
du premier siècle. Un certain Mnason, son compatriote, se convertit vers le même temps [3]. Chypre avait
beaucoup de juiveries [4]. Barnabé et Mnason étaient
sans doute des Juifs de race [5]. Les relations intimes
et prolongées de Barnabé avec l'Église de Jérusalem
font croire que le syro-chaldaïque lui était familier.

Une conquête presque aussi importante que celle
de Barnabé fut celle d'un certain Jean, qui portait le
surnom romain de *Marcus*. Il était cousin de Barnabé,
et circoncis [6]. Sa mère Marie devait jouir d'une honnête aisance; elle se convertit comme son fils, et sa demeure fut plus d'une fois le rendez-vous des apôtres [7].

1. *Act.*, iv, 36-37. Cf. *ibid.*, xv, 32.
2. *Ibid.*, xiii, 1.
3. *Ibid.*, xxi, 16.
4. Jos., *Ant.*, XIII, x, 4; XVII, xii, 1, 2; Philo, *Leg. ad Caium*, § 36.
5. Cela résulte pour Barnabé de son nom *Hallévi* et de Col., iv, 10-11. *Mnason* semble la traduction de quelque nom hébreu où entrait la racine *zacar*, comme Zacharie.
6. Col., iv, 10-11.
7. *Act.*, xii, 12.

Ces deux conversions paraissent avoir été l'ouvrage de Pierre[1]. En tout cas, Pierre était très-lié avec la mère et le fils; il se regardait comme chez lui dans leur maison[2]. Même en admettant l'hypothèse où Jean-Marc ne serait pas identique à l'auteur vrai ou supposé du second Évangile[3], son rôle serait encore très-considérable. Nous le verrons plus tard accompagner dans leurs courses apostoliques Paul, Barnabé, et probablement Pierre lui-même.

Le premier feu se propagea ainsi avec une grande rapidité. Les hommes les plus célèbres du siècle apostolique furent presque tous gagnés en deux ou trois années, par une sorte d'entraînement simultané. Ce fut une seconde génération chrétienne, parallèle à celle qui s'était formée, cinq ou six ans auparavant, sur le bord du lac de Tibériade. Cette seconde génération n'avait pas vu Jésus, et ne pouvait égaler la première en autorité. Mais elle devait la surpasser par son activité et par son

---

1. I Petri, v, 13; *Act.*, xii, 12; Papias, dans Eusèbe, *H. E.*, III, 39.

2. *Act.*, xii, 12-14. Tout ce chapitre, où les choses relatives à Pierre sont si intimement racontées, paraît rédigé par Jean-Marc ou d'après ses renseignements.

3. Le nom de *Marcus* n'étant pas commun chez les Juifs de ce temps, il ne semble pas qu'il faille rapporter à des individus différents les passages où il est question d'un personnage de ce nom.

goût pour les missions lointaines. Un des plus connus parmi les nouveaux adeptes était Stéphanus ou Étienne, qui semble n'avoir été avant sa conversion qu'un simple prosélyte [1]. C'était un homme plein d'ardeur et de passion. Sa foi était des plus vives, et on le croyait favorisé de tous les dons de l'Esprit [2]. Philippe, qui, comme Stéphanus, fut diacre et évangéliste zélé, s'attacha à la communauté vers le même temps [3]. On le confondit souvent avec son homonyme l'apôtre [4]. Enfin, à cette époque, se convertirent Andronic et Junie [5], probablement deux époux, qui donnèrent, comme plus tard Aquila et Priscille, le modèle d'un couple apostolique, voué à tous les soins du missionnaire. Ils étaient du sang d'Israël, et ils furent avec les apôtres dans des rapports très-étroits [6].

---

1. Comparez *Act.*, viii, 2 à *Act.*, ii, 5.
2. *Act.*, vi, 5.
3. *Ibid.*
4. Comparez *Actes*, xxi, 8-9 à Papias, dans Eusèbe, *Hist. Eccl.*, III, 39.
5. Rom., xvi, 7. Il est douteux si Ἰουνίαν vient de Ἰουνία ou de Ἰουνιᾶς = *Junianus*.
6. Paul les appelle ses συγγενεῖς; mais il est difficile de dire si cela signifie qu'ils étaient Juifs, ou de la tribu de Benjamin, ou de Tarse, ou réellement parents de Paul. Le premier sens est de beaucoup le plus probable. Comp. Rom., ix, 3; xi, 14. En tout cas, ce mot implique qu'ils étaient Juifs.

Les nouveaux convertis étaient tous juifs de religion, quand la grâce les toucha ; mais ils appartenaient à deux classes de juifs bien différentes. Les uns étaient des « hébreux »[1], c'est-à-dire des Juifs de Palestine, parlant hébreu ou plutôt araméen, lisant la Bible dans le texte hébreu ; les autres étaient des « hellénistes », c'est-à-dire des Juifs parlant grec, lisant la Bible en grec. Ces derniers se subdivisaient encore en deux classes, les uns étant de sang juif, les autres étant des prosélytes, c'est-à-dire des gens d'origine non israélite, affiliés au judaïsme à des degrés divers. Ces hellénistes, lesquels venaient presque tous de Syrie, d'Asie Mineure, d'Égypte ou de Cyrène[2], habitaient à Jérusalem des quartiers distincts. Ils avaient leurs synagogues séparées et formaient ainsi de petites communautés à part. Jérusalem comptait un grand nombre de ces synagogues particulières[3]. C'est là que la parole de Jésus trouva le sol préparé pour la recevoir et la faire fructifier.

1. *Act.*, vi, 1, 5 ; II Cor., xi, 22 ; Phil., iii, 5.
2. *Act.*, ii, 9-11 ; vi, 9.
3. Le Talmud de Jérusalem, *Megilla,* fol. 73 *d*, en porte le nombre à quatre cent quatre-vingts. Comp. Midrasch *Eka,* 52 *b*, 70 *d*. Un tel nombre n'a rien d'incroyable pour ceux qui ont vu ces petites mosquées de famille qu'on trouve à chaque pas dans les villes musulmanes. Mais les renseignements talmudiques sur Jérusalem sont de médiocre autorité.

Tout le noyau primitif de l'Église avait été exclusivement composé d' « hébreux »; le dialecte araméen, qui fut la langue de Jésus, y avait seul été connu et employé. Mais on voit que, dès la deuxième ou la troisième année après la mort de Jésus, le grec faisait invasion dans la petite communauté, où il devait bientôt devenir dominant. Par suite de leurs relations journalières avec ces nouveaux frères, Pierre, Jean, Jacques, Jude, et en général les disciples galiléens, apprirent le grec d'autant plus facilement qu'ils en savaient peut-être déjà quelque chose. Un incident dont il sera bientôt parlé montre que cette diversité de langues causa d'abord quelque division dans la communauté, et que les deux fractions n'avaient pas entre elles des rapports très-faciles [1]. Après la ruine de Jérusalem, nous verrons les « hébreux », retirés au delà du Jourdain, à la hauteur du lac de Tibériade, former une Église séparée, qui eut des destinées à part. Mais, dans l'intervalle de ces deux faits, il ne semble pas que la diversité de langues ait eu de conséquence dans l'Église. Les Orientaux ont une grande facilité pour apprendre les langues; dans les villes, chacun parle habituellement deux ou trois idiomes. Il est donc probable que ceux des apôtres galiléens qui jouèrent un rôle actif acquirent la pra-

---

1. *Act.*, vi, 1.

tique du grec [1], et arrivèrent même à s'en servir de préférence au syro-chaldaïque, quand les fidèles parlant grec furent de beaucoup les plus nombreux. Le dialecte palestinien devait être abandonné, du jour où l'on songeait à une propagande s'étendant au loin. Un patois provincial, qu'on écrivait à peine [2], et qu'on ne parlait pas hors de la Syrie, était aussi peu propre que possible à un tel objet. Le grec, au contraire, fut en quelque sorte imposé au christianisme. C'était la langue universelle du moment, au moins pour le bassin oriental de la Méditerranée. C'était, en particulier, la langue des Juifs dispersés dans tout l'empire romain. Alors, comme de nos jours, les Juifs adoptaient avec une grande facilité les idiomes des pays qu'ils habitaient. Ils ne se piquaient pas de purisme, et c'est là ce qui fait que le grec du christianisme primitif est si mauvais. Les Juifs, même les plus instruits, prononçaient mal la langue classique [3]. Leur phrase était toujours calquée sur le syriaque; ils ne se débarrassèrent jamais

---

1. L'épître de saint Jacques est écrite en un grec assez pur. Il est vrai que l'authenticité de cette épître n'est pas certaine.

2. Les savants écrivaient dans l'ancien hébreu, un peu altéré. Des morceaux comme celui qu'on lit dans le Talmud de Babylone, *Kidduschin,* fol. 66 *a,* peuvent avoir été écrits vers ce temps.

3. Jos., *Ant.,* dernier paragraphe.

de la pesanteur des dialectes grossiers que la conquête macédonienne leur avait portés [1].

Les conversions au christianisme devinrent bientôt beaucoup plus nombreuses chez les « hellénistes » que chez les « hébreux ». Les vieux Juifs de Jérusalem étaient peu attirés vers une secte de provinciaux, médiocrement versés dans la seule science qu'un pharisien appréciât, la science de la Loi [2]. La position de la petite Église à l'égard du judaïsme était, comme le fut celle de Jésus lui-même, un peu équivoque. Mais tout parti religieux ou politique porte en lui une force qui le domine et l'oblige à parcourir son orbite malgré lui. Les premiers chrétiens, quel que fût leur respect apparent pour le judaïsme, n'étaient en réalité des juifs que par leur naissance ou par leurs habitudes extérieures. L'esprit vrai de la secte venait d'ailleurs. Ce qui germait dans le judaïsme officiel, c'était le Talmud; or, le christianisme n'a aucune affinité avec l'école talmudique. Voilà pourquoi le christianisme

---

1. C'est ce que prouvent les transcriptions du grec en syriaque. J'ai développé ceci dans mes *Éclaircissements tirés des langues sémitiques sur quelques points de la prononciation grecque.* (Paris, 1849.) La langue des inscriptions grecques de Syrie est très-mauvaise.

2. Jos., *Ant.*, loc. cit.

trouvait surtout faveur dans les parties les moins juives du judaïsme. Les orthodoxes rigides s'y prêtaient peu; c'étaient les nouveaux venus, gens à peine catéchisés, n'ayant pas été aux grandes écoles, dégagés de la routine et non initiés à la langue sainte, qui prêtaient l'oreille aux apôtres et à leurs disciples. Médiocrement considérés de l'aristocratie de Jérusalem, ces parvenus du judaïsme prenaient ainsi une sorte de revanche. Ce sont toujours les parties jeunes et nouvellement acquises d'une communauté qui ont le moins de souci de la tradition, et qui sont le plus portées aux nouveautés.

Dans ces classes peu assujetties aux docteurs de la Loi, la crédulité était aussi, ce semble, plus naïve et plus entière. Ce qui frappe chez le juif talmudiste, ce n'est pas la crédulité. Le juif crédule et ami du merveilleux, que connurent les satiriques latins, n'est pas le Juif de Jérusalem; c'est le juif helléniste, à la fois très-religieux et peu instruit, par conséquent très-superstitieux. Ni le sadducéen à demi incrédule, ni le pharisien rigoriste ne devaient être fort touchés de la théurgie qui était en si grande vogue dans le cercle apostolique. Mais le *Judæus Apella*, dont l'épicurien Horace souriait[1], était là pour croire. Les questions sociales, d'ailleurs, intéressaient parti-

---

1. *Sat.*, I, v, 105.

culièrement ceux qui ne bénéficiaient pas des richesses que le temple et les institutions centrales de la nation faisaient affluer à Jérusalem. Or, ce fut en se combinant avec des besoins fort analogues à ce qu'on appelle maintenant « socialisme » que la secte nouvelle posa le fondement solide sur lequel devait s'asseoir l'édifice de son avenir.

CHAPITRE VII.

L'ÉGLISE CONSIDÉRÉE COMME UNE ASSOCIATION DE PAUVRES.
INSTITUTION DU DIACONAT.
LES DIACONESSES ET LES VEUVES.

Une vérité générale nous est révélée par l'histoire comparée des religions : toutes celles qui ont eu un commencement, et qui ne sont pas contemporaines de l'origine du langage lui-même, se sont établies par des raisons sociales bien plutôt que par des raisons théologiques. Il en fut sûrement ainsi pour le bouddhisme. Ce qui fit la fortune prodigieuse de cette religion, ce ne fut pas la philosophie nihiliste qui lui servait de base ; ce fut sa partie sociale. C'est en proclamant l'abolition des castes, en établissant, selon son expression, « une loi de grâce pour tous, » que Çakya-Mouni et ses disciples entraînèrent après eux l'Inde d'abord, puis la plus grande partie de l'Asie [1]. Comme le christianisme, le bouddhisme fut

1. Voir les textes réunis et traduits par Eugène Burnouf, *Introd.*

un mouvement de pauvres. Le grand attrait qui fit qu'on s'y précipita, fut la facilité offerte aux classes déshéritées de se réhabiliter par la profession d'un culte qui les relevait et leur offrait des ressources infinies d'assistance et de pitié.

Le nombre des pauvres était, au premier siècle de notre ère, très-considérable en Judée. Le pays est par sa nature dénué des ressources qui procurent l'aisance. Dans ces pays sans industrie, presque toutes les fortunes ont pour origine ou des institutions religieuses richement dotées, ou les faveurs d'un gouvernement. Les richesses du temple étaient depuis longtemps l'apanage exclusif d'un petit nombre de nobles. Les Asmonéens avaient constitué autour de leur dynastie un groupe de familles riches; les Hérodes augmentèrent beaucoup le luxe et le bien-être dans une certaine classe de la société. Mais le vrai Juif théocrate, tournant le dos à la civilisation romaine, n'en devint que plus pauvre. Il se forma toute une classe de saints hommes, pieux, fanatiques, observateurs rigides de la Loi, tout à fait misérables d'extérieur. C'est dans cette classe que se recrutèrent les sectes et les partis fanatiques, si nombreux à cette époque. Le rêve universel était le règne du prolétaire

à l'hist. du buddhisme indien, I, p. 137 et suiv., surtout p. 198-199.

juif resté fidèle, et l'humiliation du riche, considéré comme un transfuge, comme un traître passé à la vie profane, à la civilisation du dehors. Jamais haine n'égala celle de ces pauvres de Dieu contre les constructions splendides qui commençaient à couvrir le pays, et contre les ouvrages des Romains [1]. Obligés, pour ne pas mourir de faim, de travailler à ces édifices qui leur paraissaient des monuments d'orgueil et de luxe défendu, ils se croyaient victimes de riches méchants, corrompus, infidèles à la Loi.

On conçoit combien une association de secours mutuels, dans un tel état social, fut accueillie avec empressement. La petite Église chrétienne dut sembler un paradis. Cette famille de frères, simples et unis, attira de toutes parts des affiliés. En retour de ce qu'on apportait, on obtenait un avenir assuré, une confraternité très-douce, et de précieuses espérances. L'habitude générale était de convertir sa fortune en espèces avant d'entrer dans la secte [2]. Cette fortune consistait d'ordinaire en petites propriétés rurales peu productives et d'une exploitation incommode. Il n'y avait qu'avantage, surtout pour des gens non mariés, à échanger ces parcelles de terre contre un placement à fonds perdus dans une société d'assurance, en vue

---

1. Voir *Vie de Jésus,* p. 184 et 211.
2. *Act.,* II, 45; IV, 34, 37; V, 1.

du royaume de Dieu. Quelques personnes mariées vinrent même au-devant de cet arrangement; des précautions furent prises pour que les associés apportassent réellement tout leur avoir, et ne gardassent rien en dehors du fonds commun [1]. En effet, comme chacun recevait non en proportion de la mise qu'il avait faite, mais en proportion de ses besoins [2], toute réserve de propriété était bien un vol fait à la communauté. On voit la ressemblance surprenante de tels essais d'organisation du prolétariat avec certaines utopies qui se sont produites à une époque peu éloignée de nous. Mais une différence profonde venait de ce que le communisme chrétien avait une base religieuse, tandis que le socialisme moderne n'en a pas. Il est clair qu'une association où le dividende est en raison des besoins de chacun, et non en raison du capital apporté, ne peut reposer que sur un sentiment d'abnégation très-exalté et sur une foi ardente en un idéal religieux.

Dans une telle constitution sociale, les difficultés administratives devaient être fort nombreuses, quel que fût le degré de fraternité qui régnât. Entre les deux fractions de la communauté, dont l'idiome

---

1. *Act.*, v, 1 et suiv.
2. *Ibid.*, ii, 45; iv, 35.

n'était pas le même, les malentendus étaient inévitables. Il était difficile que les Juifs de race n'eussent pas un peu de dédain à l'égard de leurs coreligionnaires moins nobles. En effet, des murmures ne tardèrent pas à se faire entendre. Les « hellénistes », qui devenaient chaque jour plus nombreux, se plaignaient que leurs veuves fussent moins bien traitées dans les distributions que celles des « hébreux »[1]. Jusque-là, les apôtres avaient présidé aux soins de l'économat. Mais, en présence de telles réclamations, ils sentirent la nécessité de déléguer cette partie de leurs pouvoirs. Ils proposèrent à la communauté de confier les soins administratifs à sept hommes sages et considérés. La proposition fut acceptée. On procéda à l'élection. Les sept élus furent Stéphanus ou Étienne, Philippe, Prochore, Nicanor, Timon, Parménas et Nicolas. Ce dernier était d'Antioche; c'était un simple prosélyte. Étienne était peut-être de la même condition[2]. Il semble qu'à l'inverse de ce qui s'était pratiqué dans l'élection de l'apôtre Matthia, on s'imposa de choisir les sept administrateurs, non dans le groupe des disciples primitifs, mais parmi les nouveaux convertis et surtout parmi les hellénistes. Tous, en effet, portent des noms pure-

---

1. *Act.*, VI, 1 et suiv.
2. Voir ci-dessus, p. 108.

ment grecs. Étienne était le plus considérable des sept, et en quelque sorte leur chef. On les présenta aux apôtres, qui, selon un rite déjà consacré, prièrent sur leur tête en leur imposant les mains.

On donna aux administrateurs ainsi désignés le nom syriaque de *Schammaschîn*, en grec Διάκονοι. On les appelait aussi quelquefois « les Sept », pour les opposer aux « Douze »[1]. Telle fut donc l'origine du diaconat, qui se trouve être la plus ancienne fonction ecclésiastique, le plus ancien des ordres sacrés. Toutes les Églises organisées plus tard eurent des diacres, à l'imitation de celle de Jérusalem. La fécondité d'une telle institution fut merveilleuse. C'était le soin du pauvre élevé à l'égal d'un service religieux. C'était la proclamation de cette vérité que les questions sociales sont les premières dont on doive se préoccuper. C'était la fondation de l'économie politique en tant que chose religieuse. Les diacres furent les meilleurs prédicateurs du christianisme. Nous allons bientôt voir quel rôle ils eurent comme évangélistes. Comme organisateurs, comme économes, comme administrateurs, ils eurent un rôle bien plus important encore. Ces hommes pratiques, en contact perpétuel avec les pauvres, les malades, les femmes, pénétraient partout, voyaient tout, exhor-

---

1. *Act.*, XXI, 8.

taient et convertissaient de la manière la plus efficace [1]. Ils firent bien plus que les apôtres, immobiles à Jérusalem sur leur siége d'honneur. Ils furent les créateurs du christianisme en ce qu'il eut de plus solide et de plus durable.

De très-bonne heure, des femmes furent admises à cet emploi [2]. Elles portaient, comme de nos jours, le nom de « sœurs [3] ». C'étaient d'abord des veuves [4] ; plus tard, on préféra des vierges pour cet office [5]. Le tact qui guida en tout ceci la primitive Église fut admirable. Ces hommes simples et bons jetèrent avec une science profonde, parce qu'elle venait du cœur, les bases de la grande chose chrétienne par excellence, la charité. Rien ne leur avait donné le modèle de telles institutions. Un vaste ministère de bienfaisance et de secours réciproques, où les deux sexes apportaient leurs qualités diverses et concertaient leurs efforts en vue du soulagement des misères humaines, voilà la sainte création qui sortit du travail de ces deux ou trois premières an-

---

1. Phil., I, 1; I Tim., III, 8 et suiv.
2. Rom., XVI, 1, 12; I Tim., III, 11; V, 9 et suiv.; Pline, *Epist.*, X, 97. Les épîtres à Timothée ne sont probablement pas de saint Paul; mais elles sont en tout cas fort anciennes.
3. Rom., XVI, 1; I Cor., IX, 5; Philem., 2.
4. I Tim., V, 9 et suiv.
5. *Constit. apost.*, VI, 17.

nées. Ce furent les plus fécondes de l'histoire du christianisme. On sent que la pensée encore vivante de Jésus remplit ses disciples et les dirige en tous leurs actes avec une merveilleuse lucidité. Pour être juste, en effet, c'est à Jésus qu'il faut reporter l'honneur de ce que les apôtres firent de grand. Il est probable que, de son vivant, il avait jeté les bases des établissements qui se développèrent avec un plein succès aussitôt après sa mort.

Les femmes accouraient naturellement vers une communauté où le faible était entouré de tant de garanties. Leur position dans la société d'alors était humble et précaire [1] ; la veuve surtout, malgré quelques lois protectrices, était le plus souvent abandonnée à la misère et peu respectée. Beaucoup de docteurs voulaient qu'on ne donnât à la femme aucune éducation religieuse [2]. Le Talmud met sur le même rang parmi les fléaux du monde la veuve bavarde et curieuse, qui passe sa vie en commérages chez les voisines, et la vierge qui perd son temps en prières [3]. La nouvelle religion créa à ces pauvres dés-

---

1. Sap., II, 10; Eccli., XXXVII, 17; Matth., XXIII, 14; Marc, XII, 40; Luc, XX, 47; Jac., I, 27.
2. Mischna, *Sota*, III, 4.
3. Talm. de Bab., *Sota*, 22 *a*; comp. I Tim., v, 13; Buxtorf, *Lex. chald. talm. rabb.*, aux mots צלינית et שובבית.

héritées un asile honorable et sûr[1]. Quelques femmes tenaient dans l'Église un rang très-considérable, et leur maison servait de lieu de réunion[2]. Quant à celles qui n'avaient pas de maison, on les constitua en une espèce d'ordre ou de corps presbytéral féminin[3], qui comprenait aussi probablement des vierges, et qui joua un rôle capital dans l'organisation de l'aumône. Les institutions qu'on regarde comme le fruit tardif du christianisme, les congrégations de femmes, les béguines, les sœurs de la charité furent une de ses premières créations, le principe de sa force, l'expression la plus parfaite de son esprit. En particulier, l'admirable idée de consacrer par une sorte de caractère religieux et d'assujettir à une discipline régulière les femmes qui ne sont pas dans les liens du mariage, est toute chrétienne. Le mot « veuve » devint synonyme de personne religieuse, vouée à Dieu, et par suite de « diaconesse »[4]. Dans ces pays, où l'épouse de vingt-quatre ans est déjà flétrie, où il n'y a pas de milieu entre l'enfant et la vieille femme, c'était comme une nouvelle vie que l'on créait pour la moitié de l'espèce humaine la plus capable de dévouement.

---

1. *Act.*, vi, 1.
2. *Ibid.*, xii, 12.
3. I Tim., v, 9 et suiv. Comp. *Act.*, ix, 39, 41.
4. I Tim., v, 3 et suiv.

Les temps des Séleucides avaient été une terrible époque de débordements féminins. On ne vit jamais tant de drames domestiques, de telles séries d'empoisonneuses et d'adultères. Les sages d'alors durent considérer la femme comme un fléau dans l'humanité, comme un principe de bassesse et de honte, comme un mauvais génie ayant pour rôle unique de combattre ce qui germe de noble en l'autre sexe [1]. Le christianisme changea les choses. À cet âge qui à nos yeux est encore la jeunesse, mais où la vie de la femme d'Orient est si morne, si fatalement livrée aux suggestions du mal, la veuve pouvait, en entourant sa tête d'un châle noir [2], devenir une personne respectable, dignement occupée, une diaconesse, l'égale des hommes les plus estimés. Cette position si difficile de la veuve sans enfants, le christianisme l'éleva, la rendit sainte [3]. La veuve redevint presque l'égale de la vierge. Ce fut la *calogrie* ou « belle

1. *Ecclésiaste*, VII, 27; *Ecclésiastique*, VII, 26 et suiv.; IX, 1 et suiv.; XXV, 22 et suiv.; XXVI, 1 et suiv.; XLII, 9 et suiv.

2. Pour le costume des veuves dans l'Église orientale, voir le manuscrit grec n° 64 de la Bibliothèque impériale (ancien fonds), fol. 11. Le costume des calogries est encore aujourd'hui à peu près le même, le type de la religieuse orientale étant la veuve, tandis que celui de la nonne latine est la vierge.

3. Comparez le *Pasteur* d'Hermas, vis. II, ch. 4.

vieille ¹ », vénérée, utile, traitée de mère. Ces femmes allant, venant sans cesse², étaient d'admirables missionnaires pour le culte nouveau. Les protestants se trompent en portant dans l'appréciation de ces faits notre esprit moderne d'individualité. Quand il s'agit d'histoire chrétienne, c'est le socialisme, le cénobitisme, qui sont primitifs.

L'évêque, le prêtre, comme le temps les a faits, n'existaient pas encore. Mais le ministère pastoral, cette intime familiarité des âmes, en dehors des liens du sang, était déjà fondé. Ceci a toujours été le don spécial de Jésus, et comme un héritage de lui. Jésus avait souvent répété qu'il était pour chacun plus que son père, plus que sa mère, qu'il fallait pour le suivre quitter les êtres les plus chers. Au-dessus de la famille, le christianisme mettait quelque chose; il créait la fraternité, le mariage spirituels. Le mariage antique, livrant l'épouse à l'époux sans restriction, sans contre-poids, était un véritable esclavage. La liberté morale de la femme a commencé le jour où l'Église lui a donné un confident, un guide en Jésus, qui la dirige et la console, qui toujours l'écoute, et parfois l'engage à résister. La

---

1. Καλογρία, nom des religieuses dans l'Église orientale. Καλός réunit ici les deux sens de « beau » et de « bon ».

2. Voir ci-dessus, p. 122, note 3.

femme a besoin d'être gouvernée, n'est heureuse que gouvernée; mais il faut qu'elle aime celui qui la gouverne. Voilà ce que ni les sociétés anciennes, ni le judaïsme, ni l'islamisme, n'ont pu faire. La femme n'a jamais eu jusqu'ici une conscience religieuse, une individualité morale, une opinion propre que dans le christianisme. Grâce aux évêques et à la vie monastique, une Radegonde saura trouver des moyens pour échapper des bras d'un époux barbare. La vie de l'âme étant tout ce qui compte, il est juste et raisonnable que le pasteur qui sait faire vibrer les cordes divines, le conseiller secret qui tient la clef des consciences, soit plus que le père, plus que l'époux.

En un sens, le christianisme fut une réaction contre la constitution trop étroite de la famille dans la race aryenne. Non-seulement les vieilles sociétés aryennes n'admettaient guère que l'homme marié, mais elles entendaient le mariage dans le sens le plus strict. C'était quelque chose d'analogue à la famille anglaise, un cercle étroit, fermé, étouffant, un égoïsme à plusieurs, aussi desséchant pour l'âme que l'égoïsme à un seul. Le christianisme, avec sa divine notion de la liberté du royaume de Dieu, corrigea ces exagérations. Et d'abord, il se garda de faire peser sur tout le monde les devoirs du commun des hommes. Il vit que la famille n'est pas le cadre absolu de la vie, ou, du moins, un cadre fait pour tous, que le devoir de reproduire l'espèce humaine ne pèse pas sur tous, qu'il doit y avoir des personnes affranchies de ces devoirs, sacrés sans doute, mais non faits pour tous. L'exception que la société grecque fit en faveur des *hétères* à la façon d'Aspasie, que la société italienne fit pour la *cortigiana* à la manière d'Imperia, à cause des nécessités de la société polie, le christianisme la fit pour le prêtre, la religieuse, la diaconesse, en vue du bien général. Il admit des états divers dans la société. Il y a des âmes qui trouvent plus doux de s'aimer à cinq cents que de s'aimer à cinq ou six, pour lesquelles la famille dans ses conditions ordinaires paraîtrait insuffisante, froide, ennuyeuse. Pourquoi étendre à tous les exigences de nos sociétés ternes et médiocres? La famille temporelle ne suffit pas à l'homme. Il lui faut des frères et des sœurs en dehors de la chair.

Par sa hiérarchie des différentes fonctions sociales[1], l'Église primitive parut concilier un moment ces exigences opposées. Nous ne comprendrons jamais combien on fut heureux sous ces règles

---

1. I Cor., XII entier.

saintes, qui soutenaient la liberté sans l'étreindre, rendant possibles à la fois les douceurs de la vie commune et celles de la vie privée. C'était le contraire du pêle-mêle de nos sociétés artificielles et sans amour, où l'âme sensible est quelquefois si cruellement isolée. L'atmosphère était chaude et douce dans ces petits réduits qu'on appelait des Églises. On vivait ensemble de la même foi et des mêmes espérances. Mais il est clair aussi que ces conditions ne pouvaient s'appliquer à une grande société. Quand des pays entiers se firent chrétiens, la règle des premières Églises devint une utopie et se réfugia dans les monastères. La vie monastique n'est, en ce sens, que la continuation des Églises primitives[1]. Le couvent est la conséquence nécessaire de l'esprit chrétien; il n'y a pas de christianisme parfait sans couvent, puisque l'idéal évangélique ne peut se réaliser que là.

Une large part, assurément, doit être faite au judaïsme dans ces grandes créations. Chacune des communautés juives dispersées sur les côtes de la Méditerranée, était déjà une sorte d'Église, avec sa caisse de secours mutuels. L'aumône, toujours

---

[1]. Les congrégations piétistes de l'Amérique, qui sont, dans le protestantisme, l'analogue des couvents catholiques, rappellent aussi par beaucoup de traits les Églises primitives. V. L. Bridel, *Récits américains* (Lausanne, 1864).

recommandée par les sages[1], était devenue un précepte ; elle se faisait au temple et dans les synagogues [2]; elle passait pour le premier devoir du prosélyte[3]. Dans tous les temps, le judaïsme s'est distingué par le soin de ses pauvres et par le sentiment de charité fraternelle qu'il inspire.

Il y a une suprême injustice à opposer le christianisme au judaïsme comme un reproche, puisque tout ce qui est dans le christianisme primitif est venu en somme du judaïsme. C'est en songeant au monde romain qu'on est frappé des miracles de charité et d'association libre opérés par l'Église. Jamais société profane, ne reconnaissant pour base que la raison, n'a produit de si admirables effets. La loi de toute société profane, philosophique, si j'ose le dire, est la liberté, parfois l'égalité, jamais la fraternité. La charité, au point de vue du droit, n'a rien d'obligatoire ; elle ne regarde que les individus ; on lui trouve même certains inconvénients et on s'en défie. Toute tentative pour appliquer les deniers publics

---

1. Prov., III, 27 et suiv.; x, 2; xi, 4; xxii, 9; xxviii, 27; Eccli., III, 23 et suiv.; VII, 36; XII, 1 et suiv.; XVIII, 14; XX, 13 et suiv.; XXXI, 11; Tobie, II, 15, 22; IV, 11; XII, 9; XIV, 11; Daniel, IV, 24; Talm. de Jérus., *Peah*, 15 b.

2. Matth., VI, 2; Mischna, *Schekalim*, V, 6; Talm. de Jérus., *Demaï*, fol. 23 b.

3. Act., x, 2, 4, 31.

au bien-être des prolétaires semble du communisme. Quand un homme meurt de faim, quand des classes entières languissent dans la misère, la politique se borne à trouver que cela est fâcheux. Elle montre fort bien qu'il n'y a d'ordre civil et politique qu'avec la liberté; or, la conséquence de la liberté est que celui qui n'a rien et qui ne peut rien gagner meure de faim. Cela est logique; mais rien ne tient contre l'abus de la logique. Les besoins de la classe la plus nombreuse finissent toujours par l'emporter. Des institutions purement politiques et civiles ne suffisent pas; les aspirations sociales et religieuses ont droit aussi à une légitime satisfaction.

La gloire du peuple juif est d'avoir proclamé avec éclat ce principe, d'où est sortie la ruine des États anciens, et qu'on ne déracinera plus. La loi juive est sociale et non politique; les prophètes, les auteurs d'apocalypses sont des promoteurs de révolutions sociales, non de révolutions politiques. Dans la première moitié du premier siècle, mis en présence de la civilisation profane, les Juifs n'ont qu'une idée, c'est de refuser les bienfaits du droit romain, de ce droit philosophique, athée, égal pour tous, et de proclamer l'excellence de leur loi théocratique, qui forme une société religieuse et morale. La Loi fait le bonheur, voilà l'idée de tous les penseurs juifs, tels que Philon et Josèphe. Les lois des autres peuples veillent à ce que la justice ait son cours; peu leur importe que les hommes soient bons et heureux. La loi juive descend aux derniers détails de l'éducation morale. — Le christianisme n'est que le développement de la même idée. Chaque Église est un monastère, où tous ont des droits sur tous, où il ne doit y avoir ni pauvres ni méchants, où tous par conséquent se surveillent, se commandent. Le christianisme primitif peut se définir une grande association de pauvres, un effort héroïque contre l'égoïsme, fondé sur cette idée que chacun n'a droit qu'à son nécessaire, que le superflu appartient à ceux qui n'ont pas. On voit sans peine qu'entre un tel esprit et l'esprit romain il s'établira une lutte à mort, et que le christianisme, de son côté, n'arrivera à régner sur le monde qu'à condition de modifier profondément ses tendances natives et son programme originel.

Mais les besoins qu'il représente dureront éternellement. La vie commune, à partir de la seconde moitié du moyen âge, ayant servi aux abus d'une Église intolérante, le monastère étant devenu trop souvent un fief féodal ou la caserne d'une milice dangereuse et fanatique, l'esprit moderne s'est montré fort sévère à l'égard du cénobitisme. Nous avons oublié que c'est dans la vie commune que l'âme de l'homme a goûté le plus de joie. Le cantique « Oh! qu'il est bon, qu'il est charmant à des frères d'habiter ensemble [1]! » a cessé d'être le nôtre. Mais, quand l'individualisme moderne aura porté ses derniers fruits; quand l'humanité, rapetissée, attristée, devenue impuissante, reviendra aux grandes institutions et aux fortes disciplines; quand notre mesquine société bourgeoise, je dis mal, notre monde de pygmées, aura été chassé à coups de fouet par les parties héroïques et idéalistes de l'humanité, alors la vie commune reprendra tout son prix. Une foule de grandes choses, telles que la science, s'organiseront sous forme monastique, avec hérédité en dehors du sang. L'importance que notre siècle attribue à la famille diminuera. L'égoïsme, loi essentielle de la société civile, ne suffira pas aux grandes âmes. Toutes, accourant des points les plus opposés, se ligueront contre la vulgarité. On retrouvera du sens aux paroles de Jésus et aux idées du moyen âge sur la pauvreté. On comprendra que posséder quelque chose ait pu être tenu pour une infériorité, et que les fondateurs de la vie mystique aient disputé des siècles pour savoir si Jésus posséda du moins « les choses qui se consomment par l'usage ». Ces subtilités franciscaines redeviendront de grands

---

1. Ps. CXXXIII.

problèmes sociaux. Le splendide idéal tracé par l'auteur des *Actes* sera inscrit comme une révélation prophétique à l'entrée du paradis de l'humanité : « La multitude des fidèles n'avait qu'un cœur et qu'une âme, et aucun d'eux ne regardait ce qu'il possédait comme lui appartenant, car ils jouissaient de tout en commun. Aussi n'y avait-il pas de pauvres parmi eux ; ceux qui avaient des champs ou des maisons les vendaient et en apportaient le prix aux pieds des apôtres ; puis on faisait la part de chacun selon ses besoins. Et, chaque jour, ils rompaient le pain en pleine concorde, avec joie et simplicité de cœur [1] ! »

Ne devançons pas les temps. Nous sommes arrivés à l'an 36 à peu près. Tibère, à Caprée, ne se doute guère de l'ennemi qui croît pour l'Empire. En deux ou trois années, la secte nouvelle avait fait des progrès surprenants. Elle comptait plusieurs milliers de fidèles [2]. Il était déjà facile de prévoir que ses conquêtes s'effectueraient surtout du côté des hellénistes et des prosélytes. Le groupe galiléen qui avait entendu le maître, tout en gardant sa primauté, était comme noyé sous un flot de nouveaux venus, parlant grec. On pressent déjà que le rôle principal appartiendra à ces derniers. A l'heure

---

1. *Act.*, II, 44-47 ; IV, 32-35.
2. *Ibid.*, II, 41.

où nous sommes, aucun païen, c'est-à-dire aucun homme sans lien antérieur avec le judaïsme, n'est entré dans l'Église. Mais des prosélytes [1] y occupent des fonctions très-importantes. Le cercle de provenance des disciples s'est aussi fort élargi; ce n'est plus un simple petit collége de Palestiniens; on y compte des gens de Chypre, d'Antioche, de Cyrène [2], et en général de presque tous les points des côtes orientales de la Méditerranée où s'étaient établies des colonies juives. L'Égypte seule faisait défaut dans cette primitive Église et fera défaut longtemps encore. Les juifs de ce pays étaient presque en schisme avec la Judée. Ils vivaient de leur vie propre, supérieure à beaucoup d'égards à celle de la Palestine, et ils recevaient faiblement le contre-coup des mouvements religieux de Jérusalem.

1. Voir ci-dessus, p. 108, 119-120.
2. *Act.*, VI, 5; XI, 20.

CHAPITRE VIII.

PREMIÈRE PERSÉCUTION. — MORT D'ÉTIENNE. — DESTRUCTION DE LA PREMIÈRE ÉGLISE DE JÉRUSALEM.

Il était inévitable que les prédications de la secte nouvelle, même en se produisant avec beaucoup de réserve, réveillassent les colères qui s'étaient amassées contre le fondateur et avaient fini par amener sa mort. La famille sadducéenne de Hanan, qui avait fait tuer Jésus, régnait toujours. Joseph Kaïapha occupa, jusqu'en 36, le souverain pontificat, dont il abandonnait tout le pouvoir effectif à son beau-père Hanan, et à ses parents Jean et Alexandre[1]. Ces hommes arrogants et sans pitié voyaient avec impatience une troupe de bonnes et saintes gens, sans titre officiel, gagner la faveur de la foule[2]. Une ou deux fois, Pierre, Jean et les prin-

---

1. *Act.*, IV, 6. Voir *Vie de Jésus*, p. 364 et suiv.
2. *Act.*, IV, 1-34; V, 17-41.

cipaux membres du collége apostolique, furent mis en prison et condamnés à la flagellation. C'était le châtiment qu'on infligeait aux hérétiques[1]. L'autorisation des Romains n'était pas nécessaire pour l'appliquer. Comme on le pense bien, ces brutalités ne faisaient qu'exciter l'ardeur des apôtres. Ils sortirent du sanhédrin, où ils venaient de subir la flagellation, pleins de joie d'avoir été jugés dignes de subir un affront pour celui qu'ils aimaient[2]. Éternelle puérilité des répressions pénales, appliquées aux choses de l'âme! Ils passaient sans doute pour des hommes d'ordre, pour des modèles de prudence et de sagesse, les étourdis qui crurent sérieusement, l'an 36, avoir raison du christianisme au moyen de quelques coups de fouet.

Ces violences venaient surtout des sadducéens[3], c'est-à-dire du haut clergé qui entourait le temple et en tirait d'immenses profits[4]. On ne voit pas que les pharisiens aient déployé contre la secte l'animosité qu'ils montrèrent contre Jésus. Les nouveaux croyants étaient des gens pieux, rigides, assez analogues par leur genre de vie aux pharisiens eux-mêmes.

1. Voir *Vie de Jésus*, p. 137.
2. *Act.*, v, 41.
3. *Ibid.*, iv, 5-6; v, 17. Comp. Jac., ii, 6.
4. Γένος ἀρχιερατικόν, dans les *Actes*, l. c.; ἀρχιερεῖς, dans Josèphe, *Ant.*, XX, viii, 8.

La rage que ces derniers ressentirent contre le fondateur venait de la supériorité de Jésus, supériorité que celui-ci ne prenait aucun soin de dissimuler. Ses fines railleries, son esprit, son charme, son aversion pour les faux dévots, avaient allumé des haines féroces. Les apôtres, au contraire, étaient dénués d'esprit; ils n'employèrent jamais l'ironie. Les pharisiens leur furent par moments favorables; plusieurs pharisiens se firent même chrétiens [1]. Les terribles anathèmes de Jésus contre le pharisaïsme n'étaient pas encore écrits, et la tradition des paroles du maître n'était ni générale ni uniforme [2].

Ces premiers chrétiens étaient d'ailleurs des gens si inoffensifs, que plusieurs personnes de l'aristocratie juive, sans faire précisément partie de la secte, étaient bien disposés pour eux. Nicodème et Joseph d'Arimathie, qui avaient connu Jésus, restèrent sans doute avec l'Église en des liens fraternels. Le docteur juif le plus célèbre du temps, Rabbi Gamaliel le Vieux, petit-

---

1. *Act.*, xv, 5; xxi, 20.
2. Ajoutons que l'antipathie réciproque de Jésus et des pharisiens semble avoir été exagérée par les évangélistes synoptiques, peut-être à cause des événements qui amenèrent, lors de la grande guerre, la fuite des chrétiens au delà du Jourdain. On ne peut nier que Jacques, frère du Seigneur, ne soit presque un pharisien.

fils de Hillel, homme à idées larges et très-tolérant, opina, dit-on, dans le sanhédrin en faveur de la liberté des prédications évangéliques[1]. L'auteur des *Actes* lui prête un raisonnement excellent, qui devrait être la règle de conduite des gouvernements, toutes les fois qu'ils se trouvent en présence de nouveautés dans l'ordre intellectuel ou moral. « Si cette œuvre est frivole, laissez-la, elle tombera d'elle-même; si elle est sérieuse, comment osez-vous résister à l'œuvre de Dieu? En tout cas, vous ne réussirez pas à l'arrêter. » Gamaliel fut peu écouté. Les esprits libéraux, au milieu de fanatismes opposés, n'ont aucune chance de réussir.

Un éclat terrible fut provoqué par le diacre Étienne[2]. Sa prédication avait, à ce qu'il paraît, beaucoup de succès. La foule s'amassait autour de lui, et ces rassemblements aboutissaient à des querelles fort vives. C'étaient surtout des hellénistes ou des prosélytes, des habitués de la synagogue dite des *Libertini*[3], des gens de Cyrène, d'Alexandrie, de Cilicie, d'Éphèse, qui s'animaient à ces disputes. Étienne soutenait

---

1. *Act.*, v, 34 et suiv. Voir *Vie de Jésus*, p. 220-221.
2. *Act.*, vi, 8-vii, 59.
3. Probablement des descendants des Juifs qui avaient été amenés à Rome comme esclaves, puis affranchis. Philon, *Leg. ad Caium*, § 23; Tacite, *Ann.*, II, 85.

avec passion que Jésus était le Messie, que les prêtres avaient commis un crime en le mettant à mort, que les Juifs étaient des rebelles, fils de rebelles, des gens qui niaient l'évidence. Les autorités résolurent de perdre ce prédicateur audacieux. Des témoins furent apostés pour saisir en ses discours quelque parole contre Moïse. Naturellement, ils trouvèrent ce qu'ils cherchaient. Étienne fut arrêté, et on l'amena devant le sanhédrin. Le mot qu'on lui reprochait était presque celui-là même qui amena la condamnation de Jésus [1]. On l'accusait de dire que Jésus de Nazareth détruirait le temple, et changerait les traditions qu'on attribuait à Moïse. Il est très-possible, en effet, qu'Étienne eût tenu un pareil langage. Un chrétien de cette époque n'aurait pas eu l'idée de parler directement contre la Loi, puisque tous l'observaient encore; quant aux traditions, Étienne put les combattre, comme l'avait fait Jésus lui-même; or, ces traditions étaient follement rapportées à Moïse par les orthodoxes, et on leur attribuait une valeur égale à celle de la loi écrite [2].

Étienne se défendit en exposant la thèse chrétienne avec un grand luxe de citations de la Loi, des

---

1. Voir *Vie de Jésus*, p. 354, 396, 424.
2. Matth., xv, 2 et suiv.; Marc, vii, 3; Gal., i, 14.

Psaumes, des prophètes, et termina en reprochant aux membres du sanhédrin l'homicide de Jésus. « Têtes dures, cœurs incirconcis, leur dit-il, vous résisterez donc toujours au Saint-Esprit, comme l'ont fait vos pères ! Lequel des prophètes vos pères n'ont-ils pas persécuté? Ils ont tué ceux qui annonçaient la venue du Juste, que vous avez livré et dont vous avez été les meurtriers. Cette loi, que vous aviez reçue de la bouche des anges [1], vous ne l'avez pas gardée !... » A ces mots, un cri de rage l'interrompit. Étienne, s'exaltant de plus en plus, tomba dans un de ces accès d'enthousiasme qu'on appelait l'inspiration du Saint-Esprit. Ses yeux se fixèrent en haut ; il vit la gloire de Dieu et Jésus à côté de son Père, et il s'écria : « Voilà que je vois les cieux ouverts et le Fils de l'homme debout à la droite de Dieu. » Tous les assistants bouchèrent leurs oreilles, et se jetèrent sur lui, en grinçant les dents. On l'entraîna hors de la ville et on le lapida. Les témoins, qui, selon la Loi [2], devaient jeter les premières pierres, tirèrent leurs vêtements et les dé-

---

1. Comparez Gal., III, 19; Hebr., II, 2; Jos., *Ant.*, XV, v, 3. On se figurait que Dieu lui-même ne s'était pas montré dans les théophanies de l'ancienne Loi, mais qu'il avait substitué en sa place une sorte d'intermédiaire, le *maleak Jehovah*. Voir les dictionnaires hébreux, au mot מלאך.

2. Deuter., XVII, 7.

posèrent aux pieds d'un jeune fanatique nommé Saül ou Paul, lequel songeait avec une joie secrète aux mérites qu'il acquérait en participant à la mort d'un blasphémateur [1].

En tout ceci, on observa à la lettre les prescriptions du Deutéronome, ch. XIII. Mais, envisagée par le côté du droit civil, cette exécution tumultuaire, accomplie sans le concours des Romains, n'était pas régulière [2]. Pour Jésus, nous avons vu qu'il fallut la ratification du procurateur. Peut-être cette ratification fut-elle obtenue pour Étienne, et l'exécution ne suivit-elle pas la sentence d'aussi près que le veut le narrateur des *Actes*. Peut-être aussi l'autorité romaine s'était-elle relâchée en Judée. Pilate venait d'être suspendu de ses fonctions, ou était sur le point de l'être. La cause de cette disgrâce fut justement la trop grande fermeté qu'il avait montrée dans son administration [3]. Le fanatisme juif lui avait rendu la vie insupportable. Peut-être était-il fatigué de refuser à ces frénétiques les violences qu'ils lui demandaient, et l'altière famille de Hanan était-elle arrivée à n'avoir plus besoin de permission pour prononcer des sentences de mort. Lucius Vitellius

---

1. *Act.*, VII, 59; XXII, 20; XXVI, 10.
2. Jean, XVIII, 31.
3. Jos., *Ant.*, XVIII, IV 2.

(le père de celui qui fut empereur) était alors légat impérial de Syrie. Il cherchait à gagner les bonnes grâces des populations, et il fit rendre aux Juifs les vêtements pontificaux qui, depuis Hérode le Grand, étaient gardés dans la tour Antonia[1]. Loin de soutenir Pilate dans ses actes de rigueur, il donna raison aux plaintes des indigènes, et renvoya Pilate à Rome pour répondre aux accusations de ses administrés (commencement de l'an 36). Le principal grief de ceux-ci était que le procurateur ne se prêtait pas assez complaisamment à leurs désirs d'intolérance[2]. Vitellius le remplaça provisoirement par son ami Marcellus, qui fut sans doute plus attentif à ne pas mécontenter les Juifs, et par conséquent plus facile à leur accorder des meurtres religieux. La mort de Tibère (16 mars de l'an 37) ne fit qu'encourager Vitellius dans cette politique. Les deux premières années du règne de Caligula furent une époque d'affaiblissement général de l'autorité romaine en Syrie. La politique de ce prince, avant qu'il eût perdu l'esprit, fut de rendre aux peuples de l'Orient leur autonomie et des chefs indigènes. C'est ainsi qu'il établit les royautés ou principautés d'Antiochus de Comagène, d'Hérode

---

[1]. Jos., *Ant.*, XV, xi, 4; XVIII, iv, 2. Comp. XX, i, 1, 2.
[2]. Tout le procès de Jésus le prouve. Comparez *Act.*, xxiv, 27; xxv, 9.

Agrippa, de Soheym, de Cotys, de Polémon II, et qu'il laissa s'agrandir celle de Hâreth [1]. Quand Pilate arriva à Rome, il trouva le nouveau règne déjà commencé. Il est probable que Caligula lui donna tort, puisqu'il confia le gouvernement de Jérusalem à un nouveau fonctionnaire, Marullus, lequel paraît n'avoir pas excité de la part des Juifs les violentes récriminations qui accablèrent d'embarras le pauvre Pilate et l'abreuvèrent d'ennuis [2].

Ce qu'il importe, en tout cas, de remarquer, c'est qu'à l'époque où nous sommes, les persécuteurs du christianisme ne sont pas les Romains; ce sont les Juifs orthodoxes. Les Romains conservaient, au milieu de ce fanatisme, un principe de tolérance et de raison. Si on peut reprocher quelque chose à l'autorité impériale, c'est d'avoir été trop faible et de ne pas avoir tout d'abord coupé court aux conséquences civiles d'une loi sanguinaire, ordonnant la peine de mort pour des délits religieux. Mais la domination romaine n'était pas encore un pouvoir complet comme elle le fut plus tard; c'était une sorte de protectorat

---

1. Suétone, *Caius,* 16; Dion Cassius, LIX, 8, 12; Josèphe, *Ant.,* XVIII, v, 3; vi, 10; II Cor., xi, 32.

2. Ventidius Cumanus éprouva des aventures toutes semblables. Il est vrai que Josèphe exagère les disgrâces de tous ceux qui ont été opposés à sa nation.

ou de suzeraineté. On poussa la condescendance jusqu'à ne pas mettre la tête de l'empereur sur les monnaies frappées sous les procurateurs, afin de ne pas choquer les idées juives[1]. Rome ne cherchait pas encore, en Orient du moins, à imposer aux peuples vaincus ses lois, ses dieux, ses mœurs; elle les laissait dans leurs pratiques locales, en dehors du droit romain. Leur demi-indépendance était comme un signe de plus de leur infériorité. Le pouvoir impérial en Orient, à cette époque, ressemblait assez à l'autorité turque, et l'état des populations indigènes à celui des *raïas*. L'idée de droits égaux et de garanties égales pour tous n'existait pas. Chaque groupe provincial avait sa juridiction, comme aujourd'hui les diverses Églises chrétiennes et les juifs dans l'empire ottoman. Il y a peu d'années, en Turquie, les patriarches des diverses communautés de *raïas*, pour peu qu'ils s'entendissent avec la Porte, étaient souverains à l'égard de leurs subordonnés, et pouvaient prononcer contre eux les peines les plus cruelles.

L'année de la mort d'Étienne pouvant flotter entre les années 36, 37, 38, on ne sait si Kaïapha doit en porter la responsabilité. Kaïapha fut déposé par

---

[1]. Madden, *History of Jewish Coinage*, p. 134 et suiv.

Lucius Vitellius, l'an 36, peu de temps après Pilate [1]; mais le changement fut peu considérable. Il eut pour successeur son beau-frère Jonathan, fils de Hanan. Celui-ci, à son tour, eut pour successeur son frère Théophile, fils de Hanan [2], lequel continua le pontificat dans la maison de Hanan jusqu'à l'an 42. Hanan vivait encore, et, possesseur réel du pouvoir, maintenait dans sa famille les principes d'orgueil, de dureté, de haine contre les novateurs, qui y étaient en quelque sorte héréditaires.

La mort d'Étienne produisit une grande impression. Les prosélytes lui firent des funérailles accompagnées de pleurs et de gémissements [3]. La séparation entre les nouveaux sectaires et le judaïsme n'était pas encore absolue. Les prosélytes et les hellénistes, moins sévères en fait d'orthodoxie que les juifs purs, crurent devoir rendre des hommages publics à un homme qui honorait leur corporation et que ses croyances particulières n'avaient pas mis hors la loi.

Ainsi s'ouvrit l'ère des martyrs chrétiens. Le martyre n'était pas une chose entièrement nouvelle. Sans

---

1. Jos., *Ant.*, XVIII, iv, 3.
2. *Ibid.*, XVIII, v, 3.
3. *Act.*, viii, 2. Les mots ἀνὴρ εὐλαβής désignent un prosélyte, non un juif pur. Cf. *Act.*, ii, 5.

parler de Jean-Baptiste et de Jésus, le judaïsme, à l'époque d'Antiochus Épiphane, avait eu ses témoins fidèles jusqu'à la mort. Mais la série de victimes courageuses qui s'ouvre par saint Étienne a exercé une influence particulière sur l'histoire de l'esprit humain. Elle a introduit dans le monde occidental un élément qui lui manquait, la foi exclusive et absolue, cette idée qu'il y a une seule religion bonne et vraie. En ce sens, les martyrs ont commencé l'ère de l'intolérance. On peut dire avec bien de la probabilité que celui qui donne sa vie pour sa foi serait intolérant s'il était maître. Le christianisme, qui avait traversé trois cents ans de persécutions, devenu dominateur à son tour, fut plus persécuteur qu'aucune religion ne l'avait été. Quand on a versé son sang pour une cause, on est trop porté à verser le sang des autres pour conserver le trésor qu'on a conquis.

Le meurtre d'Étienne ne fut pas, du reste, un fait isolé. Profitant de la faiblesse des fonctionnaires romains, les juifs firent peser sur l'Église une vraie persécution [1]. Il semble que les vexations portèrent principalement sur les hellénistes

---

1. *Act.*, VIII, 1 et suiv.; XI, 19. *Act.*, XXVI, 10, ferait même croire qu'il y eut d'autres morts que celle d'Étienne. Mais il ne faut pas abuser des mots dans des rédactions d'un style aussi mou. Comp. *Act.*, IX, 1-2 à XXII, 5 et XXVI, 12.

et les prosélytes, dont les libres allures exaspéraient les orthodoxes. L'Église de Jérusalem, déjà si fortement organisée, fut obligée de se disperser. Les apôtres, selon un principe qui paraît avoir été fortement arrêté dans leur esprit [1], ne quittèrent pas la ville. Il en fut probablement ainsi de tout le groupe purement juif, de ceux qu'on appelait les « hébreux » [2]. Mais la grande communauté, avec ses repas en commun, ses services de diacres, ses exercices variés, cessa dès lors, et ne se reforma plus sur son premier modèle. Elle avait duré trois ou quatre ans. Ce fut pour le christianisme naissant une bonne fortune sans égale que ses premiers essais d'association, essentiellement communistes, aient été sitôt brisés. Les essais de ce genre engendrent des abus si choquants, que les établissements communistes sont condamnés à crouler en très-peu de temps [3], ou à méconnaître bien vite le principe qui les a créés [4]. Grâce à la persécution de l'an 37, l'Église cénobitique de Jérusalem fut délivrée de l'épreuve du temps. Elle tomba en sa

1. Comparez *Act.*, I, 4; VIII, 1, 14; Gal., I, 17 et suiv.
2. *Act.*, IX, 26-30, prouve, en effet, que, dans la pensée de l'auteur, les expressions de VIII, 1, n'avaient pas un sens aussi absolu qu'on pourrait le croire.
3. C'est ce qui arriva pour les esséniens.
4. C'est ce qui arriva pour les franciscains.

fleur, avant que les difficultés intérieures l'eussent minée. Elle resta comme un rêve splendide, dont le souvenir anima dans leur vie d'épreuve tous ceux qui en avaient fait partie, comme un idéal auquel le christianisme aspirera sans cesse à revenir, sans y réussir jamais [1]. Ceux qui savent quel trésor inappréciable est pour les membres encore existants de l'Église saint-simonienne le souvenir de Ménilmontant, quelle amitié cela crée entre eux, quelle joie luit dans leurs yeux quand on en parle, comprendront le lien puissant qu'établit entre les nouveaux frères le fait d'avoir aimé, puis souffert ensemble. Les grandes vies ont presque toujours pour principe quelques mois durant lesquels on a senti Dieu, et dont le parfum suffit pour remplir des années entières de force et de suavité.

Le premier rôle, dans la persécution que nous venons de raconter, appartint à ce jeune Saül, que nous avons déjà trouvé contribuant, autant qu'il était en lui, au meurtre d'Étienne. Ce furieux, muni d'une permission des prêtres, entrait dans les maisons soupçonnées de renfermer des chrétiens, s'emparait violemment des hommes et des femmes, et les traînait en prison ou au tribunal [2]. Saül se vantait qu'aucun

---

1. I Thess., II, 14.
2. *Act.*, VIII, 3; IX, 13, 14, 21, 26; XXII, 4, 19; XXVI, 9 et

homme de sa génération n'était aussi zélé que lui pour les traditions¹. Souvent, il est vrai, la douceur, la résignation de ses victimes l'étonnait; il éprouvait comme un remords; il s'imaginait entendre ces femmes pieuses, espérant le royaume de Dieu, qu'il avait jetées en prison, lui dire pendant la nuit, d'une voix douce : « Pourquoi nous persécutes-tu? » Le sang d'Étienne, qui avait presque jailli sur lui, lui troublait parfois la vue. Bien des choses qu'il avait ouï dire de Jésus lui allaient au cœur. Cet être surhumain, dans sa vie éthérée, d'où il sortait quelquefois pour se révéler en de courtes apparitions, le hantait comme un spectre. Mais Saül repoussait avec horreur de telles pensées; il se confirmait avec une sorte de frénésie dans la foi à ses traditions, et il rêvait de nouvelles cruautés contre ceux qui les attaquaient. Son nom était devenu la terreur des fidèles; on craignait de sa part les violences les plus atroces, les perfidies les plus sanglantes².

suiv.; Gal., I, 13, 23; I Cor., xv, 9; Phil., III, 6; I Tim., I, 13.
1. Gal., I, 14; *Act.*, XXVI, 5; Phil., III, 5.
2. *Act.*, IX, 13, 21, 26.

CHAPITRE IX.

PREMIÈRES MISSIONS. — LE DIACRE PHILIPPE.

La persécution de l'an 37 eut, comme il arrive toujours, pour conséquence une expansion de la doctrine qu'on voulait arrêter. Jusqu'ici, la prédication chrétienne ne s'est guère étendue hors de Jérusalem; aucune mission n'a été entreprise; renfermée dans son communisme exalté mais étroit, l'Église mère n'a pas rayonné autour d'elle ni formé de succursales. La dispersion du petit cénacle jeta la bonne semence aux quatre vents du ciel. Les membres de l'Église de Jérusalem, violemment chassés de leur quartier, se répandirent dans toutes les parties de la Judée et de la Samarie [1], et y prêchèrent partout le royaume de Dieu. Les diacres, en particulier, dégagés de leurs fonctions administratives par

---

1. *Act.*, VIII, 1, 4; XI, 19.

la ruine de la communauté, devinrent des évangélistes excellents. Ils furent l'élément actif et jeune de la secte, en opposition avec l'élément un peu lourd constitué par les apôtres et les « hébreux ». Une seule circonstance, celle de la langue, aurait suffi pour créer à ces derniers une infériorité sous le rapport de la prédication. Ils parlaient, au moins comme langue habituelle, un dialecte dont les Juifs mêmes ne se servaient pas à quelques lieues de Jérusalem. Ce fut aux hellénistes qu'échut tout l'honneur de la grande conquête dont le récit va être maintenant notre principal objet.

Le théâtre de la première de ces missions, qui devaient bientôt embrasser tout le bassin de la Méditerranée, fut la région voisine de Jérusalem, dans un cercle de deux ou trois journées. Le diacre Philippe [1] fut le

---

1. *Act.*, VIII, 5 et suiv. Que ce ne soit pas l'apôtre, cela résulte des passages *Act.*, VIII, 1, 5, 12, 14, 40; XXI, 8, comparés entre eux. Il est vrai que le verset *Act.*, XXI, 9, comparé à ce que disent Papias (dans Eusèbe, *H. E.*, III, 39), Polycrate (*ibid.*, V, 24), Clément d'Alexandrie (*Strom.*, III, 6), ferait identifier l'apôtre Philippe, dont parlent ces trois écrivains ecclésiastiques, avec le Philippe qui joue un rôle important dans les *Actes*. Mais il est plus naturel d'admettre que le verset en question renferme une méprise et a été interpolé que de contredire la tradition des Églises d'Asie et d'Hiérapolis même, où le Philippe qui eut des filles prophétesses se retira. Les données particulières que possède l'auteur du quatrième Évangile (écrit, ce semble, en Asie Mineure) sur l'apôtre Philippe se trouvent ainsi expliquées.

héros de cette première expédition sainte. Il évangélisa la Samarie avec un grand succès. Les Samaritains étaient schismatiques; mais la jeune secte, à l'exemple du maître, était moins susceptible que les juifs rigoureux sur ces questions d'orthodoxie. Jésus, disait-on, s'était montré à diverses reprises assez favorable aux Samaritains [1].

Philippe paraît avoir été un des hommes apostoliques les plus préoccupés de théurgie [2]. Les récits qui se rapportent à lui nous transportent dans un monde étrange et fantastique. On expliqua par des prodiges les conversions qu'il fit chez les Samaritains et en particulier à Sébaste, leur capitale. Ce pays lui-même était tout rempli d'idées superstitieuses sur la magie. L'an 36, c'est-à-dire deux ou trois ans avant l'arrivée des prédicateurs chrétiens, un fanatique avait excité parmi les Samaritains une émotion assez sérieuse, en prêchant la nécessité d'un retour au mosaïsme primitif, dont il prétendait avoir retrouvé les ustensiles sacrés [3]. Un certain Simon, du village de Gitta ou Gitton [4], qui arriva plus tard

---

1. Voir *Vie de Jésus,* ch. xiv. Il se peut cependant que la tendance habituelle à l'auteur des *Actes* se retrouve ici. Voir Introd., p. xix, xxxix, et ci-dessous, p. 159, 205.
2. *Act.,* viii, 5-40.
3. Jos., *Ant.,* XVIII, iv, 1, 2.
4. Aujourd'hui *Jit* sur la route de Naplouse à Jaffa, à une heure

à une grande réputation, commençait dès lors à se faire connaître par ses prestiges [1]. On souffre de voir l'Évangile trouver une préparation et un appui en de telles chimères. Une assez grande foule se fit baptiser au nom de Jésus. Philippe avait le pouvoir de baptiser, mais non celui de conférer le Saint-Esprit. Ce privilége était réservé aux apôtres. Quand on apprit à Jérusalem la formation d'un groupe de fidèles à Sébaste, on résolut d'envoyer Pierre et Jean pour compléter leur initiation. Les deux apôtres vinrent, imposèrent les mains aux nouveaux convertis, prièrent sur leur tête ; ceux-ci furent doués sur-le-champ des pouvoirs merveilleux

---

et demie de Naplouse et de Sébastieh. V. Robinson, *Biblical researches,* II, p. 308, note; III, 134 (2ᵉ édit.) et sa carte.

1. Les renseignements relatifs à ce personnage chez les écrivains chrétiens sont si fabuleux, que des doutes ont pu s'élever sur la réalité de son existence. Ces doutes sont d'autant plus spécieux que, dans la littérature pseudo-clémentine, « Simon le Magicien » est souvent un pseudonyme de saint Paul. Mais nous ne pouvons admettre que la légende de Simon repose sur cette unique base. Comment l'auteur des *Actes,* si favorable à saint Paul, eût-il admis une donnée dont le sens hostile ne pouvait lui échapper? La suite chronologique de l'école simonienne, les écrits qui nous restent d'elle, les traits précis de topographie et de chronologie donnés par saint Justin, compatriote de notre thaumaturge, ne s'expliquent pas, d'ailleurs, dans l'hypothèse où la personne de Simon serait imaginaire (voir surtout Justin, *Apol.* II, 15, et *Dial. cum Tryph.,* 120).

attachés à la collation du Saint-Esprit. Les miracles, la prophétie, tous les phénomènes de l'illuminisme se produisirent, et l'Église de Sébaste n'eut sous ce rapport rien à envier à celle de Jérusalem [1].

S'il faut en croire la tradition, Simon de Gitton se trouva dès lors en rapport avec les chrétiens. Converti, à ce que l'on rapporte, par la prédication et les miracles de Philippe, il se fit baptiser et s'attacha à cet évangéliste. Puis, quand les apôtres Pierre et Jean furent arrivés, et qu'il eut vu les pouvoirs surnaturels que procurait l'imposition des mains, il vint, dit-on, leur offrir de l'argent pour qu'ils lui donnassent aussi la faculté de conférer le Saint-Esprit. Pierre alors lui aurait fait cette réponse admirable : « Périsse ton argent avec toi, puisque tu as cru que le don de Dieu s'achète ! Tu n'as ni part ni héritage en tout ceci, car ton cœur n'est pas droit devant Dieu [2]. »

Qu'elles aient été ou non prononcées, ces paroles semblent tracer exactement la situation de Simon à l'égard de la secte naissante. Nous verrons, en effet, que, selon toutes les apparences, Simon de Gitton fut le chef d'un mouvement religieux, parallèle à celui du christianisme, qu'on peut regarder comme une

---

1. *Act.*, VIII, 5 et suiv.
2. *Ibid.*, VIII, 9 et suiv.

sorte de contrefaçon samaritaine de l'œuvre de Jésus. Simon avait-il déjà commencé à dogmatiser et à faire des prodiges quand Philippe arriva à Sébaste? Entrat-il dès lors en rapport avec l'Église chrétienne? L'anecdote qui a fait de lui le père de toute « simonie » a-t-elle quelque réalité? Faut-il admettre que le monde vit un jour en face l'un de l'autre deux thaumaturges, dont l'un était un charlatan, et dont l'autre était la « pierre » qui a servi de base à la foi de l'humanité? Un sorcier a-t-il pu balancer les destinées du christianisme? Voilà ce que nous ignorons, faute de documents ; car le récit des *Actes* est ici de faible autorité, et, dès le premier siècle, Simon devint pour l'Église chrétienne un sujet de légendes. Dans l'histoire, l'idée générale seule est pure. Il serait injuste de s'arrêter à ce qu'a de choquant cette triste page des origines chrétiennes. Pour les auditoires grossiers, le miracle prouve la doctrine; pour nous, la doctrine fait oublier le miracle. Quand une croyance a consolé et amélioré l'humanité, elle est excusable d'avoir employé des preuves proportionnées à la faiblesse du public auquel elle s'adressait. Mais, quand on a prouvé l'erreur par l'erreur, quelle excuse alléguer? Ce n'est pas une condamnation que nous entendons prononcer contre Simon de Gitton. Nous aurons à nous expliquer plus tard sur sa doctrine et sur son rôle, qui ne se dévoila que sous le règne de Claude [1]. Il importait seulement de remarquer ici qu'un principe important semble s'être introduit à son propos dans la théurgie chrétienne. Obligée d'admettre que des imposteurs faisaient aussi des miracles, la théologie orthodoxe attribua ces miracles au démon. Pour conserver aux prodiges quelque valeur démonstrative, on fut obligé d'imaginer des règles pour discerner les vrais et les faux miracles. On descendit pour cela jusqu'à un ordre d'idées fort puéril [2].

Pierre et Jean, après avoir confirmé l'Église de Sébaste, repartirent pour Jérusalem, qu'ils regagnèrent en évangélisant les villages du pays des Samaritains [3]. Le diacre Philippe continua ses courses évangéliques en se rabattant vers le sud, sur l'ancien pays des Philistins [4]. Ce pays, depuis l'avénement des Macchabées, avait été fort entamé par les Juifs [5]; il s'en fallait cependant que le judaïsme y dominât. Dans ce voyage, Philippe opéra une conversion qui

---

1. Justin, *Apol. I*, 26, 56.
2. Homil. pseudo-clem., xvii, 45, 47; Quadratus, dans Eusèbe, *H. E.*, IV, 3.
3. *Act.*, viii, 25.
4. *Ibid.*, viii, 26-40.
5. I Macch., x, 86, 89; xi, 60 et suiv; Jos., *Ant.*, XIII, xiii, 3; XV, vii, 3; XVIII, xi, 5; *B. J.*, I, iv, 2.

fit quelque bruit et dont on parla beaucoup à cause d'une circonstance particulière. Un jour qu'il cheminait sur la route de Jérusalem à Gaza, laquelle est fort déserte[1], il rencontra un riche voyageur, évidemment un étranger, car il allait en char, mode de locomotion qui de tout temps fut presque inconnu aux habitants de la Syrie et de la Palestine. Il revenait de Jérusalem, et, assis gravement, il lisait la Bible à haute voix, selon un usage alors assez répandu[2]. Philippe, qui en toute chose croyait agir par une inspiration d'en haut, se sentit comme attiré vers ce char. Il se mit à le côtoyer, et entra doucement en conversation avec l'opulent personnage, s'offrant à lui expliquer les endroits qu'il ne comprendrait pas. Ce fut pour l'évangéliste une belle occasion de développer la thèse chrétienne sur les figures de l'Ancien Testament. Il prouva que, dans les livres prophétiques, tout se rapportait à Jésus, que Jésus était le mot de la grande énigme, que c'était de lui en particulier que le Voyant avait parlé dans ce beau passage : « Il a été conduit comme une brebis à la mort; comme un agneau, muet devant celui qui le tond, il n'a pas ouvert la

---

[1]. Robinson, *Bibl. researches*, II, p. 41 et 514-515 (2ᵉ édit.).
[2]. Talm. de Bab., *Erubin*, 53 *b* et 54 *a; Sota*, 46 *b*.

bouche[1]. » Le voyageur le crut, et, à la première eau qu'on rencontra : « Voilà de l'eau, dit-il; est-ce que je ne pourrais pas être baptisé? » On fit arrêter le char; Philippe et le voyageur descendirent dans l'eau, et ce dernier fut baptisé.

Or, le voyageur était un puissant personnage. C'était un eunuque de la candace d'Éthiopie, son ministre des finances et le gardien de ses trésors, lequel était venu adorer à Jérusalem, et s'en retournait maintenant à Napata [2] par la route d'Égypte. *Candace* ou *candaoce* était le titre de la royauté féminine d'Éthiopie, vers le temps où nous sommes [3]. Le judaïsme avait dès lors pénétré en Nubie et en Abyssinie [4]; beaucoup d'indigènes s'étaient convertis, ou du moins comptaient parmi ces prosélytes qui, sans être circoncis, adoraient le Dieu unique [5]. L'eunuque était peut-être de cette dernière classe, un

---

1. Isaïe, LIII, 7.
2. Aujourd'hui Mérawi, près du Gébel-Barkal (Lepsius, *Denkmœler*, I, pl. 1 et 2 *bis*). Strabon, XVII, 1, 54.
3. Strabon, XVII, 1, 54; Pline, VI, xxxv, 8; Dion Cassius, LIV, 5; Eusèbe, *H. E.*, II, 1.
4. Les descendants de ces juifs existent encore sous le nom de *Falâsyân*. Les missionnaires qui les convertirent venaient d'Égypte. Leur version de la Bible a été faite sur la version grecque. Les Falâsyân ne sont pas Israélites de sang.
5. Jean, XII, 20; *Act.*, X, 2.

simple païen pieux, comme le centurion Cornélius, qui figurera bientôt en cette histoire. Il est impossible, en tout cas, de supposer qu'il fût complétement initié au judaïsme [1]. On n'entendit plus, passé cela, parler de l'eunuque. Mais Philippe raconta l'incident, et plus tard on y attacha de l'importance. Quand la question de l'admission des païens dans l'Église chrétienne devint l'affaire capitale, on trouva ici un précédent fort grave. Philippe était censé avoir agi en toute cette affaire par inspiration divine [2]. Ce baptême, donné par ordre de l'Esprit-Saint à un homme à peine juif, notoirement incirconcis, qui ne croyait au christianisme que depuis quelques heures, eut une haute valeur dogmatique. Ce fut un argument pour ceux qui pensaient que les portes de l'Église nouvelle devaient être ouvertes à tous [3].

Philippe, après cette aventure, se rendit à Aschdod

1. Voir Deutér., xxiii, 1. Il est vrai que εὐνοῦχος peut se prendre par catachrèse pour désigner un chambellan ou fonctionnaire de cour orientale. Mais δυνάστης suffisait à rendre cette idée; εὐνοῦχος doit donc être pris ici au sens propre.

2. *Act.*, viii, 26, 29.

3. Conclure de là que toute cette histoire a été inventée par l'auteur des *Actes* nous paraît téméraire. L'auteur des *Actes* insiste avec complaisance sur les faits qui appuient ses opinions; mais nous ne croyons pas qu'il introduise dans son récit des faits purement symboliques ou imaginés à dessein. Voir l'Introd., p. xxxviii-xxxix.

ou Azote. Tel était le naïf état d'enthousiasme où vivaient ces missionnaires, qu'ils croyaient à chaque pas entendre des voix du ciel, recevoir des directions de l'Esprit[1]. Chacun de leurs pas leur semblait réglé par une force supérieure, et, quand ils allaient d'une ville à l'autre, ils pensaient obéir à une inspiration surnaturelle. Parfois, ils s'imaginaient faire des voyages aériens. Philippe était à cet égard un des plus exaltés. C'est sur l'indication d'un ange qu'il croyait être venu de Samarie à l'endroit où il rencontra l'eunuque; après le baptême de celui-ci, il était persuadé que l'Esprit l'avait enlevé et l'avait transporté tout d'une traite à Azote[2].

Azote et la route de Gaza furent le terme de la première prédication évangélique vers le sud. Au delà étaient le désert et la vie nomade sur laquelle le christianisme eut toujours peu de prise. D'Azote, le diacre Philippe tourna vers le nord et évangélisa toute la côte jusqu'à Césarée. Peut-être les Églises de Joppé et de Lydda, que nous trouverons bientôt florissantes[3], furent-elles fondées par lui. A Césarée, il se fixa et fonda une Église importante[4]. Nous l'y rencontrerons

---

1. Pour l'état analogue des premiers Mormons, voir Jules Remy, *Voyage au pays des Mormons* (Paris, 1860), I, p. 195 et la suite.
2. *Act.*, viii, 39-40. Comp. Luc, iv, 14.
3. *Act.*, ix, 32, 38.
4. *Ibid.*, viii. 40; xi, 11.

encore vingt ans plus tard[1]. Césarée était une ville neuve et la plus considérable de la Judée[2]. Elle avait été bâtie sur l'emplacement d'une forteresse sidonienne appelée « tour d'Abdastarte, ou de Straton », par Hérode le Grand, lequel lui donna, en l'honneur d'Auguste, le nom que ses ruines portent encore aujourd'hui. Césarée était de beaucoup le meilleur port de toute la Palestine, et elle tendait de jour en jour à en devenir la capitale. Fatigués du séjour de Jérusalem, les procurateurs de Judée allaient bientôt y faire leur résidence habituelle[3]. Elle était surtout peuplée de païens[4]; les Juifs y étaient cependant assez nombreux; des rixes cruelles avaient souvent lieu entre les deux classes de la population[5]. La langue grecque y était seule parlée, et les Juifs eux-mêmes en étaient venus à réciter certaines parties de la liturgie en grec[6]. Les rabbis austères de Jérusalem envisageaient Césarée comme un séjour profane, dangereux et où l'on devenait presque un païen[7]. Par toutes les raisons qui viennent d'être dites, cette ville aura

1. *Act.*, XXI, 8.
2. Jos., *B. J.*, III, IX, 1.
3. *Act.*, XXIII, 23 et suiv.; XXV, 1, 5; Tacite, *Hist.*, II, 79.
4. Jos., *B. J.*, III, IX, 1.
5. Jos., *Ant.*, XX, VIII, 7; *B. J.*, II, XIII, 5, — XIV, 5; XVIII, 1.
6. Talm. de Jérusalem, *Sota*, 21 b.
7. Jos., *Ant.*, XIX, VII, 3-4; VIII, 2.

beaucoup d'importance dans la suite de notre histoire. Ce fut en quelque sorte le port du christianisme, le point par lequel l'Église de Jérusalem communiqua avec toute la Méditerranée.

Bien d'autres missions, dont l'histoire nous est inconnue, furent conduites parallèlement à celle de Philippe[1]. La rapidité même avec laquelle se fit cette première prédication fut la cause de son succès. En l'an 38, cinq ans après la mort de Jésus, et un an peut-être après la mort d'Étienne, toute la Palestine en deçà du Jourdain avait entendu la bonne nouvelle de la bouche des missionnaires partis de Jérusalem. La Galilée, de son côté, gardait la semence sainte, et probablement la répandait autour d'elle, bien qu'on ne sache rien des missions parties de ce pays. Peut-être la ville de Damas, qui, dès l'époque où nous sommes, avait aussi des chrétiens[2], reçut-elle la foi de prédicateurs galiléens.

1. *Act.*, xi, 19.
2. *Ibid.*, ix, 2, 10, 19.

CHAPITRE X.

CONVERSION DE SAINT PAUL.

Mais l'an 38 valut à l'Église naissante une bien autre conquête. C'est dans le courant de cette année[1], en effet, qu'on peut placer avec vraisemblance la conversion de ce Saül que nous avons trouvé complice de la lapidation d'Étienne, agent principal de la persécution de l'an 37, et qui va devenir, par un mystérieux coup de la grâce, le plus ardent des disciples de Jésus.

Saül était né à Tarse, en Cilicie[2], l'an 10 ou 12 de notre ère[3]. Selon la mode du temps, on avait

---

1. Cette date résulte de la comparaison des chapitres IX, XI, XII des *Actes* avec Gal., I, 18; II, 1, et du synchronisme que présente le chapitre XII des *Actes* avec l'histoire profane, synchronisme qui fixe la date des faits racontés en ce chapitre à l'an 44.

2. *Act.*, IX, 11; XXI, 39; XXII, 3.

3. Dans l'épître à Philémon, écrite vers l'an 61, il se qualifie de « vieillard » (v. 9). *Act.*, VII, 57, il est qualifié de jeune homme, pour un fait relatif à l'an 37, à peu près.

latinisé son nom en celui de « Paul »[1]. Il ne porta néanmoins ce dernier nom d'une manière suivie que lorsqu'il eut pris le rôle d'apôtre des gentils[2]. Paul était du sang juif le plus pur[3]. Sa famille, originaire peut-être de la ville de Gischala en Galilée[4], prétendait appartenir à la tribu de Benjamin[5]. Son père était en possession du titre de citoyen romain[6]. Sans doute quelqu'un de ses ancêtres avait acheté cette qualité, ou l'avait acquise par des services. On peut supposer que son grand-père l'avait obtenue pour avoir aidé Pompée lors de la conquête romaine (63 ans avant J.-C.). Sa famille, comme

1. De la même manière que les « Jésus » se faisaient appeler « Jason »; les « Joseph », « Hégésippe »; les « Éliacim », « Alcime », etc. Saint Jérôme (*De viris ill.*, 5) suppose que Paul prit son nom du proconsul Sergius Paulus (*Act.*, XIII, 9). Une telle explication paraît peu admissible. Si les *Actes* ne donnent à Saül le nom de « Paul » qu'à partir de ses relations avec ce personnage, cela tient peut-être à ce que la conversion supposée de Sergius aurait été le premier acte éclatant de Paul comme apôtre des gentils.

2. *Act.*, XIII, 9 et la suite; la suscription de toutes les épîtres; II Petri, III, 15.

3. Les calomnies ébionites (Épiphane, *Adv. hær.*, hær. XXX, 16 et 25) ne doivent pas être prises au sérieux.

4. Saint Jérôme, *loc. cit.* Inadmissible comme la présente saint Jérôme, cette tradition semble néanmoins avoir quelque fondement.

5. Rom., XI, 1; Phil., III, 5.

6. *Act.*, XXII, 28.

toutes les bonnes et anciennes maisons juives, appartenait au parti des pharisiens[1]. Paul fut élevé dans les principes les plus sévères de cette secte [2], et, s'il en répudia plus tard les dogmes étroits, il en garda toujours la foi ardente, l'âpreté et l'exaltation.

Tarse était, à l'époque d'Auguste, une ville très-florissante. La population appartenait, pour la plus grande partie, à la race grecque et araméenne; mais les juifs y étaient nombreux, comme dans toutes les villes de commerce [3]. Le goût des lettres et des sciences y était fort répandu, et aucune ville du monde, sans excepter Athènes et Alexandrie, n'était aussi riche en écoles et en instituts scientifiques [4]. Le nombre des hommes savants que Tarse produisit ou qui y firent leurs études est vraiment extraordinaire [5]. Mais il ne faudrait pas conclure de là que Paul reçut une éducation hellénique très-soignée. Les juifs fréquentaient rarement les établissements d'instruction profane [6]. Les écoles les plus célèbres de Tarse étaient les écoles de rhétorique [7]. La première chose qu'on

1. *Act.*, XXIII, 6.
2. Phil., III, 5; *Act.*, XXVI, 5.
3. *Act.*, VI, 9; Philo, *Leg. ad Caium*, § 36.
4. Strabon, XIV, x, 13.
5. *Ibid.*, XIV, x, 14-15; Philostrate, *Vie d'Apollonius*, I, 7.
6. Jos., *Ant.*, dernier paragraphe. Cf. *Vie de Jésus*, p. 33-34.
7. Philostrate, *loc. cit.*

apprenait en de telles écoles était le grec classique. Il n'est pas croyable qu'un homme qui eût pris des leçons même élémentaires de grammaire et de rhétorique eût écrit cette langue bizarre, incorrecte, si peu hellénique par le tour, qui est celle des lettres de saint Paul. Il parlait habituellement et facilement en grec [1] ; il écrivait ou plutôt dictait [2] en cette langue ; mais son grec était celui des juifs hellénistes, un grec chargé d'hébraïsmes et de syriacismes, qui devait être à peine intelligible pour un lettré du temps, et qu'on ne comprend bien qu'en cherchant le tour syriaque que Paul avait dans l'esprit en dictant. Lui-même reconnaît le caractère populaire et grossier de sa langue [3]. Quand il pouvait, il parlait « l'hébreu », c'est-à-dire le syro-chaldaïque du temps [4]. C'est en cette langue qu'il pensait ; c'est en cette langue que lui parle la voix intime du chemin de Damas [5].

Sa doctrine ne trahit non plus aucun emprunt direct fait à la philosophie grecque. La citation d'un vers de la *Thaïs* de Ménandre, qu'on trouve dans

1. *Act.*, xvii, 22 et suiv. ; xxi, 37.
2. Gal., vi, 11 ; Rom., xvi, 22.
3. II Cor., xi, 6.
4. *Act.*, xxi, 40. J'ai expliqué ailleurs le sens du mot ἑβραϊστί. *Hist. des lang. sémit.*, II, i, 5 ; III, i, 2.
5. *Act.*, xxvi, 14.

ses écrits [1], est un de ces proverbes monostiques qui étaient dans toutes les bouches et qu'on pouvait très-bien alléguer sans avoir lu les originaux. Deux autres citations, l'une d'Épiménide, l'autre d'Aratus, qui figurent sous son nom [2], outre qu'il n'est pas certain qu'elles soient de son fait, s'expliquent aussi par des emprunts de seconde main [3]. La culture de Paul est presque exclusivement juive [4]; c'est dans le Talmud, bien plus que dans la Grèce classique, qu'il faut chercher ses analogues. Quelques idées générales que la philosophie avait partout répandues et qu'on pouvait connaître sans avoir ouvert un seul livre des philosophes [5], parvinrent seules jusqu'à lui. Sa façon de raisonner est des plus étranges. Certainement il ne savait rien de la logique péripatéticienne. Son syllogisme n'est pas du tout celui d'Aristote; au contraire, sa dialectique a la plus grande ressemblance avec celle

---

1. I Cor., xv, 33. Cf. Meinecke, *Menandri fragm.*, p. 75.

2. Tit., ɪ, 12; *Act.*, xvii, 28. L'authenticité de l'épître à Tite est très-douteuse. Quant au discours rapporté au chapitre xvii des *Actes*, il est l'ouvrage de l'auteur des *Actes* bien plus que de saint Paul.

3. Le vers cité d'Aratus (*Phœnom.*, 5) se retrouve, en effet, dans Cléanthe (*Hymne à Jupiter*, 5). Tous deux l'empruntaient sans doute à quelque hymne religieux anonyme.

4. Gal., ɪ, 14.

5. *Act.*, xvii, 22 et suiv., en tenant compte de la note 2, ci-dessus.

du Talmud. Paul, en général, se laisse conduire par les mots plus que par les idées. Un mot qu'il a dans l'esprit le domine et le conduit à un ordre de pensées fort éloigné de l'objet principal. Ses transitions sont brusques, ses développements interrompus, ses périodes fréquemment suspendues. Aucun écrivain ne fut plus inégal. On chercherait vainement dans toutes les littératures un phénomène aussi bizarre que celui d'une page sublime, comme le treizième chapitre de la première épître aux Corinthiens, à côté de faibles argumentations, de pénibles redites, de fastidieuses subtilités.

Son père le destina de bonne heure à être rabbi. Mais, selon l'usage général [1], il lui donna un état. Paul était tapissier [2], ou, si l'on aime mieux, ouvrier en ces grosses toiles de Cilicie qu'on appelait *cilicium*. A diverses reprises, il exerça ce métier [3]; il n'avait pas de fortune patrimoniale. Il eut au moins une sœur, dont le fils habita Jérusalem [4]. Les indices qu'on a d'un frère [5] et d'autres parents [6], qui auraient embrassé

---

1. Voir *Vie de Jésus,* p. 72.
2. *Act.,* xviii, 3.
3. *Ibid.,* xviii, 3; I Cor., iv, 12; I Thess., ii, 9; II Thess., iii, 8.
4. *Act.,* xxiii, 16.
5. II Cor., viii, 18, 22; xii, 18.
6. Rom., xvi, 7, 11, 21. Sur le sens de συγγενής en ces passages, voir ci-dessus, p. 108, note 6.

le christianisme, sont très-vagues et très-incertains.

La délicatesse des manières étant, selon les idées de la bourgeoisie moderne, en rapport avec la fortune, nous nous figurerions volontiers, d'après ce qui précède, Paul comme un homme du peuple mal élevé et sans distinction. Ce serait là une idée tout à fait fausse. Sa politesse, quand il le voulait, était extrême; ses manières étaient exquises. Malgré l'incorrection du style, ses lettres révèlent un homme de beaucoup d'esprit [1], trouvant dans l'élévation de ses sentiments des expressions d'un rare bonheur. Jamais correspondance ne révéla des attentions plus recherchées, des nuances plus fines, des timidités, des hésitations plus aimables. Une ou deux de ses plaisanteries nous choquent [2]. Mais quelle verve! quelle richesse de mots charmants! quel naturel! On sent que son caractère, dans les moments où la passion ne le rendait pas irascible et farouche, devait être celui d'un homme poli, empressé, affectueux, parfois susceptible, un peu jaloux. Inférieurs devant le grand public [3], ces hommes ont, dans le sein des petites Églises, d'immenses avantages, par l'attachement qu'ils inspirent, par leurs

---

1. Voir surtout l'épître à Philémon.
2. Gal., v, 12; Phil., iii, 2.
3. II Cor., x, 10.

aptitudes pratiques et par leur habile manière de sortir des plus grandes difficultés.

La mine de Paul était chétive et ne répondait pas, ce semble, à la grandeur de son âme. Il était laid, de courte taille, épais et voûté. Ses fortes épaules portaient bizarrement une tête petite et chauve. Sa face blême était comme envahie par une barbe épaisse, un nez aquilin, des yeux perçants, des sourcils noirs qui se rejoignaient sur le front [1]. Sa parole n'avait non plus rien qui imposât [2]. Quelque chose de craintif, d'embarrassé, d'incorrect, donnait d'abord une pauvre idée de son éloquence [3]. En homme de tact, il insistait lui-même sur ses défauts extérieurs, et en tirait avantage [4]. La race juive a cela de remarquable qu'elle présente à la fois des types de la plus grande beauté et de la plus complète laideur; mais la laideur juive

---

1. *Acta Pauli et Theclæ*, 3, dans Tischendorf, *Acta Apost. apocr.* (Leipzig 1851), p. 41 et les notes (texte ancien, lors même qu'il ne serait pas l'original dont parle Tertullien); le *Philopatris*, 12 (ouvrage composé vers l'an 363); Malala, *Chronogr.*, p. 257, édit. Bonn; Nicéphore, *Hist. eccl.*, II, 37. Tous ces passages, surtout celui du *Philopatris*, supposent d'assez anciens portraits. Ce qui leur donne de l'autorité, c'est que Malala, Nicéphore et même l'auteur des *Actes de sainte Thècle* veulent, malgré tout cela, faire de Paul un bel homme.

2. I Cor., ii, 1 et suiv.; II Cor., x, 1-2, 10; xi, 6.

3. I Cor., ii, 3; II Cor., x, 10.

4. II Cor., xi, 30; xii, 5, 9, 10.

est quelque chose de tout à fait à part. Tel de ces étranges visages, qui excite d'abord le sourire, prend, dès qu'il s'illumine, une sorte d'éclat profond et de majesté.

Le tempérament de Paul n'était pas moins singulier que son extérieur. Sa constitution, évidemment très-résistante, puisqu'elle supporta une vie pleine de fatigues et de souffrances, n'était pas saine. Il fait sans cesse allusion à sa faiblesse corporelle; il se présente comme un homme qui n'a qu'un souffle, malade, épuisé, et avec cela timide, sans apparence, sans prestige, sans rien de ce qui fait de l'effet, si bien qu'on a eu du mérite à ne pas s'arrêter à de si misérables dehors[1]. Ailleurs, il parle avec mystère d'une épreuve secrète, « d'une pointe enfoncée en sa chair, » qu'il compare à un ange de Satan, occupé à le souffleter, et auquel Dieu a permis de s'attacher à lui pour l'empêcher de s'enorgueillir[2]. Trois fois il a demandé au Seigneur de l'en délivrer; trois fois le Seigneur lui a répondu : « Ma grâce te suffit. » C'était, apparemment, quelque infirmité; car l'entendre de l'attrait des voluptés charnelles n'est guère possible, puisque lui-même nous apprend ailleurs

---

1. I Cor., II, 3 ; II Cor., I, 8-9 ; x, 10 ; xI, 30 ; xII, 5, 9-10 ; Gal., IV, 13-14.
2. II Cor., xII. 7-10.

qu'il y était insensible [1]. Il paraît qu'il ne se maria pas [2]; la froideur complète de son tempérament, conséquence des ardeurs sans égales de son cerveau, se montre par toute sa vie; il s'en vante avec une assurance qui n'était peut-être pas exempte de quelque affectation, et qui, en tout cas, a pour nous quelque chose de déplaisant [3].

Il vint jeune à Jérusalem [4], et entra, dit-on, à l'école de Gamaliel le Vieux [5]. Gamaliel était l'homme le plus éclairé de Jérusalem. Comme le nom de pharisien s'appliquait à tout Juif considérable qui n'était pas des familles sacerdotales, Gamaliel passait pour un membre de cette secte. Mais il n'en avait pas l'esprit étroit et exclusif. C'était un homme libéral, éclairé, comprenant les païens, sachant le grec [6]. Peut-être

1. I Cor., vii, 7-8 et le contexte.

2. I Cor., vii, 7-8; ix, 5. Ce second passage est loin d'être démonstratif. Phil., iv, 3, ferait supposer le contraire. Comp. Clément d'Alexandrie, *Strom.*, III, 6, et Eusèbe, *Hist. eccl.*, III, 30. Le passage I Cor., vii, 7-8, a seul ici du poids.

3. I Cor., vii, 7-9.

4. *Act.*, xxii, 3; xxvi, 4.

5. *Ibid.*, xxii, 3. Paul ne parle pas de ce maître à certains endroits de ses épîtres où il eût été naturel de le nommer (Phil., iii, 5). Il n'est pas impossible que l'auteur des *Actes* ait mis d'office son héros en rapport avec le plus célèbre docteur de Jérusalem dont il savait le nom. Il y a contradiction absolue entre les principes de Gamaliel (*Act.*, v, 34 et suiv.) et la conduite de Paul avant sa conversion.

6. Voir *Vie de Jésus*, p. 220-221.

les larges idées que professa saint Paul devenu chrétien furent-elles une réminiscence des enseignements de son premier maître ; il faut avouer toutefois que ce ne fut pas la modération qu'il apprit d'abord de lui. Dans cette atmosphère brûlante de Jérusalem, il arriva à un degré extrême de fanatisme. Il était à la tête du jeune parti pharisien, rigoriste et exalté, qui poussait l'attachement au passé national jusqu'aux derniers excès [1]. Il ne connut pas Jésus [2] et ne fut pas mêlé à la scène sanglante du Golgotha. Mais nous l'avons vu prenant une part active au meurtre d'Étienne, et figurant en première ligne parmi les persécuteurs de l'Église. Il ne respirait que mort et menaces, et courait Jérusalem en vrai forcené, porteur d'un mandat qui autorisait toutes ses brutalités. Il allait de synagogue en synagogue, forçant les gens timides de renier le nom de Jésus, faisant fouetter ou emprisonner les autres [3]. Quand l'Église de Jérusalem fut dispersée, sa rage se répandit sur les villes voisines [4]; les progrès que

---

1. Gal., I, 13-14; *Act.*, XXII, 3; XXVI, 5.
2. II Cor., V, 16, ne l'implique nullement. Les passages *Act.*, XXII, 3; XXVI, 4, portent à croire que Paul s'est trouvé à Jérusalem en même temps que Jésus. Mais ce n'est pas une raison pour qu'ils se soient vus.
3. *Act.*, XXII, 4, 19; XXVI, 10-11.
4. *Ibid.*, XXVI, 11.

faisait la foi nouvelle l'exaspéraient, et, ayant appris qu'un groupe de fidèles s'était formé à Damas, il demanda au grand prêtre Théophile, fils de Hanan [1], des lettres pour la synagogue de cette ville, qui lui conférassent le pouvoir d'arrêter les personnes mal pensantes, et de les amener garrottées à Jérusalem [2].

Le désarroi de l'autorité romaine en Judée, depuis la mort de Tibère, explique ces vexations arbitraires. On était sous l'insensé Caligula. L'administration se détraquait de toutes parts. Le fanatisme avait gagné tout ce que le pouvoir civil avait perdu. Après le renvoi de Pilate et les concessions faites aux indigènes par Lucius Vitellius, on eut pour principe de laisser le pays se gouverner selon ses lois. Mille tyrannies locales profitèrent de la faiblesse d'un pouvoir devenu insouciant. Damas, d'ailleurs, venait de passer entre les mains du roi nabatéen Hartat ou Hâreth, dont la capitale était à Pétra [3]. Ce prince, puissant et brave, après avoir battu Hérode Antipas et tenu tête aux forces romaines commandées par le légat impérial Lucius Vitellius, avait été merveilleusement servi par la fortune. La nouvelle de la mort de Tibère (16 mars 37)

---

1. Grand prêtre de 37 à 42. Jos., *Ant.*, XVIII, v, 3; XIX, vi, 2.

2. *Act.*, ix, 1-2, 14; xxii, 5; xxvi, 12.

3. Voir *Revue numismatique,* nouv. série, t. III (1858), p. 296 et suiv., 362 et suiv.; *Revue archéol.,* avril 1864, p. 284 et suiv.

avait subitement arrêté Vitellius [1]. Hâreth s'était emparé de Damas et y avait établi un ethnarque ou gouverneur [2]. Les juifs, dans ces moments d'occupation nouvelle, formaient un parti considérable. Ils étaient nombreux à Damas et y exerçaient un grand prosélytisme, notamment parmi les femmes [3]. On voulait les contenter; le moyen de les gagner était toujours de faire des concessions à leur autonomie, et toute concession à leur autonomie était une permission de violences religieuses [4]. Punir, tuer ceux qui ne pensaient pas comme eux, voilà ce qu'ils appelaient indépendance et liberté.

Paul, sorti de Jérusalem, suivit sans doute la route ordinaire, et passa le Jourdain au « pont des Filles de Jacob ». L'exaltation de son cerveau était à son comble; il était par moments troublé, ébranlé. La passion n'est pas une règle de foi. L'homme passionné va d'une croyance à une autre fort diverse; seulement, il y porte la même fougue. Comme toutes

1. Jos., *B. J.*, II, xx, 2.
2. II Cor., xi, 32. La série des monnaies romaines de Damas offre, en effet, une lacune pour les règnes de Caligula et de Claude. Eckhel, *Doctrina num. vet.*, pars 1ª, vol. III, p. 330. La monnaie damasquine au type d' « Arétas philhellène » (*ibid.*) semble être de notre Hâreth [communication de M. Waddington].
3. Jos., *Ant.*, XVIII, v, 1, 3.
4. Comp. *Act.*, xii, 3; xxiv, 27; xxv, 9.

les âmes fortes, Paul était près d'aimer ce qu'il haïssait. Était-il sûr après tout de ne pas contrarier l'œuvre de Dieu? Les idées si mesurées et si justes de son maître Gamaliel [1] lui revenaient peut-être à l'esprit. Souvent ces âmes ardentes ont de terribles retours. Il subissait le charme de ceux qu'il torturait [2]. Plus on les connaissait, ces bons sectaires, plus on les aimait. Or, nul ne les connaissait aussi bien que leur persécuteur. Par moments, il croyait voir la douce figure du maître qui inspirait à ses disciples tant de patience, le regarder d'un air de pitié et avec un tendre reproche. Ce qu'on racontait des apparitions de Jésus, conçu comme un être aérien et parfois visible, le frappait beaucoup ; car, aux époques et dans les pays où l'on croit au merveilleux, les récits miraculeux s'imposent également aux partis opposés ; les musulmans ont peur des miracles d'Élie, et demandent, comme les chrétiens, des cures surnaturelles à saint Georges et à saint Antoine. Paul, après avoir traversé l'Iturée, était entré dans la grande plaine de Damas. Il approchait de la ville, et s'était probablement déjà engagé dans les jardins qui l'entourent. Il était midi [3]. Paul avait avec lui plusieurs

---

1. *Act.*, v, 34 et suiv.

2. Voir un trait analogue dans la conversion d'Omar. Ibn-Hischam, *Sirat errasoul*, p. 226 (édition Wüstenfeld).

3. *Act.*, ix, 3 ; xxii, 6 ; xxvi, 13.

compagnons, et, ce semble, voyageait à pied [1].

La route de Jérusalem à Damas n'a guère changé. C'est celle qui, sortant de Damas dans la direction du sud-ouest, traverse la belle plaine arrosée à la fois par les ruisseaux affluents de l'Abana et du Pharphar, et sur laquelle s'échelonnent aujourd'hui les villages de Dareya, Kaukab, Sasa. On ne saurait chercher l'endroit dont nous parlons, et qui va être le théâtre d'un des faits les plus importants de l'histoire de l'humanité, au delà de Kaukab (quatre heures de Damas) [2]. Il est même probable que le point en question fut beaucoup plus rapproché de la ville, et qu'on serait dans le vrai en le plaçant vers Dareya (une heure et demie de Damas), ou entre Dareya et l'extrémité du Meidan [3]. Paul avait devant lui la ville, dont quelques édifices devaient déjà se dessiner à travers les arbres; derrière lui, le dôme majestueux de l'Hermon, avec ses sillons de neige, qui le font ressembler à la tête chenue d'un vieillard; sur sa droite, le Hauran, les deux petites chaînes parallèles qui resserrent le cours inférieur du Pharphar [4], et les tu-

---

1. *Act.*, IX, 4, 8; XXII, 7, 11; XXVI, 14, 16.
2. C'est là que la tradition du moyen âge fixait le lieu du miracle
3. Cela résulte de *Act.*, IX, 3, 8; XXII, 6, 11.
4. *Nahr el-Awadj.*

mulus [1] de la région des lacs ; sur sa gauche, les derniers contre-forts de l'Anti-Liban, allant rejoindre l'Hermon. L'impression de ces campagnes richement cultivées, de ces vergers délicieux, séparés les uns des autres par des rigoles et chargés des plus beaux fruits, est celle du calme et du bonheur. Qu'on se figure une route ombragée, s'ouvrant dans une couche épaisse de terreau, sans cesse détrempée par les canaux d'irrigation, bordée de talus, et serpentant au travers des oliviers, des noyers, des abricotiers, des pruniers, reliés entre eux par des vignes en girandole, on aura l'image du lieu où arriva l'événement étrange qui a exercé une si grande influence sur la foi du monde. Vous vous croyez à peine en Orient dans ces environs de Damas[2], et surtout, au sortir des âpres et brûlantes régions de la Gaulonitide et de l'Iturée, ce qui remplit l'âme, c'est la joie de retrouver les travaux de l'homme et les bénédictions du ciel. Depuis l'antiquité la plus reculée jusqu'à nos jours, toute cette zone qui entoure Damas de fraîcheur et de bien-être n'a eu qu'un nom, n'a inspiré qu'un rêve, celui du « paradis de Dieu ».

Si Paul trouva là des visions terribles, c'est qu'il

1. - *Tuleil.*

2. La plaine est, en effet, à plus de dix-sept cents mètres au-dessus du niveau de la mer.

les portait en son esprit. Chaque pas qu'il faisait vers Damas éveillait en lui de cuisantes perplexités. L'odieux rôle de bourreau qu'il allait jouer lui devenait insupportable. Les maisons qu'il commence à apercevoir sont peut-être celles de ses victimes. Cette pensée l'obsède, ralentit son pas ; il voudrait ne pas avancer ; il s'imagine résister à un aiguillon qui le presse [1]. La fatigue de la route [2], se joignant à cette préoccupation, l'accable. Il avait, à ce qu'il paraît, les yeux enflammés [3], peut-être un commencement d'ophthalmie. Dans ces marches prolongées, les dernières heures sont les plus dangereuses. Toutes les causes débilitantes des jours passés s'y accumulent ; les forces nerveuses se détendent ; une réaction s'opère. Peut-être aussi le brusque passage de la plaine dévorée par le soleil aux frais ombrages des jardins détermina-t-il un accès dans l'organisation maladive [4] et gravement ébranlée du voyageur fanatique. Les fièvres pernicieuses, accompagnées de transport au cerveau, sont dans ces parages tout à fait subites. En quelques minutes, on est comme foudroyé. Quand l'accès est passé, on garde l'im-

1. *Act.*, xxvi, 14.
2. De Jérusalem à Damas, il y a huit fortes journées.
3. *Act.*, ix, 8, 9, 18 ; xxii, 11, 13.
4. Voir ci-dessus, p. 171, et II Cor., xii, 1 et suiv.

pression d'une nuit profonde, traversée d'éclairs, où l'on a vu des images se dessiner sur un fond noir [1]. Ce qu'il y a de sûr, c'est qu'un coup terrible enleva en un instant à Paul ce qui lui restait de conscience distincte, et le renversa par terre privé de sentiment.

Il est impossible, avec les récits que nous avons de cet événement singulier [2], de dire si quelque fait extérieur amena la crise qui valut au christianisme son plus ardent apôtre. Dans de pareils cas, au reste, le fait extérieur est peu de chose. C'est l'état d'âme de saint Paul, ce sont ses remords, à l'approche de la ville où il va mettre le comble à ses méfaits, qui furent les vraies causes de sa conversion [3]. Je préfère beaucoup pour ma part l'hypothèse d'un fait personnel à Paul et senti de lui

---

1. J'ai éprouvé un accès de ce genre à Byblos; avec d'autres principes, j'aurais certainement pris les hallucinations que j'eus alors pour des visions.

2. Nous possédons trois récits de cet épisode capital : *Act.*, ix, 1 et suiv.; xxii, 5 et suiv.; xxvi, 12 et suiv. Les différences qu'on remarque entre ces passages prouvent que l'Apôtre lui-même variait dans les récits qu'il faisait de sa conversion. Le récit *Actes*, ix, lui-même, n'est pas homogène, comme nous le montrerons bientôt. Comparez Gal., 1, 15-17; I Cor., ix, 1; xv, 8; *Act.*, ix, 27.

3. Chez les Mormons et dans les « réveils » américains, presque toutes les conversions sont aussi amenées par une grande tension de l'âme, produisant des hallucinations.

seul ¹. Il n'est pas invraisemblable cependant qu'un orage ² ait éclaté tout à coup. Les flancs de l'Hermon sont le point de formation de tonnerres dont rien n'égale la violence. Les âmes les plus froides ne traversent pas sans émotion ces effroyables pluies de feu. Il faut se rappeler que, pour toute l'antiquité, les accidents de ce genre étaient des révélations divines, qu'avec les idées qu'on se faisait alors de la Providence, rien n'était fortuit, que chaque homme avait l'habitude de rapporter à lui les phénomènes naturels qui se passaient autour de lui. Pour les Juifs, en particulier, le tonnerre était toujours la voix de Dieu; l'éclair, le feu de Dieu. Paul était sous le coup de la plus vive excitation. Il était naturel qu'il prêtât à la voix de l'orage ce qu'il avait dans son propre cœur. Qu'un délire fiévreux, amené par un coup de soleil ou une ophthalmie, se soit tout à coup emparé de lui; qu'un

---

1. La circonstance que les compagnons de Paul voient et entendent comme lui peut fort bien être légendaire, d'autant plus que les récits sont, sur ce point, en contradiction expresse. Comp. *Act.*, ix, 7; xxii, 9; xxvi, 13. L'hypothèse d'une chute de cheval est repoussée par l'ensemble des récits. Quant à l'opinion qui rejette toute la narration des *Actes*, en se fondant sur ἐν ἐμοί, de Gal., i, 16, elle est exagérée. Ἐν ἐμοί, dans ce passage, a le sens de « pour moi », « à mon sujet ». Comp. Gal., i, 24. Paul eut sûrement, à un moment précis, une vision qui détermina sa conversion.

2. *Act.*, ix, 3, 7; xxii, 6, 9, 11; xxvi, 13.

éclair ait amené un long éblouissement; qu'un éclat de la foudre l'ait renversé et ait produit une commotion cérébrale, qui oblitéra pour un temps le sens de la vue, peu importe. Les souvenirs de l'Apôtre à cet égard paraissent avoir été assez confus; il était persuadé que le fait avait été surnaturel, et une telle opinion ne lui permettait pas une conscience nette des circonstances matérielles. Ces commotions cérébrales produisent parfois une sorte d'effet rétroactif et troublent complétement les souvenirs des moments qui ont précédé la crise [1]. Paul, d'ailleurs, nous apprend lui-même qu'il était sujet aux visions [2]; quelque circonstance insignifiante aux yeux de tout autre dut suffire pour le mettre hors de lui.

Au milieu des hallucinations auxquelles tous ses sens étaient en proie, que vit-il, qu'entendit-il? Il vit la figure qui le poursuivait depuis plusieurs jours; il vit le fantôme sur lequel couraient tant de récits. Il vit Jésus lui-même [3], lui disant en hébreu : « Saül, Saül, pourquoi me persécutes-tu ? » Les natures impétueuses passent tout d'une pièce d'un extrême à

---

1. C'est ce que j'éprouvai dans mon accès de Byblos. Les souvenirs de la veille du jour où je tombai sans connaissance se sont totalement effacés de mon esprit.

2. II Cor., xii, 4 et suiv.

3. Act., ix, 27; Gal., i, 16; I Cor., ix, 1; xv, 8; Homélies pseudo-clémentines, xvii, 13-19.

l'autre[1]. Il y a pour elles, ce qui n'existe pas pour les natures froides, des moments solennels, des minutes qui décident du reste de la vie. Les hommes réfléchis ne changent pas; ils se transforment. Les hommes ardents, au contraire, changent et ne se transforment pas. Le dogmatisme est comme une robe de Nessus qu'ils ne peuvent arracher. Il leur faut un prétexte d'aimer et de haïr. Nos races occidentales seules ont su produire de ces esprits larges, délicats, forts et flexibles, qu'aucune illusion momentanée n'entraîne, qu'aucune vaine affirmation ne séduit. L'Orient n'a jamais eu d'hommes de cette espèce. En quelques secondes, se pressèrent dans l'âme de Paul toutes ses plus profondes pensées. L'horreur de sa conduite se montra vivement à lui. Il se vit couvert du sang d'Étienne; ce martyr lui apparut comme son père, son initiateur. Il fut touché à vif, bouleversé de fond en comble. Mais, en somme, il n'avait fait que changer de fanatisme. Sa sincérité, son besoin de foi absolue lui interdisaient les moyens termes. Il était clair qu'il déploierait un jour pour Jésus ce même zèle de feu qu'il avait mis à le persécuter.

Paul entra à Damas avec l'aide de ses compagnons,

1. Comparez ce qui se passa pour Omar. *Sirat errasoul*, p. 226 et suiv.

qui le tenaient par la main [1]. Ils le déposèrent chez un certain Juda, qui demeurait dans la rue Droite, grande rue à colonnades, longue de plus d'un mille et large de cent pieds, qui traversait la ville de l'est à l'ouest, et dont le tracé forme encore aujourd'hui, sauf quelques déviations, la principale artère de Damas [2]. L'éblouissement [3] et le transport au cerveau ne diminuaient pas d'intensité. Pendant trois jours, Paul, en proie à la fièvre, ne mangea ni ne but. Ce qui se passa durant cette crise dans une tête brûlante, affolée par une violente commotion, se devine facilement. On parla devant lui des chrétiens de Damas et en particulier d'un certain Hanania, qui paraît avoir été le chef de la communauté [4]. Paul

1. *Act.*, ix, 8; xxii, 11.
2. Son ancien nom arabe était *Tarik el-Adhwa*. On l'appelle aujourd'hui *Tarik el-Mustekim*, qui répond à Ῥύμη εὐθεῖα. La porte orientale (*Bâb Scharki*) et quelques vestiges des colonnades subsistent encore. Voir les textes arabes donnés par Wüstenfeld dans la *Zeitschrift für vergleichende Erdkunde* de Lüdde, année 1842, p. 168; Porter, *Syria and Palestine*, p. 477; Wilson, *The Lands of the Bible*, II, 345, 351-52.
3. *Act.*, xxii, 11.
4. Le récit du chapitre ix des *Actes* semble ici composé de deux textes entremêlés; l'un, plus original, comprenant les versets 9, 12, 18; l'autre, plus développé, plus dialogué, plus légendaire, comprenant les versets 9, 10, 11, 13, 14, 15, 16, 17, 18. Le v. 12, en effet, ne se rattache ni à ce qui précède, ni à ce qui suit. Le récit xxii, 12-16, est plus conforme au second des extes susmentionnés qu'au premier.

avait souvent entendu vanter les pouvoirs miraculeux des nouveaux croyants à l'égard des maladies; l'idée que l'imposition des mains le tirerait de l'état où il était, s'empara de lui. Ses yeux étaient toujours fort enflammés. Parmi les images qui se succédaient en son cerveau[1], il crut voir Hanania entrer et lui faire le geste familier aux chrétiens. Il fut persuadé dès lors qu'il devrait sa guérison à Hanania. Hanania fut averti; il vint, parla doucement au malade, l'appela son frère, et lui imposa les mains. Le calme, à partir de ce moment, rentra dans l'âme de Paul. Il se crut guéri, et, la maladie étant surtout nerveuse, il le fut. De petites croûtes ou écailles tombèrent, dit-on, de ses yeux[2]; il mangea et reprit des forces.

Il reçut le baptême presque aussitôt[3]. Les doctrines de l'Église étaient si simples qu'il n'eut rien de nouveau à apprendre. Il fut sur-le-champ chrétien et parfait chrétien. De qui d'ailleurs aurait-il eu à recevoir des leçons? Jésus lui-même lui était apparu. Il avait eu sa vision de Jésus ressuscité, comme Jacques, comme Pierre. C'était par révélation immé-

---

1. *Act.*, ix, 12. Il faut lire ἄνδρα ἐν ὁράματι, comme porte le manuscrit B du Vatican. Comp. verset 10.
2. *Act.*, ix, 18; comp. *Tobie*, ii, 9; vi, 10; xi, 13.
3. *Act.*, ix, 18; xxii, 16.

diate qu'il avait tout appris. La fière et indomptable nature de Paul reparaissait ici. Abattu sur le chemin, il voulut bien se soumettre, mais se soumettre à Jésus seul, à Jésus qui avait quitté la droite de son Père pour venir le convertir et l'instruire. Telle est la base de sa foi; tel sera un jour le point de départ de ses prétentions. Il soutiendra que c'est à dessein qu'il n'est pas allé à Jérusalem aussitôt après sa conversion se mettre en rapport avec ceux qui étaient apôtres avant lui; qu'il a reçu sa révélation particulière et qu'il ne tient rien de personne; qu'il est apôtre comme les Douze par institution divine et par commission directe de Jésus; que sa doctrine est la bonne, quand même un ange dirait le contraire [1]. Un immense danger entra avec cet orgueilleux dans le sein de la petite société de pauvres en esprit qui a constitué jusqu'ici le christianisme. Ce sera un vrai miracle si ses violences et son inflexible personnalité ne font pas tout éclater. Mais aussi que sa hardiesse, sa force d'initiative, sa décision vont être un élément précieux à côté de l'esprit étroit, timide, indécis des saints de Jérusalem! Sûrement, si le christianisme fût resté entre les

---

1. Gal., I, 1, 8-9, 11 et suiv.; I Cor., IX, 1; XI, 23; XV, 8, 9; Col., I, 25; Ephes., I, 19; III, 3, 7, 8; *Act.,* XX, 24; XXII, 14-15, 21; XXVI, 16; Homiliæ pseudo-clem., XVII, 13-19.

mains de ces bonnes gens, renfermé dans un conventicule d'illuminés menant la vie commune; il se fût éteint comme l'essénisme sans presque laisser de souvenir. C'est l'indocile Paul qui fera sa fortune, et qui, au risque de tous les périls, le mènera hardiment en haute mer. A côté du fidèle obéissant, recevant sa foi sans mot dire de son supérieur, il y aura le chrétien dégagé de toute autorité, qui ne croira que par conviction personnelle. Le protestantisme existe déjà, cinq ans après la mort de Jésus; saint Paul en est l'illustre fondateur. Jésus n'avait sans doute pas prévu de tels disciples; ce sont eux peut-être qui contribueront le plus à faire vivre son œuvre, et lui assureront l'éternité.

Les natures violentes et portées au prosélytisme ne changent jamais que l'objet de leur passion. Aussi ardent pour la foi nouvelle qu'il l'avait été pour l'ancienne, saint Paul, comme Omar, passa en un jour du rôle de persécuteur au rôle d'apôtre. Il ne revint pas à Jérusalem[1], où sa position auprès des Douze aurait eu quelque chose de délicat. Il resta à Damas et dans le Hauran[2], et, pendant trois ans (38-41), y prêcha que Jésus était fils de Dieu[3]. Hérode

1. Gal., I, 17.
2. Ἀραβία est « la province d'Arabie », ayant pour partie principale l'Auranitide (Hauran).
3. Gal., I, 17 et suiv.; *Act.*, IX, 19 et suiv.; XXVI, 20. L'auteur

Agrippa Ier possédait la souveraineté du Hauran et des pays voisins ; mais son pouvoir était sur plusieurs points annulé par celui du roi nabatéen Hâreth. L'affaiblissement de la puissance romaine, en Syrie, avait livré à l'ambitieux Arabe la grande et riche ville de Damas, ainsi qu'une partie des contrées au delà du Jourdain et de l'Hermon, qui naissaient alors à la civilisation[1]. Un autre émir, Soheym[2], peut-être parent ou lieutenant de Hâreth, se faisait donner par Caligula l'investiture de l'Iturée. Ce fut au milieu de ce grand éveil de la race arabe[3], sur ce sol étrange, où une race énergique déployait avec éclat son activité fiévreuse, que Paul répandit le premier feu de son âme d'apôtre[4]. Peut-être le mouvement matériel, si brillant, qui transformait le pays, nui-

---

des *Actes* croit que ce premier séjour à Damas fut court et que Paul, peu après sa conversion, vint à Jérusalem et y prêcha. (Comp. XXII, 17.) Mais le passage de l'épître aux Galates est péremptoire.

1. Voir les inscriptions découvertes par MM. Waddington et de Vogüé (*Revue archéol.*, avril 1864, p. 284 et suiv.; *Comptes rendus de l'Acad. des Inscr. et B.-L.*, 1865, p. 106-108). Comparez ci-dessus, p. 174-175.

2. Dion Cassius, LIX, 12.

3. J'ai développé ceci dans le *Bulletin archéologique* de MM. de Longpérier et de Witte, septembre 1856.

4. Le lien du verset Gal., I, 16 avec les suivants prouve que Paul prêcha immédiatement après sa conversion.

sit-il au succès d'une prédication tout idéaliste et fondée sur la croyance à une prochaine fin du monde. On ne trouve aucune trace, en effet, d'une Église d'Arabie fondée par saint Paul. Si la région du Hauran devient, vers l'an 70, un des centres les plus importants du christianisme, elle le doit à l'émigration des chrétiens de Palestine, et ce sont justement les ennemis de saint Paul, les ébionites, qui ont de ce côté leur principal établissement.

A Damas, où il y avait beaucoup de juifs [1], Paul fut plus écouté. Il entrait dans les synagogues, et se livrait à de vives argumentations pour prouver que Jésus était le Christ. L'étonnement des fidèles était extrême; celui qui avait persécuté leurs frères de Jérusalem et qui était venu pour les enchaîner, le voilà devenu leur premier apologiste [2]! Son audace, sa singularité, avaient bien quelque chose qui les effrayait; il était seul; il ne prenait conseil de personne [3]; il ne faisait pas école; on le regardait avec plus de curiosité que de sympathie. On sentait que c'était un frère, mais un frère d'une espèce toute particulière. On le croyait inca-

1. Jos., *B. J.*, I, II, 25; II, XX, 2.
2. *Act.*, IX, 20-22.
3. Gal., I, 16. C'est le sens de οὐ προσανεθέμην σαρκὶ καὶ αἵματι. Comp. Matth., XVI, 17.

pable d'une trahison; mais les bonnes et médiocres natures éprouvent toujours un sentiment de défiance et d'effroi à côté des natures puissantes et originales, qu'elles sentent bien devoir un jour leur échapper.

CHAPITRE XI.

PAIX ET DÉVELOPPEMENTS INTÉRIEURS DE L'ÉGLISE DE JUDÉE.

De l'an 38 à l'an 44, aucune persécution ne paraît s'être appesantie sur l'Église [1]. Les fidèles s'imposèrent sans doute des précautions qu'ils négligeaient avant la mort d'Étienne, et évitèrent de parler en public. Peut-être aussi les disgrâces des Juifs qui, durant toute la seconde partie du règne de Caligula, furent en lutte avec ce prince, contribuèrent-elles à favoriser la secte naissante. Les Juifs, en effet, étaient d'autant plus persécuteurs qu'ils étaient en meilleure intelligence avec les Romains. Pour acheter ou récompenser leur tranquillité, ceux-ci étaient portés à jugmenter leurs priviléges, et, en particulier, celui

---

1. *Act.*, IX, 31.

auquel ils tenaient le plus, le droit de tuer les personnes qu'ils regardaient comme infidèles à la Loi [1]. Or, les années où nous sommes arrivés comptèrent entre les plus orageuses de l'histoire, toujours si troublée, de ce peuple singulier.

L'antipathie que les Juifs, par leur supériorité morale, leurs coutumes bizarres, et aussi par leur dureté, excitaient chez les populations au milieu desquelles ils vivaient, était arrivée à son comble, surtout à Alexandrie [2]. Ces haines accumulées profitèrent, pour se satisfaire, du passage à l'empire d'un des fous les plus dangereux qui aient régné. Caligula, au moins depuis la maladie qui acheva de déranger ses facultés mentales (octobre 37), donnait l'affreux spectacle d'un écervelé gouvernant le monde avec les pouvoirs les plus énormes que jamais homme eût tenus dans sa main. La loi désastreuse du césarisme rendait possibles de telles horreurs, et faisait qu'elles étaient sans remède. Cela dura trois ans et trois mois. On a honte de raconter en une histoire sérieuse ce qui va suivre. Avant d'entrer dans le récit de ces saturnales, il faut dire avec Suétone : *Reliqua ut de monstro narranda sunt.*

1. Voir l'aveu atrocement naïf de III Macch., vii, 12-13.
2. Lire le IIIe livre (apocryphe) des Macchabées, tout entier, en le comparant à celui d'Esther.

Le plus inoffensif passe-temps de cet insensé était le souci de sa propre divinité [1]. Il y mettait une espèce d'ironie amère, un mélange de sérieux et de comique (car le monstre ne manquait pas d'esprit), une sorte de dérision profonde du genre humain. Les ennemis des Juifs virent quel parti on pouvait tirer de cette manie. L'abaissement religieux du monde était tel, qu'il ne s'éleva pas une protestation contre les sacriléges du césar; chaque culte s'empressa de lui décerner les titres et les honneurs qu'il réservait à ses dieux. C'est la gloire éternelle des Juifs d'avoir élevé, au milieu de cette ignoble idolâtrie, le cri de la conscience indignée. Le principe d'intolérance qui était en eux, et qui les entraînait à tant d'actes cruels, paraissait ici par son beau côté. Affirmant seuls que leur religion était la religion absolue, ils ne plièrent pas devant l'odieux caprice du tyran. Ce fut pour eux l'origine de tracasseries sans fin. Il suffisait qu'il y eût dans une ville un homme mécontent de la synagogue, méchant, ou simplement espiègle, pour amener d'affreuses conséquences. Un jour, c'était un autel à Caligula qu'on trouvait érigé à l'endroit où les Juifs le pouvaient le

---

1. Suétone, *Caius*, 22, 52; Dion Cassius, LIX, 26-28; Philon, *Legatio ad Caium*, § 25, etc.; Josèphe, *Ant.*, XVIII; viii; XIX, 1, 1-2; *B. J.*, II, x.

moins souffrir[1]. Un autre jour, c'était une troupe de gamins, criant au scandale, parce que les Juifs seuls refusaient de placer la statue de l'empereur dans leurs lieux de prière; on courait alors aux synagogues et aux oratoires; on y installait le buste de Caligula[2]; on mettait les malheureux dans l'alternative ou de renoncer à leur religion, ou de commettre un crime de lèse-majesté. Il s'ensuivait d'affreuses vexations.

De telles plaisanteries s'étaient déjà plusieurs fois renouvelées, quand on suggéra à l'empereur une idée plus diabolique encore; ce fut de placer son colosse en or dans le sanctuaire du temple de Jérusalem, et de faire dédier le temple lui-même à sa divinité[3]. Cette odieuse intrigue faillit hâter de trente ans la révolte et la ruine de la nation juive. La modération du légat impérial, Publius Pétronius, et l'intervention du roi Hérode Agrippa, favori de Caligula, prévinrent la catastrophe. Mais, jusqu'au moment où l'épée de Chæréa délivra la terre du tyran le plus exécrable qu'elle eût encore supporté, les Juifs vécurent partout dans la terreur. Philon nous a con-

1. Philon, *Leg. ad Caium*, § 30.
2. Philon, *In Flaccum*, § 7; *Leg. ad Caium*, § 18, 20, 26, 43.
3. Philon, *Leg. ad Caium*, § 29; Josèphe, *Ant.*, XVIII, viii; *B. J.*, II, x; Tacite, *Ann.*, XII, 54; *Hist.*, V, 9, en complétant le premier passage par le second.

servé le détail de la scène inouïe qui se passa quand la députation dont il était le chef fut admise à voir l'empereur[1]. Caligula les reçut pendant qu'il visitait les villas de Mécène et de Lamia, près de la mer, aux environs de Pouzzoles. Il était ce jour-là en veine de gaieté. Hélicon, son railleur de prédilection, lui avait conté toute sorte de bouffonneries sur les Juifs. « Ah! c'est donc vous, leur dit-il avec un rire amer et en montrant les dents, qui seuls ne voulez pas me reconnaître pour dieu, et qui préférez en adorer un que vous ne sauriez seulement nommer? » Il accompagna ces paroles d'un épouvantable blasphème. Les Juifs tremblaient; leurs adversaires alexandrins prirent les premiers la parole : « Vous détesteriez, seigneur, encore bien davantage ces gens et toute leur nation, si vous saviez l'aversion qu'ils ont pour vous; car ils ont été les seuls qui n'aient point sacrifié pour votre santé, lorsque tous les peuples le faisaient. » A ces mots, les Juifs s'écrièrent que c'était là une calomnie, et qu'ils avaient offert trois fois pour la prospérité de l'empereur les sacrifices les plus solennels qui fussent en leur religion. « Soit, dit Caligula avec un sérieux fort comique, vous avez sacrifié; c'est bien; mais ce n'est pas à moi que vous avez sa-

---

1. Philon, *Leg. ad Caium*, § 27, 30, 44 et suiv.

crifié. Quel avantage en retiré-je? » Là-dessus, leur tournant le dos, il se mit à parcourir les appartements, donnant des ordres pour les réparations, montant et descendant sans cesse. Les malheureux députés (entre lesquels Philon, âgé de quatre-vingts ans, l'homme peut-être le plus vénérable du temps, depuis que Jésus n'était plus) le suivaient en haut, en bas, essoufflés, tremblants, bafoués par l'assistance. Caligula, se retournant tout à coup : « A propos, leur dit-il, pourquoi donc ne mangez-vous pas de porc? » Les flatteurs éclatèrent de rire ; des officiers, d'un ton sévère, les avertirent qu'on manquait à la majesté de l'empereur par des rires immodérés. Les Juifs balbutièrent; un d'eux dit assez gauchement : « Mais il y a des personnes qui ne mangent pas d'agneau. — Ah! pour ceux-là, dit l'empereur, ils ont bien raison; c'est une viande qui n'a pas de goût. » Il feignit ensuite de s'enquérir de leur affaire; puis, la harangue à peine commencée, il les quitte et va donner des ordres pour la décoration d'une salle qu'il voulait garnir de pierre spéculaire. Il revient, affectant un air modéré, demande aux envoyés s'ils ont quelque chose à ajouter, et, comme ceux-ci reprennent le discours interrompu, il leur tourne le dos pour aller voir une autre salle qu'il faisait orner de peintures. Ce jeu de tigre, badinant avec sa proie, dura des heures. Les Juifs s'attendaient à la mort. Mais, au dernier moment, les griffes de la bête rentrèrent. « Allons! dit Caligula en repassant, décidément ces gens-ci ne sont pas aussi coupables qu'ils sont à plaindre de ne pas croire à ma divinité. » Voilà comment les questions les plus graves pouvaient être traitées sous l'horrible régime que la bassesse du monde avait créé, qu'une soldatesque et une populace également viles chérissaient, que la lâcheté de presque tous maintenait.

On comprend que cette situation si tendue ait enlevé aux Juifs, du temps de Marullus, beaucoup de cette audace qui les faisait parler si fièrement à Pilate. Déjà presque détachés du temple, les chrétiens devaient être bien moins effrayés que les Juifs des projets sacriléges de Caligula. Ils étaient, d'ailleurs, trop peu nombreux pour que l'on connût à Rome leur existence. L'orage du temps de Caligula, comme celui qui aboutit à la prise de Jérusalem par Titus, passa sur leur tête, et à plusieurs égards les servit. Tout ce qui affaiblissait l'indépendance juive leur était favorable, puisque c'était autant d'enlevé au pouvoir d'une orthodoxie soupçonneuse, appuyant ses prétentions par de sévères pénalités.

Cette période de paix fut féconde en développements intérieurs. L'Église naissante se divisait en trois provinces : Judée, Samarie, Galilée[1], à laquelle sans doute se rattachait Damas. Jérusalem avait sa primauté absolument incontestée. L'Église de cette ville, qui avait été dispersée après la mort d'Étienne, se reconstitua vite. Les apôtres n'avaient jamais quitté la ville. Les frères du Seigneur continuaient d'y résider et de jouir d'une grande autorité[2]. Il ne semble pas que cette nouvelle Église de Jérusalem ait été organisée d'une manière aussi rigoureuse que la première ; la communauté des biens n'y fut pas strictement rétablie. Seulement, on fonda une grande caisse des pauvres, où devaient être versées les aumônes que les Églises particulières envoyaient à l'Église mère, origine et source permanente de leur foi[3].

Pierre faisait de fréquents voyages apostoliques dans les environs de Jérusalem[4]. Il jouissait toujours d'une grande réputation de thaumaturge. A Lydda[5], en particulier, il passa pour avoir guéri un paralytique nommé Énée, miracle qui, dit-on, amena de nombreuses conversions dans la plaine de Saron[6].

1. *Act.*, ix, 31.
2. *Gal.*, i, 18-19 ; ii, 9.
3. *Act.*, xi, 29-30, et ci-dessus, p. 79.
4. *Act.*, ix, 32.
5. Aujourd'hui Ludd.
6. *Act.*, ix, 32-35.

De Lydda, il se rendit à Joppé¹, ville qui paraît avoir été un centre pour le christianisme. Des villes d'ouvriers, de marins, de pauvres gens, où les Juifs orthodoxes ne dominaient pas ², étaient celles où la secte trouvait les meilleures dispositions. Pierre fit un long séjour à Joppé, chez un tanneur nommé Simon, qui demeurait près de la mer ³. L'industrie du cuir était un métier presque impur; on ne devait pas fréquenter ceux qui l'exerçaient, si bien que les corroyeurs étaient réduits à demeurer dans des quartiers à part ⁴. Pierre, en choisissant un tel hôte, donnait une marque de son indifférence pour les préjugés juifs, et travaillait à cet ennoblissement des petits métiers qui est, pour une bonne part, l'ouvrage de l'esprit chrétien.

L'organisation des œuvres de charité surtout se poursuivait activement. L'Église de Joppé possédait une femme admirable nommée en araméen *Tabitha* (gazelle), et en grec *Dorcas*⁵, qui consacrait tous ses

1. Jaffa.
2. Jos., *Ant.*, XIV, x, 6.
3. *Act.*, ix, 43; x, 6, 17, 32.
4. Mischna, *Ketuboth*, vii, 10.
5. Comp. Gruter, p. 891, 4; Reinesius, *Inscript.*, XIV, 61, Mommsen, *Inscr. regni Neap.*, 622, 2034, 3092, 4985; Pape, *Wört. der griech. Eigenn.*, à ce mot. Cf. Jos., *B. J.*, IV, iii, 6.

soins aux pauvres [1]. Elle était riche, ce semble, et distribuait son bien en aumônes. Cette respectable dame avait formé une réunion de veuves pieuses, qui passaient avec elles leurs journées [2] à tisser des habits pour les indigents. Comme le schisme du christianisme avec le judaïsme n'était pas encore consommé, il est probable que les Juifs bénéficiaient de ces actes de charité. « Les saints et les veuves [3] » étaient ainsi de pieuses personnes, faisant du bien à tous, des espèces de bégards et de béguines, que les seuls rigoristes d'une orthodoxie pédantesque tenaient pour suspects, des *fraticelli* aimés du peuple, dévots, charitables, pleins de pitié.

Le germe de ces associations de femmes, qui sont une des gloires du christianisme, exista de la sorte dans les premières Églises de Judée. A Jaffa commença la génération de ces femmes voilées, vêtues de lin, qui devaient continuer à travers les siècles la tradition des charitables secrets. Tabitha fut la mère d'une famille qui ne finira pas, tant qu'il y aura des misères à soulager et de bons instincts de femme à satisfaire. On raconta plus tard que Pierre l'avait ressuscitée. Hélas ! la mort, tout

---

1. *Act.*, ix, 36 et suiv.
2. *Ibid.*, ix, 39. Le grec porte : ὅσα ἐποίει μετ' αὐτῶν οὖσα.
3. *Ibid.*, ix, 32, 41.

insensée, toute révoltante qu'elle est en pareil cas, est inflexible. Quand l'âme la plus exquise s'est exhalée, l'arrêt demeure irrévocable ; la femme la plus excellente ne répond pas plus que la femme vulgaire et frivole à l'invitation des voix amies qui la rappellent. Mais l'idée n'est pas assujettie aux conditions de la matière. La vertu et la bonté échappent aux prises de la mort. Tabitha n'avait pas besoin d'être ressuscitée. Pour quatre jours de plus à passer en cette triste vie, fallait-il la déranger de sa douce et immuable éternité? Laissez-la reposer en paix ; le jour des justes viendra.

Dans ces villes très-mêlées, le problème de l'admission des païens au baptême se posait avec beaucoup d'urgence. Pierre en était fortement préoccupé. Un jour qu'il priait à Joppé, sur la terrasse de la maison du tanneur, ayant devant lui cette mer qui allait bientôt porter la foi nouvelle à tout l'Empire, il eut une extase prophétique. Dans le demi-sommeil où il était plongé, il crut éprouver une sensation de faim, et demanda quelque chose. Or, pendant qu'on le lui préparait, il vit le ciel ouvert et une nappe nouée aux quatre coins en descendre. Ayant regardé à l'intérieur de la nappe, il y vit des animaux de toute espèce, et crut entendre une voix qui lui disait : « Tue et mange. » Et sur l'objection qu'il fit que plusieurs de ces animaux étaient impurs : « N'appelle pas impur ce que Dieu a purifié, » lui fut-il répondu. Cela, à ce qu'il paraît, se répéta par trois fois. Pierre fut persuadé que ces animaux représentaient symboliquement la masse des gentils, que Dieu lui-même venait de rendre aptes à la communion sainte du royaume de Dieu [1].

L'occasion se présenta bientôt d'appliquer ces principes. De Joppé, Pierre se rendit à Césarée. Là, il fut mis en rapport avec un centurion nommé Cornélius [2]. La garnison de Césarée était formée, en partie du moins, par une de ces cohortes composées de volontaires italiens, qu'on appelait *Italicæ* [3]. Le nom complet de celle-ci a pu être *cohors prima Augusta Italica civium romanorum* [4]. Cornélius était centurion de cette cohorte, par conséquent Italien et citoyen romain. C'était un honnête homme, qui depuis longtemps se sentait de l'attrait pour le culte monothéiste des Juifs. Il priait, faisait des aumônes, pratiquait en un mot les préceptes de religion naturelle que suppose le judaïsme; mais il n'était pas circoncis; ce

---

1. *Act.*, x, 9-16; xi, 5-10.
2. *Ibid.*, x, 1-xi, 18.
3. Il y en avait au moins trente-deux (Orelli et Henzen, *Inscr. lat.*, n⁰ˢ 90, 512, 6756).
4. Comp. *Act.*, xxvii, 1, et Henzen, n° 6709.

n'était pas un prosélyte à un degré quelconque;
c'était un païen pieux, un israélite de cœur, rien de
plus [1]. Toute sa maison et quelques soldats de sa
centurie étaient, dit-on, dans les mêmes dispositions [2]. Cornélius demanda à entrer dans l'Église nouvelle. Pierre, dont la nature était ouverte et bienveillante, le lui accorda, et le centurion fut baptisé [3].

Peut-être Pierre ne vit-il d'abord à cela aucune
difficulté ; mais, à son retour à Jérusalem, on lui en
fit de grands reproches. Il avait violé ouvertement la
Loi, il était entré chez des incirconcis et avait mangé
avec eux. La question était capitale, en effet ; il s'agissait de savoir si la Loi était abolie, s'il était permis
de la violer par prosélytisme, si les gentils pouvaient
être reçus de plain-pied dans l'Église. Pierre, pour
se défendre, raconta sa vision de Joppé. Plus tard, le
fait du centurion servit d'argument dans la grande
question du baptême des incirconcis. Pour lui donner plus de force, on supposa que chaque phase de

---

[1]. Comparez Luc, vii, 2 et suiv. Luc se complaît, il est vrai,
dans cette idée de centurions vertueux et juifs par l'âme sans la
circoncision (voir l'Introd., p. xxii). Mais l'exemple d'Izate (Jos.,
Ant., XX, ii, 5) prouve que de telles situations étaient possibles.
Comp., Jos., B. J., II, xxviii, 2 ; Orelli, Inscr., n° 2523.

[2]. Act., x, 2, 7.

[3]. Ceci paraît, il est vrai, en contradiction avec Gal., ii, 7-9.
Mais la conduite de Pierre en ce qui concerne l'admission des gentils fut toujours très-peu consistante. Gal., ii, 12.

cette grande affaire avait été marquée par un ordre du Ciel. On raconta qu'à la suite de longues prières, Cornélius avait vu un ange qui lui avait ordonné d'aller querir Pierre à Joppé; que la vision symbolique de Pierre eut lieu à l'heure même où arrivèrent les messagers de Cornélius; que d'ailleurs Dieu s'était chargé de légitimer tout ce qui avait été fait, puisque, l'Esprit-Saint étant descendu sur Cornélius et sur les gens de sa maison, ceux-ci avaient parlé les langues et psalmodié à la façon des autres fidèles. Était-il naturel de refuser le baptême à des personnes qui avaient reçu le Saint-Esprit ?

L'Église de Jérusalem était encore exclusivement composée de Juifs et de prosélytes. Le Saint-Esprit se répandant sur des incirconcis, antérieurement au baptême, parut un fait très-extraordinaire. Il est probable que dès lors existait un parti opposé en principe à l'admission des gentils, et que tout le monde n'accepta pas les explications de Pierre. L'auteur des *Actes* [1] veut que l'approbation ait été unanime. Mais, dans quelques années, nous verrons la question renaître avec bien plus de vivacité [2]. On accepta peut-être le fait du bon centurion, comme celui de l'eu-

---

1. *Act.,* xi, 18.
2. *Ibid.,* xv, 1 et suiv.

nuque éthiopien, à titre de fait exceptionnel, justifié par une révélation et un ordre exprès de Dieu. L'affaire était loin d'être décidée. Ce fut la première controverse dans le sein de l'Église; le paradis de la paix intérieure avait duré six ou sept ans.

Dès l'an 40 à peu près, la grande question d'où dépendait l'avenir du christianisme paraît ainsi avoir été posée. Pierre et Philippe, avec beaucoup de justesse, entrevirent la vraie solution et baptisèrent des païens. Sans doute, dans les deux récits que l'auteur des *Actes* nous donne à ce sujet, et qui sont en partie calqués l'un sur l'autre, il est difficile de méconnaître un système. L'auteur des *Actes* appartient à un parti de conciliation, favorable à l'introduction des païens dans l'Église, et qui ne veut pas avouer la violence des divisions que l'affaire a soulevées. On sent parfaitement qu'en écrivant les épisodes de l'eunuque, du centurion, et même de la conversion des Samaritains, cet auteur ne veut pas seulement raconter, qu'il cherche surtout des précédents à une opinion. Mais nous ne pouvons admettre, d'un autre côté, qu'il invente les faits qu'il raconte. Les conversions de l'eunuque de la candace et du centurion Cornélius sont probablement des faits réels, présentés et transformés selon les besoins de la thèse en vue de laquelle le livre des *Actes* a été composé.

Celui qui devait, dix ou onze ans plus tard, donner à ce débat une portée si décisive, Paul, ne s'y mêlait pas encore. Il était dans le Hauran ou à Damas, prêchant, réfutant les Juifs, mettant au service de la foi nouvelle autant d'ardeur qu'il en avait montré pour la combattre. Le fanatisme, dont il avait été l'instrument, ne tarda pas à le poursuivre à son tour. Les Juifs résolurent de le perdre. Ils obtinrent de l'ethnarque qui gouvernait Damas au nom de Hâreth, un ordre de l'arrêter. Paul se cacha. On sut qu'il devait sortir de la ville; l'ethnarque, qui voulait plaire aux Juifs, plaça des escouades aux portes pour se saisir de sa personne; mais les frères le firent échapper de nuit en le descendant, au moyen d'un panier, par la fenêtre d'une maison qui surplombait le rempart [1].

Échappé à ce danger, Paul dirigea ses yeux vers Jérusalem. Il y avait trois ans [2] qu'il était chrétien, et il n'avait pas encore vu les apôtres. Son caractère roide, peu liant, porté à s'isoler, lui avait d'abord fait tourner le dos en quelque sorte à la grande famille dans laquelle il venait d'entrer malgré lui, et préférer pour son premier apostolat un pays nouveau, où il ne devait trouver aucun collègue. Le désir de voir

---

1. II Cor., II, 32-33; *Act.*, IX, 23-25.
2. Gal., I, 18.

Pierre, cependant, s'était éveillé en lui[1]. Il reconnaissait son autorité et le désignait, comme tout le monde, du nom de *Képha* « la pierre ». Il se rendit donc à Jérusalem, faisant en sens contraire la route qu'il avait parcourue trois ans auparavant en des dispositions si différentes.

Sa position à Jérusalem fut extrêmement fausse et embarrassée. On y avait bien entendu dire que le persécuteur était devenu le plus zélé des évangélistes et le premier défenseur de la foi qu'il avait voulu détruire[2]. Mais il restait contre lui de grandes préventions. Plusieurs craignaient de sa part quelque horrible machination. On l'avait vu si enragé, si cruel, si ardent à pénétrer dans les maisons, à déchirer le secret des familles pour chercher des victimes, qu'on le croyait capable de jouer une odieuse comédie pour mieux perdre ceux qu'il haïssait[3]. Il demeurait, ce semble, dans la maison de Pierre[4]. Plusieurs des disciples restaient sourds à ses avances et se retiraient de lui[5]. Un homme de cœur et de volonté, Barnabé, joua à ce moment un rôle décisif. En qua-

---

1. Gal., I, 18.
2. *Ibid.*, I, 23.
3. *Act.*, IX, 26.
4. Gal., I, 18.
5. *Act.*, IX, 26.

lité de Chypriote et de nouveau converti, il comprenait mieux que les disciples galiléens la position de Paul. Il vint au-devant de lui, le prit en quelque sorte par la main, le présenta aux plus soupçonneux et se fit son garant[1]. Par cet acte de sagesse et de pénétration, Barnabé mérita au plus haut degré du christianisme. Ce fut lui qui devina Paul ; c'est à lui que l'Église doit le plus extraordinaire de ses fondateurs. L'amitié féconde de ces deux hommes apostoliques, amitié qui ne souffrit aucun nuage, malgré bien des dissentiments, amena plus tard leur association en vue de missions chez les gentils. Cette grande association date, en un sens, du premier séjour de Paul à Jérusalem. Parmi les causes de la foi du monde, il faut compter le généreux mouvement de Barnabé tendant la main à Paul suspect et délaissé, l'intuition profonde qui lui fit découvrir une âme d'apôtre sous cet air humilié, la franchise avec laquelle il rompit la glace et abattit les obstacles que les fâcheux antécédents du converti, peut-être aussi

---

1. *Act.*, ix, 27. Toute cette partie des *Actes* a trop peu de valeur historique pour qu'on puisse affirmer que la belle action de Barnabé ait eu lieu durant les quinze jours que Paul passa à Jérusalem. Mais il y a sans doute dans la manière dont les *Actes* présentent la chose un sentiment vrai des relations de Paul et de Barnabé.

certains traits de son caractère, avaient élevés entre lui et ses frères nouveaux.

Paul, du reste, évita comme systématiquement de voir les apôtres. C'est lui-même qui le dit, et il prend la peine de l'affirmer avec serment; il ne vit que Pierre et Jacques, frère du Seigneur[1]. Son séjour ne dura que deux semaines[2]. Certes, il est possible qu'à l'époque où il écrivit l'épître aux Galates (vers 56), Paul se soit trouvé entraîné, par les besoins du moment, à fausser un peu la couleur de ses rapports avec les apôtres, à les présenter comme plus secs, plus impérieux, qu'ils ne le furent en réalité. Vers 56, il tenait essentiellement à prouver qu'il n'avait rien reçu de Jérusalem, qu'il n'était nullement le mandataire du conseil des Douze, établi dans cette ville. Son attitude, à Jérusalem, aurait été l'allure haute et altière d'un maître qui évite les rapports avec les autres maîtres, pour ne pas avoir l'air de se subordonner à eux, et non la mine humble

---

1. Gal., I, 19-20.
2. *Ibid.*, I, 18. Impossible, par conséquent, d'admettre comme exacts les versets 28-29 du ch. IX des *Actes*. L'auteur des *Actes* abuse de ces embûches et de ces projets meurtriers. Les *Actes* diffèrent de l'épître aux Galates, en ce qu'ils supposent le premier séjour de saint Paul à Jérusalem plus long et plus voisin de sa conversion. Naturellement, c'est l'épître qui mérite la préférence, au moins pour la chronologie et les circonstances matérielles.

et repentante d'un coupable honteux de son passé, comme le veut l'auteur des *Actes*. Nous ne pouvons croire que, dès l'an 41, Paul fût animé de cette espèce de soin jaloux de garder sa propre originalité qu'il montra plus tard. La rareté de ses entrevues avec les apôtres et la brièveté de son séjour à Jérusalem vinrent probablement de son embarras, devant des gens d'une autre nature que lui et pleins de préjugés à son égard, bien plutôt que d'une politique raffinée, qui lui aurait fait voir, quinze ans d'avance, les inconvénients qu'il pouvait y avoir à les fréquenter.

En réalité, ce qui devait mettre une sorte de mur entre les apôtres et Paul, c'était surtout la différence de leur caractère et de leur éducation. Les apôtres étaient tous Galiléens; ils n'avaient pas été aux grandes écoles juives; ils avaient vu Jésus; ils se souvenaient de ses paroles; c'étaient de bonnes et pieuses natures, parfois un peu solennelles et naïves. Paul était un homme d'action, plein de feu, médiocrement mystique, enrôlé comme par une force supérieure dans une secte qui n'était nullement celle de sa première adoption. La révolte, la protestation, étaient ses sentiments habituels[1]. Son instruction

---

1. Voir surtout l'épître aux Galates.

juive était beaucoup plus forte que celle de tous ses nouveaux confrères. Mais, n'ayant pas entendu Jésus, n'ayant pas été institué par lui, il avait, selon les idées chrétiennes, une grande infériorité. Or, Paul n'était pas fait pour accepter une place secondaire. Son altière individualité exigeait un rôle à part. C'est probablement vers ce temps que naquit en lui l'idée bizarre qu'après tout il n'avait rien à envier à ceux qui avaient connu Jésus et avaient été choisis par lui, puisque lui aussi avait vu Jésus, avait reçu de Jésus une révélation directe et le mandat de son apostolat. Même ceux qui furent honorés d'une apparition personnelle du Christ ressuscité n'eurent rien de plus que lui. Pour avoir été la dernière, sa vision n'en avait pas été moins remarquable. Elle s'était produite dans des circonstances qui lui donnaient un cachet particulier d'importance et de distinction[1]. Erreur capitale ! L'écho de la voix de Jésus se retrouvait dans les discours du plus humble de ses disciples. Avec toute sa science juive, Paul ne pouvait suppléer à l'immense désavantage qui résultait pour lui de sa tardive initiation. Le Christ qu'il avait vu sur le chemin de Damas n'était pas, quoi qu'il dît, le Christ de Galilée ; c'était le Christ de son imagination, de

---

[1]. Épître aux Galates, I, 11-12 et presque entière; I Cor., IX, 1 et suiv.; XV, 1 et suiv.; II Cor., XI, 21 et suiv.

son sens propre. Quoiqu'il fût attentif à recueillir les paroles du maître[1], il est clair que ce n'était ici qu'un disciple de seconde main. Si Paul eût rencontré Jésus vivant, on peut douter qu'il se fût attaché à lui. Sa doctrine sera la sienne, non celle de Jésus; les révélations dont il est si fier sont le fruit de son cerveau.

Ces idées, qu'il n'osait communiquer encore, lui rendaient le séjour de Jérusalem désagréable. Au bout de quinze jours, il prit congé de Pierre et partit. Il avait vu si peu de monde qu'il osait dire que personne dans les Églises de Judée ne connaissait son visage et ne savait quelque chose de lui autrement que par ouï-dire[2]. Plus tard, il attribua ce brusque départ à une révélation. Il racontait qu'un jour, priant dans le temple, il eut une extase, qu'il vit Jésus en personne, et reçut de lui l'ordre de quitter au plus vite Jérusalem, « parce qu'on n'y était pas disposé à recevoir son témoignage ». En échange de ces endurcis, Jésus lui aurait promis l'apostolat de nations lointaines et un auditoire plus docile à sa voix[3]. Quant à ceux qui voulurent effacer les traces des nombreux

---

1. On en trouve le sentiment plus ou moins direct : Rom., xii, 14; I Cor., xiii, 2; II Cor., iii, 6; 1 Thess., iv, 8; v, 2, 6.
2. Gal., i, 22-23.
3. *Act.*, xxii, 17-21.

déchirements que l'entrée de ce disciple insoumis causa dans l'Église, ils prétendirent que Paul passa un assez long temps à Jérusalem, vivant avec les frères sur le pied de la plus complète liberté, mais que, s'étant mis à prêcher les Juifs hellénistes, il faillit être tué par eux, si bien que les frères durent veiller à sa sûreté et le faire conduire à Césarée [1].

Il est probable, en effet, que, de Jérusalem, il se rendit à Césarée. Mais il y resta peu, et se mit à parcourir la Syrie, puis la Cilicie [2]. Il prêchait sans doute déjà, mais pour son compte et sans accord avec personne. Tarse, sa patrie, fut son séjour habituel durant cette période de sa vie apostolique, qu'on peut évaluer à deux ans [3]. Il est possible que les Églises de Cilicie lui aient dû leurs commencements [4]. Cependant la vie de Paul n'était pas, dès cette époque, telle que nous la voyons plus tard. Il ne prenait pas le titre d'apôtre, lequel était alors strictement réservé aux Douze [5]. Ce n'est qu'à partir de son as-

---

1. *Act.,* ix, 29-30.
2. Gal., i, 24.
3. *Act.,* ix, 30; xi, 25. La donnée chronologique capitale pour cette époque de la vie de saint Paul est Gal., i, 18; ii, 1.
4. La Cilicie avait une Église en l'an 51. *Act.,* xv, 23, 41.
5. C'est dans l'épître aux Galates (vers 56) que Paul se place pour la première fois avec éclat au rang des apôtres (i, 1 et la suite). Selon Gal., ii, 7-10, il aurait reçu ce titre en 51. Ce-

sociation avec Barnabé (an 45) qu'il entre dans cette carrière de pérégrinations sacrées et de prédications qui devaient faire de lui le type du missionnaire voyageur.

pendant, il ne le prend pas encore dans la suscription des deux épîtres aux Thessaloniciens, qui sont de l'an 53. I Thess., II, 6 n'implique pas un titre officiel. L'auteur des *Actes* ne donne jamais à Paul le nom d' « apôtre ». « Les apôtres », pour l'auteur des *Actes,* sont « les Douze ». *Act.,* XIV, 4, 14 est une exception.

CHAPITRE XII.

FONDATION DE L'ÉGLISE D'ANTIOCHE.

La foi nouvelle faisait de proche en proche d'étonnants progrès. Les membres de l'Église de Jérusalem qui avaient été dispersés à la suite de la mort d'Étienne, poussant leurs conquêtes le long de la côte de Phénicie, atteignirent Chypre et Antioche. Ils avaient d'abord pour principe absolu de ne prêcher qu'aux Juifs[1].

Antioche, « la métropole de l'Orient », la troisième ville du monde[2], fut le centre de cette chrétienté de la Syrie du Nord. C'était une ville de plus de cinq cent mille âmes, presque aussi grande que Paris avant ses récentes extensions[3], résidence du

---

1. *Act.*, xi, 19.
2. Jos., *B. J.*, III, ii, 4. Rome et Alexandrie étaient les deux premières. Comp. Strabon, XVI, ii, 5.
3. C. Otfried Müller, *Antiquit. Antiochenæ* (Gœttingæ, 1839),

légat impérial de Syrie. Portée tout d'abord par les Séleucides à un haut degré de splendeur, elle n'avait fait que profiter de l'occupation romaine. En général, les Séleucides avaient devancé les Romains dans le goût des décorations théâtrales appliquées aux grandes cités. Temples, aqueducs, bains, basiliques, rien ne manquait à Antioche de ce qui faisait une grande ville syrienne de cette époque. Les rues bordées de colonnades, avec leurs carrefours décorés de statues, y avaient plus de symétrie et de régularité que partout ailleurs[1]. Un *Corso* orné de quatre rangs de colonnes, formant deux galeries couvertes avec une large avenue au milieu, traversait la ville de part en part[2], sur une longueur de trente-six stades (plus d'une lieue)[3]. Mais Antioche n'avait pas seulement d'immenses construc-

---

p. 68. Jean Chrysostome, *In sanct. Ignatium,* 4 (Opp. t. II, p. 597, édit. Montfaucon); *In Matth.* homilia LXXXV, 4 (t. VII, p. 810), évalue la population d'Antioche à deux cent mille âmes, sans compter les esclaves, les enfants et les immenses faubourgs. La ville actuelle n'a pas plus de sept mille habitants.

1. Les rues analogues de Palmyre, Gérase, Gadare, Sébaste étaient probablement des imitations du grand *Corso* d'Antioche.

2. On en trouve quelques traces dans la direction de *Bâb Bolos*.

3. Dion Chrysostome, Orat. XLVII (t. II, p. 229, édit. de Reiske); Libanius, *Antiochicus,* p. 337, 340, 342, 356 (édit. Reiske); Malala, p. 232 et suiv., 276, 280 et suiv. (édit. de Bonn). Le constructeur de ces grands ouvrages fut Antiochus Épiphane.

tions d'utilité publique [1]; elle avait aussi, ce que peu de villes syriennes possédaient, des chefs-d'œuvre d'art grec, d'admirables statues [2], des œuvres classiques d'une délicatesse que le siècle ne savait plus imiter. Antioche, dès sa fondation, avait été une ville tout hellénique. Les Macédoniens d'Antigone et de Séleucus avaient porté dans cette région du bas Oronte leurs souvenirs les plus vivants, les cultes, les noms de leur pays [3]. La mythologie grecque s'y était créé comme une seconde patrie; on avait la prétention de montrer dans le pays une foule de « lieux saints » se rattachant à cette mythologie. La ville était pleine du culte d'Apollon et des nymphes. Daphné, lieu enchanteur à deux petites heures de la ville, rappelait aux conquérants les plus riantes fictions. C'était une sorte de plagiat, de contrefaçon des mythes de la mère patrie, analogue à ces transports hardis par lesquels les tribus primitives faisaient voyager avec elles leur géographie mythique, leur Bérécynthe, leur Arvanda, leur Ida, leur Olympe. Ces fables grecques con-

[1]. Libanius, *Antioch.*, 342, 344.
[2]. Pausanias, VI, II, 7; Malala, p. 204; Visconti, *Mus. Pio-Clem.*, t. III, 46. Voir surtout les médailles d'Antioche.
[3]. Piérie, Bottia, Pénée, Tempé, Castalie, jeux olympiques, Iopolis (qu'on rattachait à Io). La ville prétendait devoir sa célébrité à Inachus, à Oreste, à Daphné, à Triptolème.

stituaient une religion bien vieillie et à peine plus sérieuse que les *Métamorphoses* d'Ovide. Les anciennes religions du pays, en particulier celle du mont Casius[1], y ajoutaient un peu de gravité. Mais la légèreté syrienne, le charlatanisme babylonien, toutes les impostures de l'Asie, se confondant à cette limite des deux mondes, avaient fait d'Antioche la capitale du mensonge, la sentine de toutes les infamies.

A côté de la population grecque, en effet, laquelle ne fut nulle part en Orient (si l'on excepte Alexandrie) aussi dense qu'ici, Antioche compta toujours dans son sein un nombre considérable d'indigènes syriens, parlant syriaque[2]. Ces indigènes constituaient une basse classe, habitant les faubourgs de la grande cité et les villages populeux qui formaient autour d'elle une vaste banlieue[3], Charandama, Ghisira, Gandigura, Apate (noms pour la plupart syriaques)[4]. Les mariages entre ces Syriens et les Grecs étant ordinaires, Séleucus d'ailleurs ayant établi par une

---

1. Voir Malala, p. 199; Spartien, *Vie d'Adrien*, 14; Julien, *Misopogon*, p. 361-362; Ammien Marcellin, XXII, 14; Eckhel, *Doct. num. vet.*, pars 1ᵃ, III, p. 326; Guigniaut, *Religions de l'ant.*, planches, n° 268.

2. Jean Chrysostome, *Ad pop. Antioch.* homil. xix, 1 (t. II, p. 189); *De sanctis martyr.*, 1 (t. II, p. 651).

3. Libanius, *Antioch.*, p. 348.

4. *Act. SS. Maii*, V, p. 383, 409, 414, 415, 416; Assemani, *Bib. Or.*, II, 323.

loi que tout étranger qui s'établirait dans la ville en deviendrait citoyen, Antioche, au bout de trois siècles et demi d'existence, se trouva un des points du monde où la race était le plus mêlée. L'avilissement des âmes y était effroyable. Le propre de ces foyers de putréfaction morale, c'est d'amener toutes les races au même niveau. L'ignominie de certaines villes levantines, dominées par l'esprit d'intrigue, livrées tout entières aux basses et subtiles pensées, peut à peine nous donner une idée du degré de corruption où arriva l'espèce humaine à Antioche. C'était un ramas inouï de bateleurs, de charlatans, de mimes[1], de magiciens, de thaumaturges, de sorciers[2], de prêtres imposteurs ; une ville de courses, de jeux, de danses, de processions, de fêtes, de bacchanales ; un luxe effréné, toutes les folies de l'Orient, les superstitions les plus malsaines, le fanatisme de l'orgie[3].

---

1. Juvénal, Sat., III, 62 et suiv.; Stace, *Silves*, I, VI, 72.
2. Tacite, *Ann.*, II, 69.
3. Malala, p. 284, 287 et suiv.; Libanius, *De angariis*, p. 555 et suiv.; *De carcere vinctis*, p. 455 et suiv.; *Ad Timocratem*, p. 385; *Antioch.*, p. 323; Philostr., *Vie d'Apoll.*, I, 16; Lucien, *De saltatione*, 76; Diod. Sic., fragm. l. XXXIV, n° 34 (p. 538, éd. Dindorf); Jean Chrys., Homil. VII *in Matth.*, 5 (t. VII, p. 113); LXXIII *in Matth.*, 3 (*ibid.*, p. 712); *De consubst. contra Anom.*, 1 (t. I, p. 504); *De Anna*, 1 (t. IV, p. 730); *De Dav. et Saüle*, III, 1 (t. IV, 768-770); Julien, *Misopogon*, p. 343, 350, édit. Spanheim; *Actes de sainte Thècle*, attribués

Tour à tour serviles et ingrats, lâches et insolents, les Antiochéniens étaient le modèle accompli de ces foules vouées au césarisme, sans patrie, sans nationalité, sans honneur de famille, sans nom à garder. Le grand *Corso* qui traversait la ville était comme un théâtre, où roulaient tout le jour les flots d'une populace futile, légère, changeante, émeutière[1], parfois spirituelle[2], occupée de chansons, de parodies, de plaisanteries, d'impertinences de toute espèce[3]. La ville était fort lettrée[4], mais d'une pure littérature de rhéteurs[5]. Les spectacles étaient étranges ; il y eut des jeux où l'on vit des chœurs de jeunes filles nues prendre part à tous les exercices avec un simple bandeau[6]; à la célèbre fête de Maïouma, des troupes de courtisanes nageaient en public dans des bassins[7]

à Basile de Séleucie, publiés par P. Pantinus (Anvers, 1608), p. 70.

1. Philostr., *Apoll.*, III, 58; Ausone, *Clar. Urb.*, 2; J. Capitolin, *Verus*, 7; *Marc-Aur.*, 25; Hérodien, II, 10; Jean d'Antioche, dans les *Excerpta Valesiana*, p. 844; Suidas, au mot Ἰσπανός.

2. Julien, *Misopogon*, p. 344, 365, etc.; Eunape, *Vies des Soph.*, p. 496, édit. Boissonade (Didot); Ammien Marcellin, XXII, 14.

3. Jean Chrys., *De Lazaro*, II, 11 (t. I, p. 722-723).

4. Cic., *Pro Archia*, 3, en tenant compte de l'exagération ordinaire à l'avocat.

5. Philostrate, *Vie d'Apollonius*, III, 58.

6. Malala, p. 287-289.

7. Jean Chrysost., Homil. VII *in Matth.*, 5, 6 (t. VII, p. 143). Voir O. Müller, *Antiquit. Antioch.*, p. 33, note.

remplis d'une eau limpide[1]. C'était comme un enivrement, comme un songe de Sardanapale, où se déroulaient pêle-mêle toutes les voluptés, toutes les débauches, n'excluant pas certaines délicatesses. Ce fleuve de boue qui, sortant par l'embouchure de l'Oronte, venait inonder Rome[2], avait là sa source principale. Deux cents décurions étaient occupés à régler les liturgies et les fêtes[3]. La municipalité possédait de vastes domaines publics, dont les duumvirs partageaient l'usufruit entre les citoyens pauvres[4]. Comme toutes les villes de plaisir, Antioche avait une plèbe infime, vivant du public ou de sordides profits.

La beauté des œuvres d'art et le charme infini de la nature[5] empêchaient cet abaissement moral de dégénérer tout à fait en laideur et en vulgarité. Le site d'Antioche est un des plus pittoresques du monde. La ville occupait l'intervalle entre l'Oronte et les pentes du mont Silpius, l'un des embranchements du mont Casius. Rien n'égalait l'abondance et la beauté des

1. Libanius, *Antiochicus,* p. 355-356.
2. Juvénal, III, 62 et suiv., et Forcellini, au mot *ambubaja,* en observant que le mot *ambuba* est syriaque.
3. Libanius, *Antioch.,* p. 315; *De carcere vinctis,* p. 455, etc., Julien, *Misopogon,* p. 367, édit. Spanheim.
4. Libanius, *Pro rhetoribus,* p. 211.
5. Libanius, *Antiochicus,* p. 363.

eaux [1]. L'enceinte, gravissant des rochers à pic par un vrai tour de force d'architecture militaire [2], embrassait le sommet des monts, et formait avec les rochers, à une hauteur énorme, une couronne dentelée d'un merveilleux effet. Cette disposition de remparts, unissant les avantages des anciennes acropoles à ceux des grandes villes fermées, fut en général préférée par les lieutenants d'Alexandre, comme on le voit à Séleucie de Piérie, à Éphèse, à Smyrne, à Thessalonique. Il en résultait de surprenantes perspectives. Antioche avait, au dedans de ses murs, des montagnes de sept cents pieds de haut, des rochers à pic, des torrents, des précipices, des ravins profonds, des cascades, des grottes inaccessibles ; au milieu de tout cela, des jardins délicieux [3]. Un épais fourré de myrtes, de buis fleuri, de lauriers, de plantes toujours vertes et du vert le plus tendre, des rochers tapissés d'œillets, de jacinthes, de cyclamens, donnent à ces hauteurs sauvages l'aspect de parterres suspendus. La variété des fleurs, la fraîcheur du gazon, composé d'une multitude inouïe de petites graminées, la beauté des pla-

---

1. Libanius, *Antiochicus*, p. 354 et suiv.
2. L'enceinte actuelle, qui est du temps de Justinien, présente les mêmes particularités.
3. Libanius, *Antioch.*, p. 337, 338, 339.

tanes qui bordent l'Oronte, inspirent la gaieté, quelque chose du parfum suave dont s'enivrèrent ces beaux génies de Jean Chrysostome, de Libanius, de Julien. Sur la rive droite du fleuve s'étend une vaste plaine, bornée d'un côté par l'Amanus et les monts bizarrement découpés de la Piérie, de l'autre par les plateaux de la Cyrrhestique [1], derrière lesquels on sent le dangereux voisinage de l'Arabe et du désert. La vallée de l'Oronte, qui s'ouvre à l'ouest, met ce bassin intérieur en communication avec la mer, ou pour mieux dire avec le vaste monde au sein duquel la Méditerranée a constitué de tout temps une sorte de route neutre et de lien fédéral.

Parmi les colonies diverses que les ordonnances libérales des Séleucides attirèrent dans la capitale de la Syrie, celle des juifs était une des plus nombreuses [2]; elle datait de Séleucus Nicator et possédait les mêmes droits que les Grecs [3]. Bien que les juifs eussent un ethnarque particulier, leurs rapports avec les païens étaient très-fréquents. Ici, comme à Alexandrie, ces rapports dégénéraient souvent en

1. Le lac *Ak-Deniz*, qui forme de ce côté la limite actuelle du territoire d'Antakieh, n'existait pas, à ce qu'il semble, dans l'antiquité. V. Ritter, *Erdkunde*, XVII, p. 1449, 1613 et suiv.

2. Josèphe, *Ant.*, XII, III, 1; XIV, XII, 6; *B. J.*, II, XVIII, 5; VII, III, 2-4.

3. Josèphe, *Contre Apion*, II, 4; *B. J.*, VII, III, 3-4; v, 2.

rixes et en agressions [1]. D'un autre côté, ils donnaient lieu à une active propagande religieuse. Le polythéisme officiel devenant de plus en plus insuffisant pour les âmes sérieuses, la philosophie grecque et le judaïsme attiraient tous ceux que les vaines pompes du paganisme ne satisfaisaient pas. Le nombre des prosélytes était considérable. Dès les premiers jours du christianisme, Antioche avait fourni à l'Église de Jérusalem un de ses hommes les plus influents, Nicolas, l'un des diacres [2]. Il y avait là d'excellents germes qui n'attendaient qu'un rayon de la grâce pour éclore et pour porter les plus beaux fruits qu'on eût encore vus.

L'Église d'Antioche dut sa fondation à quelques croyants originaires de Chypre et de Cyrène, qui avaient déjà beaucoup prêché [3]. Jusque-là, ils ne s'étaient adressés qu'aux juifs. Mais, dans une ville où les juifs purs, les juifs prosélytes, les « gens craignant Dieu » ou païens à demi juifs, les purs païens, vivaient ensemble [4], de petites prédications bornées à un groupe de maisons devenaient impossibles. Le sentiment d'aristocratie religieuse qui remplis-

---

1. Malala, p. 244-245.; Jos., *B. J.*, VII, v, 2.
2. *Act.*, VI, 5.
3. *Ibid.*, XI, 19 et suiv.
4. Comparez Jos., *B. J.*, II, XVIII, 2.

sait d'orgueil les Juifs de Jérusalem n'existait pas dans ces grandes villes d'une civilisation toute profane, où l'horizon était plus étendu et où les préjugés étaient moins enracinés. Les missionnaires chypriotes et cyrénéens furent donc amenés à se départir de leur règle. Ils prêchèrent indifféremment aux Juifs et aux Grecs [1].

Les dispositions réciproques de la population juive et de la population païenne paraissent, à ce moment, avoir été fort mauvaises [2]. Mais des circonstances d'un autre ordre servirent peut-être les idées nouvelles. Le tremblement de terre qui avait gravement endommagé la cité le 23 mars de l'an 37 occupait encore les esprits. Toute la ville ne parlait que d'un charlatan nommé Debborius, qui prétendait empêcher le retour de tels accidents par des talismans ridicules [3]. Cela tenait les esprits tendus vers les choses surnaturelles. Quoi qu'il en soit, le succès de la prédication chrétienne fut très-grand. Une jeune Église ardente, novatrice, pleine d'avenir,

1. *Act.*, xi, 20-21. La bonne leçon est Ἕλληνας. Ἑλληνιστάς est venu d'un faux rapprochement avec ix, 29.

2. Malala, p. 245. Le récit de Malala ne peut, du reste, être exact. Josèphe ne dit pas mot de l'invasion dont parle le chronographe.

3. *Ibid.*, p. 243, 265-266. Comparez *Comptes rendus de l'Acad. des Inscr. et B.-L.*, séance du 17 août 1865.

parce qu'elle était composée des éléments les plus divers, fut fondée en peu de temps. Tous les dons du Saint-Esprit s'y répandirent, et il était dès lors facile de prévoir que cette Église nouvelle, libre du mosaïsme étroit qui traçait un cercle infranchissable autour de Jérusalem, serait le second berceau du christianisme. Certes Jérusalem restera à jamais la capitale religieuse du monde. Cependant le point de départ de l'Église des gentils, le foyer primordial des missions chrétiennes fut vraiment Antioche. C'est là que pour la première fois se constitua une Église chrétienne dégagée de liens avec le judaïsme; c'est là que s'établit la grande propagande de l'âge apostolique; c'est là que se forma définitivement saint Paul. Antioche marque la seconde étape des progrès du christianisme. En fait de noblesse chrétienne, ni Rome, ni Alexandrie, ni Constantinople ne sauraient lui être comparées.

La topographie de la vieille Antioche est si effacée qu'on chercherait vainement sur ce sol, presque vide de traces antiques, le point où il faut rattacher tant de grands souvenirs. Ici, comme partout, le christianisme dut s'établir dans les quartiers pauvres, parmi les gens de petits métiers. La basilique qu'on appelait « Ancienne » et « Apostolique [1] » au IV° siècle,

---

[1]. S. Athanase, *Tomus ad Antioch.* (Opp. t. I, p. 771, édit. Mont-

était située dans la rue dite de Singon, près du Panthéon[1]. Mais on ne sait où était ce Panthéon. La tradition et certaines vagues analogies inviteraient à chercher le quartier chrétien primitif du côté de la porte qui garde encore aujourd'hui le nom de Paul, *Bâb Bolos*[2], et au pied de la montagne nommée par Procope *Stavrin*, qui porte le côté sud-est des remparts d'Antioche[3]. C'était une des parties de la ville les moins riches en monuments païens. On y voit encore les restes d'anciens sanctuaires dédiés à saint Pierre, à saint Paul, à saint Jean. Là paraît avoir été le quartier où le christianisme s'est le plus longtemps maintenu, après la conquête musulmane. Là fut aussi, ce semble, le quartier des « saints » par opposition à la profane Antioche. Le rocher y est percé, comme une ruche, de grottes qui paraissent avoir

---

faucon); S. Jean Chrysost., *Ad pop. Ant.* homil. ι et ιι, init. (t. II, p. 1 et 20); *In Inscr. Act.*, ιι, init. (t. III, 60); *Chron. Pasch.*, p. 296 (Paris); Théodoret, *Hist. eccl.*, II, 27; III, 2, 8, 9. Le rapprochement de ces passages ne permet pas de rendre ἐν τῇ καλουμένῃ Παλαιᾷ par « dans ce qu'on appelait l'ancienne ville », ainsi que les éditeurs l'ont fait quelquefois.

1. Malala, p. 242.

2. Pococke, *Descript. of the East*, vol. II, part. ι, p. 192 (Londres, 1745); Chesney, *Expedition for the survey of the rivers Euphr. and Tigris*, I, 425 et suiv.

3. C'est-à-dire à l'opposite de la partie de la ville ancienne qui est encore habitée.

servi à des anachorètes. Quand on chemine sur ces pentes escarpées, où, vers le IVe siècle, de bons stylites, disciples à la fois de l'Inde et de la Galilée, de Jésus et de Çakya-Mouni, prenaient en dédain la ville voluptueuse du haut de leur pilier ou de leur caverne fleurie [1], il est probable qu'on n'est pas bien loin des endroits où demeurèrent Pierre et Paul. L'Église d'Antioche est celle dont l'histoire se suit le mieux et renferme le moins de fables. La tradition chrétienne, dans une ville où le christianisme eut une si vigoureuse continuité, peut avoir de la valeur.

La langue dominante de l'Église d'Antioche était le grec. Il est bien probable cependant que les faubourgs parlant syriaque donnèrent à la secte de nombreux adeptes. Déjà, par conséquent, Antioche renfermait le germe de deux Églises rivales et plus tard ennemies, l'une parlant grec, représentée maintenant par les grecs de Syrie, soit orthodoxes, soit catholiques; l'autre dont les représentants actuels sont les Maronites, ayant parlé autrefois le syriaque et le conservant encore comme langue sacrée. Les Maronites, qui, sous leur catholicisme tout moderne, cachent une haute ancienneté, sont pro-

---

[1]. Voir ci-dessous, p. 233, note 2.

bablement les derniers descendants de ces Syriens antérieurs à Séleucus, de ces faubouriens ou *pagani* de Ghisira, Charandama, etc.[1], qui firent dès les premiers siècles Église à part, furent persécutés par les empereurs orthodoxes comme hérétiques, et s'enfuirent dans le Liban[2], où, en haine de l'Église grecque et par suite d'affinités plus profondes, ils firent alliance avec les latins.

Quant aux Juifs convertis d'Antioche, ils furent aussi très-nombreux[3]. Mais on doit croire qu'ils acceptèrent tout d'abord la fraternité avec les gentils[4]. C'est sur les bords de l'Oronte que la fusion religieuse des races, rêvée par Jésus, disons mieux, par six siècles de prophètes, devint une réalité.

---

1. Le type des Maronites se retrouve d'une manière frappante dans toute la région d'Antakieh, de Soueidieh et de Beylan.
2. F. Naironi, *Evoplia fidei cathol.* (Romæ, 1694), p. 58 et suiv., et l'ouvrage de S. Ém. Paul-Pierre Masad, patriarche actuel des Maronites, intitulé *Kitâb ed-durr el-manzoum* (en arabe, imprimé au couvent de Tamisch dans le Kesrouan, 1863).
3. *Act.*, xi, 19-20 ; xiii, 1.
4. *Gal.*, ii, 14 et suiv. le suppose.

CHAPITRE XIII.

IDÉE D'UN APOSTOLAT DES GENTILS.
SAINT BARNABÉ.

Quand on apprit à Jérusalem ce qui s'était passé à Antioche, l'émotion fut grande [1]. Malgré la bonne volonté de quelques-uns des principaux membres de l'Église de Jérusalem, en particulier de Pierre, le collége apostolique continuait d'être assiégé des idées les plus mesquines. Chaque fois qu'on apprenait que la bonne nouvelle avait été annoncée à des païens, il se produisait, de la part de quelques anciens, des signes de mécontentement. L'homme qui cette fois triompha de cette misérable jalousie et qui empêcha les maximes exclusives des « hébreux » de ruiner l'avenir du christianisme, fut Barnabé. Barnabé était l'esprit le plus éclairé de l'Église de Jérusalem. Il était le chef du parti libéral, qui voulait le progrès

1. *Act.*, XI, 22 et suiv.

et l'Église ouverte à tous. Déjà il avait puissamment contribué à lever les défiances qui s'étaient élevées contre Paul. Cette fois, il exerça encore une grande influence. Envoyé comme délégué du corps apostolique à Antioche, il vit et approuva tout ce qui s'était fait ; il déclara que l'Église nouvelle n'avait qu'à continuer dans la voie où elle était entrée. Les conversions continuaient à se produire en grand nombre [1]. La force vivante et créatrice du christianisme semblait s'être concentrée à Antioche. Barnabé, dont le zèle voulait toujours être au point où l'action était la plus vive, y resta. Antioche sera désormais son Église ; c'est de là qu'il va exercer le ministère le plus fécond. Le christianisme a été injuste envers ce grand homme, en ne le plaçant pas en première ligne parmi ses fondateurs. Toutes les idées larges et bonnes eurent Barnabé pour patron. L'intelligente hardiesse de Barnabé fut le contre-poids à ce qu'aurait eu de funeste l'entêtement de ces Juifs bornés qui formaient le parti conservateur de Jérusalem.

Une magnifique idée germa à Antioche dans ce grand cœur. Paul était à Tarse dans un repos qui, pour un homme aussi actif, devait être un supplice.

---

1. *Act.*, XI, 22-24.

Sa fausse position, sa roideur, ses prétentions exagérées annulaient une partie de ses qualités. Il se rongeait lui-même, et restait presque inutile. Barnabé sut appliquer à son œuvre véritable cette force qui se consumait en une solitude malsaine et dangereuse. Une seconde fois, il tendit la main à Paul, et amena ce caractère sauvage à la société de frères qu'il voulait fuir. Il alla lui-même à Tarse, le chercha, l'amena à Antioche [1]. Voilà ce que les vieux obstinés de Jérusalem n'auraient jamais su faire. Gagner cette grande âme rétractile, susceptible; se plier aux faiblesses, aux humeurs d'un homme plein de feu, mais très-personnel ; se faire son inférieur, préparer le champ le plus favorable au déploiement de son activité en s'oubliant soi-même, c'est là certes le comble de ce qu'a jamais pu faire la vertu ; c'est là ce que Barnabé fit pour saint Paul. La plus grande partie de la gloire de ce dernier revient à l'homme modeste qui le devança en toutes choses, s'effaça devant lui, découvrit ce qu'il valait, le mit en lumière, empêcha plus d'une fois ses défauts de tout gâter et les idées étroites des autres de le jeter dans la révolte, prévint le tort irrémédiable que de mesquines personnalités auraient pu faire à l'œuvre de Dieu.

1. *Act.*, XI, 25.

Durant une année entière, Barnabé et Paul furent unis dans cette active collaboration [1]. Ce fut une des années les plus brillantes, et sans doute la plus heureuse de la vie de Paul. La féconde originalité de ces deux grands hommes éleva l'Église d'Antioche à une hauteur qu'aucune Église n'avait atteinte jusque-là. La capitale de la Syrie était un des points du monde où il y avait le plus d'éveil. Les questions religieuses et sociales, à l'époque romaine comme de notre temps, se faisaient jour principalement dans les grandes agglomérations d'hommes. Une sorte de réaction contre l'immoralité générale, qui plus tard fera d'Antioche la patrie des stylites et des solitaires [2], était déjà sensible. La bonne doctrine trouvait ainsi dans cette ville les meilleures conditions de succès qu'elle eût encore rencontrées.

Une circonstance capitale prouve, du reste, que la secte eut pour la première fois à Antioche pleine conscience d'elle-même. Ce fut dans cette ville qu'elle reçut un nom distinct. Jusque-là, les adhérents s'étaient appelés entre eux « les croyants »,

---

1. *Act.*, XI, 26.

2. Libanius, *Pro templis*, p. 164 et suiv.; *De carcere vinctis*, p. 458; Théodoret, *Hist. eccl.*, IV, 28; Jean Chrysost., Homil. LXXII *in Matth.*, 3 (t. VII, p. 705); *In Epist. ad Ephes.* hom. VI, 4 (t. XI, p. 44); *In I Tim.* hom. XIV, 3 et suiv. (*ibid.* p. 628 et suiv.); Nicéphore, XII, 44; Glycas, p. 257 (éd. Paris).

« les fidèles », « les saints », « les frères », « les disciples » ; mais il n'y avait pas de nom officiel et public pour les désigner. C'est à Antioche que le nom de *christianus* fut formé [1]. La terminaison en est latine, et non grecque, ce qui semble indiquer qu'il fut créé par l'autorité romaine, comme appellation de police [2], de même que *herodiani*, *pompeiani*, *cæsariani* [3]. Il est certain, en tout cas, qu'un tel nom fut formé par la population païenne. Il renfermait un malentendu; car il supposait que *Christus*, traduction de l'hébreu *Maschiah* (le Messie), était un nom propre [4]. Plusieurs même de ceux qui étaient peu au courant des idées juives ou chrétiennes, devaient être amenés par ce nom à croire que *Christus* ou *Chrestus* était un chef de parti encore vivant [5].

---

1. *Act.*, xi, 26.

2. Les passages I Petri, iv, 16, et Jac., ii, 7, comparés à Suétone, *Néron*, 16, et à Tacite, *Ann.*, XV, 44, confirment cette idée. Voir aussi *Act.*, xxvi, 28.

3. Il est vrai qu'on trouve Ἀσιανοί (*Act.*, xx, 4; Philon, *Legatio*, 36; Strabon, etc). Mais il paraît que c'est là un latinisme, de même que Σαλδιανοί, et les noms des sectes, Σιμωνιανοί, Κηρινθιανοί, Σηθιανοί, etc. Le dérivé hellénique de χριστός eût été χρίστειος. Il ne sert de rien de dire que la terminaison *anus* est une forme dorique du grec ηνος; on n'avait nulle souvenance de cela au premier siècle.

4. Tacite (*loc. cit.*) le prend ainsi.

5. Suétone, *Claude*, 25. Nous discuterons ce passage dans notre livre suivant.

La prononciation vulgaire, en effet, était *chrestiani*[1].

Les Juifs, en tout cas, n'adoptèrent pas, au moins d'une façon suivie[2], le nom donné par les Romains à leurs coreligionnaires schismatiques. Ils continuèrent d'appeler les nouveaux sectaires « Nazaréens » ou « Nazoréens »[3], sans doute parce qu'ils avaient l'habitude d'appeler Jésus *Han-nasri* ou *Hannosri*, « le Nazaréen ». Ce nom a prévalu jusqu'à nos jours dans tout l'Orient[4].

C'est ici un moment très-important. L'heure où une création nouvelle reçoit son nom est solennelle;

---

1. *Corpus inscr. gr.*, nos 2883 *d*, 3857 *g*, 3857 *p*, 3865 *l*; Tertullien, *Apol.*, 3; Lactance, *Divin. Inst.*, IV, 7. Comp. la forme française *chrestien*.

2. Jac., II, 7, n'implique qu'un usage momentané et incertain.

3. *Act.*, XXIV, 5; Tertullien, *Adv. Marcionem*, IV, 8.

4. *Nesârâ*. Les noms de *meschihoïo* en syriaque, *mesihi* en arabe, sont relativement modernes, et calqués sur χριστιανός. Le nom de « Galiléens » est bien plus récent. Ce fut Julien qui le mit à la mode, et même le rendit officiel, en y attachant une nuance de raillerie et de mépris. Juliani *Epist.*, VII; Grégoire de Nazianze, *Orat.* IV (invect. I), 76; S. Cyrille d'Alex., *Contre Julien*, II, p. 39 (édit. Spanheim); *Philopatris*, dialogue attribué faussement à Lucien, et qui est en réalité du temps de Julien, § 12; Théodoret, *Hist. eccl.*, III, 4. Je pense que, dans Épictète (Arrien, *Dissert.*, IV, VII, 6) et dans Marc-Aurèle (*Pensées*, XI, 3), ce nom ne désigne pas les chrétiens, mais qu'il faut l'entendre des « sicaires » ou zélotes, disciples fanatiques de Juda le Galiléen ou le Gaulonite et de Jean de Gischala.

car le nom est le signe définitif de l'existence. C'est par le nom qu'un être individuel ou collectif devient lui-même et sort d'un autre. La formation du mot « chrétien » marque ainsi la date précise où l'Église de Jésus se sépara du judaïsme. Longtemps encore on confondra les deux religions; mais cette confusion n'aura lieu que dans les pays où la croissance du christianisme est, si j'ose le dire, arriérée. La secte, du reste, accepta vite l'appellation qu'on avait faite pour elle et la considéra comme un titre d'honneur[1]. Quand on songe que, dix ans après la mort de Jésus, sa religion a déjà un nom en langue grecque et en langue latine dans la capitale de la Syrie, on s'étonne des progrès accomplis en si peu de temps. Le christianisme est complétement détaché du sein de sa mère; la vraie pensée de Jésus a triomphé de l'indécision de ses premiers disciples; l'Église de Jérusalem est dépassée; l'araméen, la langue de Jésus, est inconnue à une partie de son école; le christianisme parle grec; il est lancé définitivement dans le grand tourbillon du monde grec et romain, d'où il ne sortira plus.

L'activité, la fièvre d'idées qui se produisait dans cette jeune Église dut être quelque chose d'extraordinaire. Les grandes manifestations « spirites » y

---

1. I Petri, IV, 16; Jac., II, 7.

étaient fréquentes[1]. Tous se croyaient inspirés, sur des modes divers. Les uns étaient « prophètes », les autres « docteurs »[2]. Barnabé, comme son nom l'indique[3], avait sans doute rang de prophète. Paul n'avait pas de titre spécial. On citait encore, parmi les notables de l'Église d'Antioche, Siméon surnommé *Niger*, Lucius de Cyrène, Menahem, qui avait été frère de lait d'Hérode Antipas, et qui par conséquent devait être assez âgé[4]. Tous ces personnages étaient juifs. Parmi les païens convertis était peut-être déjà cet Evhode qui paraît, à une certaine époque, avoir tenu le premier rang dans l'Église d'Antioche[5]. Sans doute, les païens qui répondirent à la première prédication eurent d'abord quelque infériorité; ils devaient peu briller dans les exercices publics de glossolalie, de prédication, de prophétie.

Paul, au milieu de cette société entraînante, se laissa aller au courant. Plus tard, il se montra contraire à la glossolalie[6], et il est probable que jamais il ne la pratiqua. Mais il eut beaucoup de visions et

---

1. *Act.*, XIII, 2.
2. *Ibid.*, XIII, 1.
3. Voir ci-dessus, p. 105-106.
4. *Act.*, XIII, 1.
5. Eusèbe, *Chron.*, à l'année 43; *Hist. eccl.*, III, 22; Ignatii *Epist. ad Antioch.* (apocr.), 7.
6. I Cor., XIV entier.

de révélations immédiates[1]. C'est apparemment à Antioche[2] qu'il eut cette grande extase qu'il raconte en ces termes : « Je connais un homme en Christ, qui, il y a quatorze ans (la chose se passait-elle corporellement ou en dehors du corps? je l'ignore, Dieu le sait), fut ravi jusqu'au troisième ciel[3]. Et je sais que cet homme (Dieu pourrait dire si ce fut en corps ou sans corps) a été ravi dans le paradis[4], où il a entendu des paroles ineffables, qu'il n'est pas permis à un mortel de dire[5]. » En général, sobre et pratique, Paul partageait cependant les idées de son temps sur le surnaturel. Il croyait faire des miracles[6], comme tout le monde ; il était impossible que les dons du Saint-Esprit, qui passaient pour être de droit commun dans l'Église[7], lui fussent refusés.

1. II Cor., xii, 1-5.
2. Il place en effet cette vision quatorze ans avant l'année où il écrivait la deuxième aux Corinthiens, laquelle est de l'an 57 à peu près. Il n'est pas impossible cependant qu'il fût encore à Tarse.
3. Pour les idées juives sur les cieux superposés, voir *Testam. des 12 patr.*, Levi, 3 ; *Ascension d'Isaïe*, vi, 13 ; vii, 8 et toute la suite du livre ; Talm. de Babyl., *Chagiga*, 12 *b* ; Midraschim, *Bereschith rabba*, sect. xix, fol. 19 *c* ; *Schemoth rabba*, sect. xv, fol. 115 *d* ; *Bammidbar rabba*, sect. xiii, fol. 218 *a* ; *Debarim rabba*, sect. ii, fol. 253 *a* ; *Schir hasschirim rabba*, fol. 24 *d*.
4. Comparez Talmud de Babyl., *Chagiga*, 14 *b*.
5. Comparez *Ascension d'Isaïe*, vi, 15 ; vii, 3 et suiv.
6. II Cor., xii, 12 ; Rom., xv, 19.
7. I Cor., xii entier.

Mais des esprits possédés d'une flamme si vive ne pouvaient s'en tenir à ces chimères d'une exubérante piété. On se tourna vite vers l'action. L'idée de grandes missions destinées à convertir les païens, en commençant par l'Asie Mineure, s'empara de toutes les têtes. Une pareille idée, fût-elle née à Jérusalem, n'aurait pu s'y réaliser. L'Église de Jérusalem était dénuée de ressources pécuniaires. Un grand établissement de propagande exige une certaine mise de fonds. Or, toute la caisse commune de Jérusalem allait à nourrir les bons pauvres, et parfois n'y suffisait pas. De toutes les parties du monde, il fallait envoyer des secours pour que ces nobles mendiants ne mourussent pas de faim[1]. Le communisme avait créé à Jérusalem une misère irrémédiable et une complète incapacité pour les grandes entreprises. L'Église d'Antioche était exempte d'un tel fléau. Les Juifs, dans ces villes profanes, étaient arrivés à l'aisance, parfois à de grandes fortunes[2]; les fidèles entraient dans l'Église avec un avoir assez considérable. Ce fut Antioche qui fournit les capitaux de la fondation du christianisme. On conçoit la totale différence de mœurs et d'esprit que cette circonstance à elle seule dut établir

---

1. *Act.*, xi, 29; xxiv, 17; Gal., ii, 10; Rom., xv, 26; I Cor., xvi, 1; II Cor., viii, 4, 14; ix, 1, 12.

2. Jos., *Ant.*, XVIII, vi, 3, 4; XX, v, 2.

entre les deux Églises. Jérusalem resta la ville des pauvres de Dieu, des *ebionim*, des bons rêveurs galiléens, ivres et comme étourdis des promesses du royaume des cieux [1]. Antioche, presque étrangère à la parole de Jésus, qu'elle n'avait pas entendue, fut l'Église de l'action, du progrès. Antioche fut la ville de Paul ; Jérusalem, la ville du vieux collége apostolique, enseveli dans ses songes, impuissant en face des problèmes nouveaux qui s'ouvraient, mais ébloui de son incomparable privilége, et riche de ses inappréciables souvenirs.

Une circonstance justement mit bientôt tous ces traits en lumière. L'imprévoyance était telle dans cette pauvre Église famélique de Jérusalem, que le moindre accident mettait la communauté aux abois. Or, dans un pays où l'organisation économique était nulle, où le commerce avait peu de développement et où les sources du bien-être étaient médiocres, les famines ne pouvaient manquer d'arriver. Il y en eut une terrible la quatrième année du règne de Claude, l'an 44 [2]. Quand les symptômes s'en firent sen-

---

1. Jac., II, 5 et suiv.
2. *Act.*, XI, 28 ; Jos., *Ant.*, XX, II, 6 ; V, 2 ; Eusèbe, *Hist. eccl.*, II, 8 et 12. Comp. *Act.*, XII, 20 ; Tac. *Ann.*, XII, 43 ; Suétone, *Claude*, 18 ; Dion Cassius, LX, 11. Aurélius Victor, *Cæs.*, 4 ; Eusèbe, *Chron.*, années 43 et suiv. Le règne de Claude fut affligé presque chaque année par des famines partielles de l'Empire.

tir, les anciens de Jérusalem eurent l'idée de recourir aux frères des Églises plus riches de Syrie. Une ambassade de prophètes hiérosolymites vint à Antioche¹. L'un d'eux, nommé Agab, qui passait pour avoir un haut degré de clairvoyance, se vit tout à coup saisi de l'Esprit, et annonça le fléau qui allait sévir. Les fidèles d'Antioche furent fort touchés des maux qui menaçaient la mère Église, dont ils se regardaient encore comme tributaires. Ils firent une collecte, à laquelle chacun contribua selon son pouvoir. Barnabé fut chargé d'aller en porter le produit aux frères de Judée². Jérusalem restera encore longtemps la capitale du christianisme. Les choses uniques y sont centralisées ; il n'y a d'apôtres que là ³. Mais un grand pas est fait. Durant plusieurs années, il n'y a eu qu'une Église complètement organisée, celle de Jérusalem, centre absolu de la foi, d'où toute vie émane, où toute vie reflue. Il n'en est plus ainsi maintenant. Antioche est une

1. *Act.*, XI, 27 et suiv.
2. Le livre des *Actes* (XI, 30 ; XII, 25) met Paul de ce voyage. Mais Paul déclare qu'entre son premier séjour de deux semaines et son voyage pour l'affaire de la circoncision, il n'alla pas à Jérusalem (Gal., II, 1, en tenant compte de l'argumentation générale de Paul à cet endroit). Voir ci-dessus, Introd., p. XXXII-XXXIII.
3. Gal., I, 17-19.

Église parfaite. Elle a toute la hiérarchie des dons du Saint-Esprit. Les missions partent de là[1] et y reviennent[2]. C'est une seconde capitale, ou, pour mieux dire, un second cœur, qui a son action propre, et dont la force s'exerce dans toutes les directions.

Il est même facile de prévoir dès à présent que la seconde capitale l'emportera bientôt sur la première. La décadence de l'Église de Jérusalem, en effet, fut rapide. C'est le propre des institutions fondées sur le communisme d'avoir un premier moment brillant, car le communisme suppose toujours une grande exaltation, mais de dégénérer très-vite, le communisme étant contraire à la nature humaine. Dans ses accès de vertu, l'homme croit pouvoir se passer entièrement de l'égoïsme et de l'intérêt propre; l'égoïsme prend sa revanche en prouvant que l'absolu désintéressement engendre des maux plus graves que ceux qu'on avait cru éviter par la suppression de la propriété.

1. *Act.*, xiii, 3; xv, 36; xviii, 23.
2. *Ibid.*, xiv, 25; xviii, 22.

CHAPITRE XIV.

PERSÉCUTION D'HÉRODE AGRIPPA Iᵉʳ.

Barnabé trouva l'Église de Jérusalem dans un grand trouble. L'année 44 fut très-orageuse pour elle. Outre la famine, elle vit se rallumer le feu de la persécution, qui s'était ralenti depuis la mort d'Étienne.

Hérode Agrippa, petit-fils d'Hérode le Grand, avait réussi, depuis l'année 41, à recomposer la royauté de son aïeul. Grâce à la faveur de Caligula, il était parvenu à réunir sous sa domination la Batanée, la Trachonitide, une partie du Hauran, l'Abilène, la Galilée, la Pérée[1]. Le rôle ignoble qu'il joua dans la tragi-comédie qui porta Claude à l'empire[2], acheva sa fortune. Ce vil Oriental, en récom-

---

1. Les inscriptions de ces contrées confirment pleinement les indications de Josèphe. (*Comptes rendus de l'Acad. des Inscr. et B.-L.*, 1865, p. 106-109).
2. Josèphe, *Ant.*, XIX, IV; *B. J.*, II, XI.

pense des leçons de bassesse et de perfidie qu'il avait données à Rome, obtint pour lui la Samarie et la Judée, et pour son frère Hérode la petite royauté de Chalcis [1]. Il avait laissé à Rome les plus mauvais souvenirs, et on attribuait en partie à ses conseils les cruautés de Caligula [2]. Son armée et les villes païennes de Sébaste, de Césarée, qu'il sacrifiait à Jérusalem, ne l'aimaient pas [3]. Mais les Juifs le trouvaient généreux, magnifique, sympathique à leurs maux. Il cherchait à se rendre populaire auprès d'eux, et affectait une politique toute différente de celle d'Hérode le Grand. Ce dernier vivait bien plus en vue du monde grec et romain qu'en vue des Juifs. Hérode Agrippa, au contraire, aimait Jérusalem, observait rigoureusement la religion juive, affectait le scrupule, et ne laissait jamais passer un jour sans faire ses dévotions [4]. Il allait jusqu'à recevoir avec douceur les avis des rigoristes, et se donnait la peine de se justifier de leurs reproches [5]. Il fit remise aux Hiérosolymites du tribut que chaque

1. Jos., *Ant.*, XIX, v, 1; vi, 1; *B. J.*, II, xi, 5; Dion Cassius, LX, 8.
2. Dion Cassius, LIX, 24.
3. Jos., *Ant.*, XIX, ix, 1.
4. *Ibid.*, XIX, vi, 1, 3; vii, 3, 4; viii, 2; ix, 1.
5. *Ibid.*, XIX, vii, 4.

maison lui devait[1]. Les orthodoxes, en un mot, eurent en lui un roi selon leur cœur.

Il était inévitable qu'un prince de ce caractère persécutât les chrétiens. Sincère ou non, Hérode Agrippa était un souverain juif dans toute la force du terme[2]. La maison d'Hérode, en s'affaiblissant, tournait à la dévotion. Ce n'était plus cette large pensée profane du fondateur de la dynastie, aspirant à faire vivre ensemble et sous l'empire commun de la civilisation les cultes les plus divers. Quand Hérode Agrippa devenu roi mit pour la première fois le pied à Alexandrie, ce fut comme roi des Juifs qu'on l'accueillit; ce fut ce titre qui irrita la population et donna lieu à des bouffonneries sans fin[3]. Or, que pouvait être un roi des Juifs, si ce n'est le gardien de la Loi et des traditions, un souverain théocrate et persécuteur? Depuis Hérode le Grand, sous lequel le fanatisme fut tout à fait comprimé, jusqu'à l'explosion de la guerre qui amena la ruine de Jérusalem, il y eut ainsi une progression toujours croissante d'ardeur religieuse. La mort de Caligula (24 janvier 41) avait produit une réaction favorable aux Juifs. Claude fut en général bienveillant pour eux[4],

1. Jos., *Ant.*, XIX, vi, 3.
2. Juvénal, Sat. vi, 158-159; Perse, Sat. v, 180.
3. Philon, *In Flaccum*, § 5 et suiv.
4. Jos., *Ant.*, XIX, v, 2 et la suite; XX. vi, 3; *B. J.*, II, xii, 7.

par l'effet du crédit qu'avaient sur lui Hérode Agrippa et Hérode, roi de Chalcis. Non-seulement il donna raison aux juifs d'Alexandrie dans leurs querelles avec les habitants, et leur octroya le droit de se choisir un ethnarque; mais il publia, dit-on, un édit par lequel il accordait aux juifs, dans toute l'étendue de l'Empire, ce qu'il avait accordé à ceux d'Alexandrie, c'est-à-dire la liberté de vivre selon leurs lois, à la seule condition de ne pas outrager les autres cultes. Quelques essais de vexations analogues à celles qui s'étaient produites sous Caligula, furent réprimés [1]. Jérusalem s'agrandit beaucoup; le quartier de Bézétha s'ajouta à la ville [2]. L'autorité romaine se faisait à peine sentir, bien que Vibius Marsus, homme prudent, mûri par les grandes charges, et d'un esprit très-cultivé [3], qui avait succédé à Publius Pétronius dans la fonction de légat impérial de Syrie, fît de temps en temps remarquer à Rome le danger de ces royautés à demi indépendantes d'Orient [4].

Les mesures restrictives qu'il prit contre les juifs de Rome (*Act.*, XVIII, 2; Suétone, *Claude*, 25; Dion Cassius, LX, 6) tenaient à des circonstances locales.

1. Jos., *Ant.*, XIX, vi, 3.
2. Jos., *Ant.*, XIX, vii, 2; *B. J.*, II, xi, 6; V, iv, 2; Tacite, *Hist.*, V, 12.
3. Tacite, *Ann.*, VI, 47.
4. Jos., *Ant.*, XIX, vii, 2; viii, 1; XX, i, 1.

L'espèce de féodalité qui, depuis la mort de Tibère, tendait à s'établir en Syrie et dans les contrées voisines [1], était, en effet, un arrêt dans la politique impériale, et n'avait guère que de mauvais résultats. Les « rois » venant à Rome étaient des personnages, et y exerçaient une détestable influence. La corruption et l'abaissement du peuple, surtout sous Caligula, vinrent en grande partie du spectacle que donnaient ces misérables, qu'on voyait successivement traîner leur pourpre au théâtre, au palais du césar, dans les prisons [2]. En ce qui concerne les Juifs, nous avons vu [3] que l'autonomie signifiait l'intolérance. Le souverain pontificat ne sortait par instants de la famille de Hanan que pour entrer dans celle de Boëthus, non moins altière et cruelle. Un souverain jaloux de plaire aux Juifs ne pouvait manquer de leur accorder ce qu'ils aimaient le mieux, c'est-à-dire des sévérités contre tout ce qui s'écartait de la rigoureuse orthodoxie [4].

Hérode Agrippa, en effet, devint sur la fin de son

1. Jos., *Ant.*, XIX, VIII, 1.
2. Suétone, *Caius,* 22, 26, 35; Dion Cassius, LIX, 24; LX, 8; Tacite, *Ann.*, XI, 8. Comme type de ce rôle des petits rois d'Orient, étudier la carrière d'Hérode Agrippa Ier dans Josèphe (*Ant.*, XVIII et XIX). Comp. Horace, *Sat.*, I, VII.
3. Ci-dessus, p. 143-144, 174-175, 191-192.
4. *Act*, XII, 3.

règne un violent persécuteur[1]. Quelque temps avant la Pâque de l'an 44, il fit trancher la tête à l'un des principaux membres du collége apostolique, Jacques, fils de Zébédée, frère de Jean. L'affaire ne fut pas présentée comme religieuse; il n'y eut pas de procès inquisitorial devant le sanhédrin; la sentence fut prononcée en vertu du pouvoir arbitraire du souverain, comme cela eut lieu pour Jean-Baptiste[2]. Encouragé par le bon effet que cette exécution produisit sur les Juifs[3], Hérode Agrippa ne voulut pas s'arrêter en une veine si facile de popularité. On était aux premiers jours de la fête de Pâque, époque ordinaire de redoublement du fanatisme. Agrippa ordonna d'enfermer Pierre dans la tour Antonia. Il voulait le faire juger et mettre à mort avec grand appareil, devant la masse de peuple alors assemblé.

Une circonstance que nous ignorons, et qui fut tenue pour miraculeuse, ouvrit la prison de Pierre. Un soir que plusieurs des fidèles étaient assemblés dans la maison de Marie, mère de Jean-Marc, où Pierre demeurait d'habitude, on entendit tout à coup frapper à la porte. La servante, nommée Rhodé, alla écouter. Elle reconnut la voix de Pierre. Transportée

---

1. *Act.*, XII, 1 et suiv.
2. En effet, Jacques fut décapité et non lapidé.
3. *Act.*, XII, 3 et suiv.

de joie, au lieu d'ouvrir, elle rentre en courant et annonce que Pierre est là. On la traite de folle. Elle jure qu'elle dit vrai. « C'est son ange, » disent quelques-uns. On entend frapper à plusieurs reprises ; c'était bien lui. L'allégresse fut infinie. Pierre fit sur-le-champ annoncer sa délivrance à Jacques, frère du Seigneur, et aux autres fidèles. On crut que c'était l'ange de Dieu qui était entré dans la prison de l'apôtre, et avait fait tomber les chaînes et les verrous. Pierre racontait, en effet, que tout cela s'était passé pendant qu'il était dans une espèce d'extase ; qu'après avoir passé la première et la deuxième garde et franchi la porte de fer qui donnait sur la ville, l'ange l'accompagna encore l'espace d'une rue, puis le quitta; qu'alors il revint à lui et reconnut la main de Dieu, qui avait envoyé un messager céleste pour le délivrer [1].

Agrippa survécut peu à ces violences [2]. Dans le courant de l'année 44, il alla à Césarée pour célébrer des jeux en l'honneur de Claude. Le concours fut extraordinaire ; les gens de Tyr et de Sidon, qui avaient des difficultés avec lui, y vinrent pour lui

---

1. *Act.*, xii, 9-11. Le récit des *Actes* est tellement vif et juste, qu'il est difficile d'y trouver place pour une élaboration légendaire prolongée.

2. Jos., *Ant.*, XIX, viii, 2; *Act.*, xii, 18-23.

demander merci. Ces fêtes déplaisaient beaucoup aux Juifs, et parce qu'elles avaient lieu dans la ville impure de Césarée, et parce qu'elles se donnaient dans le théâtre. Déjà, une fois, le roi ayant quitté Jérusalem dans des circonstances semblables, un certain rabbi Siméon avait proposé de le déclarer étranger au judaïsme et de l'exclure du temple. Le roi avait poussé la condescendance jusqu'à placer le rabbi à côté de lui au théâtre, pour lui prouver qu'il ne s'y passait rien de contraire à la Loi[1]. Croyant avoir ainsi satisfait les rigoristes, Hérode Agrippa se laissa aller à son goût pour les pompes profanes. Le second jour de la fête, il entra de très-bon matin au théâtre, revêtu d'une tunique en étoffe d'argent, d'un éclat merveilleux. L'effet de cette tunique resplendissante aux rayons du soleil levant fut extraordinaire. Les Phéniciens qui entouraient le roi lui prodiguèrent des adulations empreintes de paganisme. « C'est un dieu, disaient-ils, et non un homme. » Le roi ne témoigna pas son indignation et ne blâma pas cette parole. Il mourut cinq jours après. Juifs et chrétiens crurent qu'il avait été frappé pour n'avoir pas repoussé avec horreur une flatterie blasphématoire. La tradition chrétienne voulut qu'il fût mort

---

1. Jos., Ant., XIX, vii, 4.

du châtiment réservé aux ennemis de Dieu, une maladie vermiculaire[1]. Les symptômes rapportés par Josèphe feraient croire plutôt à un empoisonnement, et ce qui est dit dans les *Actes* de la conduite équivoque des Phéniciens et du soin qu'ils prirent de gagner Blastus, valet de chambre du roi, fortifierait cette hypothèse.

La mort d'Hérode Agrippa Ier amena la fin de toute indépendance pour Jérusalem. La ville recommença d'être administrée par des procurateurs, et ce régime dura jusqu'à la grande révolte. Ce fut un bonheur pour le christianisme; car il est bien remarquable que cette religion qui devait soutenir, plus tard, une lutte si terrible contre l'empire romain, grandit à l'ombre du principe romain et sous sa protection. C'était Rome, ainsi que nous l'avons déjà plusieurs fois remarqué, qui empêchait le judaïsme de se livrer pleinement à ses instincts d'intolérance, et d'étouffer les développements libres qui se produisaient dans son sein. Toute diminution de l'autorité juive était un bienfait pour la secte naissante. Cuspius Fadus, le premier de cette nouvelle série de procurateurs, fut un autre Pilate, plein de fermeté ou du moins de bon vouloir. Mais Claude continuait de

---

[1]. *Act.*, xii, 23. Comp. II Macch., ix, 9; Jos., *B. J.*, I, xxxiii, 5; Talm. de Bab., *Sota*, 35 *a*.

se montrer favorable aux prétentions juives, surtout à l'instigation du jeune Hérode Agrippa, fils d'Hérode Agrippa Ier, qu'il avait près de lui, et qu'il aimait beaucoup[1]. Après la courte administration de Cuspius Fadus, on vit les fonctions de procurateur confiées à un Juif, à ce Tibère Alexandre, neveu de Philon, et fils de l'alabarque des Juifs d'Alexandrie, qui arriva à de hautes fonctions et joua un grand rôle dans les affaires politiques du siècle. Il est vrai que les Juifs ne l'aimaient pas et le regardaient, non sans raison, comme un apostat[2].

Pour couper court à ces disputes sans cesse renaissantes, on eut recours à un expédient conforme aux bons principes. On fit une sorte de séparation du spirituel et du temporel. Le pouvoir politique resta aux procurateurs; mais Hérode, roi de Chalcis, frère d'Agrippa Ier, fut nommé préfet du temple, gardien des habits pontificaux, trésorier de la caisse sacrée, et investi du droit de nommer les grands prêtres[3]. A sa mort (an 48), Hérode Agrippa II, fils d'Hérode Agrippa Ier, succéda à son oncle dans ces charges,

---

1. Jos., *Ant.*, XIX, vi, 1; XX, i, 1, 2.

2. Jos., *Ant.*, XX, v, 2; *B. J.*, II, xv, 1; xviii, 7 et suiv.; IV, x, 6; V, 1, 6; Tacite, *Ann.*, XV, 28; *Hist.*, I, 11; II, 79; Suétone, *Vesp.*, 6; *Corpus inscr. graec.*, n° 4957 (cf. *ibid.*, III, p. 311).

3. Jos., *Ant.*, XX, 1, 3.

qu'il garda jusqu'à la grande guerre. Claude, en tout ceci, se montrait plein de bonté. Les hauts fonctionnaires romains, en Syrie, bien qu'ils fussent moins portés que l'empereur aux concessions, usèrent aussi de beaucoup de modération. Le procurateur Ventidius Cumanus poussa la condescendance jusqu'à faire décapiter, au milieu des Juifs formant la haie, un soldat qui avait déchiré un exemplaire du Pentateuque [1]. Tout était inutile; Josèphe fait avec raison dater de l'administration de Cumanus les désordres qui ne finirent plus que par la destruction de Jérusalem.

Le christianisme ne jouait aucun rôle dans ces troubles [2]. Mais ces troubles étaient, comme le christianisme lui-même, un des symptômes de la fièvre extraordinaire qui dévorait le peuple juif, et du travail divin qui s'accomplissait en lui. Jamais la foi juive n'avait fait de tels progrès [3]. Le temple de Jérusalem était un des sanctuaires du monde dont la réputation s'étendait le plus loin, et où l'on faisait le plus d'offrandes [4]. Le judaïsme était devenu la

1. Jos. *Ant.*, XX, v. 4; *B. J.*, II, xii, 2.
2. Josèphe, qui expose l'histoire de ces agitations avec un soin si minutieux, n'y mêle jamais les chrétiens.
3. Jos., *Contre Apion,* II, 39; Dion Cassius, LXVI, 4.
4. Jos., *B. J.,* IV, iv, 3; V, xiii, 6; Suét., *Aug.,* 93; Strabon, XVI, ii, 34, 37; Tacite, *Hist.,* V, 5.

religion dominante de plusieurs parties de la Syrie. Les princes asmonéens y avaient converti violemment des populations entières (Iduméens, Ituréens, etc.) [1]. Il y avait beaucoup d'exemples de la circoncision ainsi imposée par la force [2]; l'ardeur pour faire des prosélytes était très-grande [3]. La maison d'Hérode elle-même servait puissamment la propagande juive. Pour épouser des princesses de cette famille, dont les richesses étaient immenses, les princes des petites dynasties, vassales des Romains, d'Émèse, de Pont et de Cilicie, se faisaient juifs [4]. L'Arabie, l'Éthiopie, comptaient aussi un grand nombre de convertis. Les familles royales de Mésène et d'Adiabène, tributaires des Parthes, étaient gagnées, surtout du côté des femmes [5]. Il était reçu qu'on trouvait le bonheur en connaissant et en pratiquant la Loi [6]. Même quand on ne se faisait pas circoncire, on modifiait plus ou moins sa religion dans le sens juif; une sorte de monothéisme devenait l'esprit général de la religion en Syrie. A Damas, ville qui n'était nullement d'origine israélite,

1. Jos., *Ant.*, XIII, ix, 1; xi, 3; xv, 4; XV, vii, 9.
2. Jos., *B. J.*, II, xvii, 10; *Vita*, 23.
3. Matth., xxiii, 13.
4. Jos., *Ant.*, XX, vii, 1, 3. Comp. XVI, vii, 6.
5. *Ibid.*, XX, ii, 4.
6. *Ibid.*, XX, ii, 5, 6; iv, 1.

presque toutes les femmes avaient adopté la religion juive [1]. Derrière le judaïsme pharisaïque, se formait ainsi une sorte de judaïsme libre, de moindre aloi, ne sachant pas tous les secrets de la secte [2], n'apportant que sa bonne volonté et son bon cœur, mais ayant bien plus d'avenir. La situation était, à quelques égards, celle du catholicisme de nos jours, où nous voyons, d'une part, des théologiens bornés et orgueilleux, qui seuls ne gagneraient pas plus d'âmes au catholicisme que les pharisiens n'en gagnèrent au judaïsme; de l'autre, de pieux laïques, mille fois hérétiques sans le savoir, mais pleins d'un zèle touchant, riches en bonnes œuvres et en poétiques sentiments, tout occupés à dissimuler ou à réparer par de complaisantes explications les fautes de leurs docteurs.

Un des exemples les plus extraordinaires de ce penchant qui entraînait vers le judaïsme les âmes religieuses, fut celui que donna la famille royale de l'Adiabène sur le Tigre [3]. Cette maison, persane d'origine et de mœurs [4], déjà en partie initiée à la culture grecque [5], se fit presque tout entière juive, et entra

1. Jos., *B. J.*, II, xx, 2.
2. Sénèque, fragm. dans S. Aug., *De civ. Dei*, VI, 11.
3. Jos., *Ant.*, XX, ii-iv.
4. Tacite, *Ann.*, XII, 13, 14. La plupart des noms de cette famille sont persans.
5. Le nom d' « Hélène » le prouve. Cependant il est remar-

même dans la haute dévotion ; car, comme nous l'avons dit, ces prosélytes étaient souvent plus pieux que les Juifs de naissance. Izate, chef de la famille, embrassa le judaïsme sur la prédication d'un marchand juif, nommé Ananie, qui, en entrant pour son petit commerce dans le sérail d'Abennérig, roi de Mésène, avait converti toutes les femmes et s'était constitué leur précepteur spirituel. Les femmes mirent Izate en rapport avec lui. Vers le même temps, Hélène, sa mère, se faisait instruire dans la vraie religion par un autre juif. Izate, dans son zèle de nouveau converti, voulait aussi se faire circoncire. Mais sa mère et Ananie l'en dissuadèrent vivement. Ananie lui prouva que l'observation des commandements de Dieu était plus importante que la circoncision, et qu'on pouvait être fort bon juif sans cette cérémonie. Une pareille tolérance était le fait d'un petit nombre d'esprits éclairés. Quelque temps après, un Juif de Galilée, nommé Éléazar, ayant trouvé le roi qui lisait le Pentateuque, lui montra, par les textes, qu'il ne pouvait pas observer la Loi sans être circoncis. Izate en fut persuadé, et se fit faire l'opération sur le champ [1].

---

quable que le grec ne figure pas sur l'inscription bilingue (syriaque et syro-chaldaïque) du tombeau d'une princesse de cette famille, découvert et rapporté à Paris par M. de Saulcy. Voir *Journal Asiatique*, décembre 1865.

1. Cf. *Bereschith rabba*, XLVI, 51 *d*.

La conversion d'Izate fut suivie de celle de son frère Monobaze et de presque toute la famille. Vers l'an 44, Hélène vint se fixer à Jérusalem, où elle fit bâtir pour la maison royale d'Adiabène un palais et un mausolée de famille, qui existe encore [1]. Elle se rendit fort chère aux Juifs par son affabilité et ses aumônes. C'était une grande édification de la voir, comme une pieuse juive, fréquenter le temple, consulter les docteurs, lire la Loi, l'enseigner à ses fils. Dans la peste de l'an 44, cette sainte personne fut la providence de la ville. Elle fit acheter une grande quantité de blé en Égypte, et de figues sèches à Chypre. Izate, de son côté, envoya des sommes considérables pour être distribuées aux pauvres. Les richesses de l'Adiabène se dépensaient en partie à Jérusalem. Les fils d'Izate vinrent y apprendre les usages et la langue des Juifs. Toute cette famille fut ainsi la ressource de ce peuple de mendiants. Elle avait pris dans la ville comme droit de cité; plusieurs de ses membres s'y trouvaient lors du siége de Titus [2]; d'autres figurent dans les écrits talmudiques, présen-

1. C'est, selon toutes les apparences, le monument connu aujourd'hui sous le nom de « tombeaux des rois ». Voir *Journal Asiatique,* endroit cité.
2. Jos., *B. J.,* II, xix, 2; VI, vi, 4.

tés comme des modèles de piété et de détachement [1].

C'est par là que la famille royale d'Adiabène appartient à l'histoire du christianisme. Sans être chrétienne, en effet, comme certaines traditions l'ont voulu [2], cette famille représenta sous différents égards les prémices des gentils. En embrassant le judaïsme, elle obéit au sentiment qui devait amener au christianisme le monde païen tout entier. Les vrais Israélites selon Dieu étaient bien plutôt ces étrangers, animés d'un sentiment religieux si profondément sincère, que le pharisien rogue et malveillant, pour lequel la religion n'était qu'un prétexte de haines et de dédains. Ces bons prosélytes, parce qu'ils étaient vraiment saints, n'étaient nullement fanatiques. Ils admettaient que la vraie religion pouvait se pratiquer sous l'empire des codes civils les plus divers. Ils séparaient complétement la religion de la politique. La distinction entre les sectaires séditieux qui devaient défendre Jérusalem avec rage, et les pacifiques dévots qui, au premier bruit de guerre, devaient fuir vers

---

[1]. Talm. de Jérus., *Peah*, 15 *b,* où l'on prête à l'un des Monobaze quelques maximes qui rappellent tout à fait l'Évangile (Matth., vi, 19 et suiv.); Talm. de Bab., *Baba Bathra,* 11 *a; Joma,* 37 *a; Nazir,* 19 *b; Schabbath,* 68 *b;* Sifra, 70 *a;* Bereschith rabba, xlvi, fol. 51 *d.*

[2]. Moïse de Khorène, II, 35; Orose, VII, 6.

les montagnes [1], se manifestait de plus en plus.

On voit, du moins, que la question des prosélytes se posait dans le judaïsme et le christianisme de la même manière. De part et d'autre, on sentait le besoin d'élargir la porte d'entrée. Pour ceux qui se plaçaient à ce point de vue, la circoncision était une pratique inutile ou nuisible; les observances mosaïques étaient un simple signe de race, n'ayant de valeur que pour les fils d'Abraham. Avant de devenir la religion universelle, le judaïsme était obligé de se réduire à une sorte de déisme, n'imposant que les devoirs de la religion naturelle. Il y avait là une sublime mission à remplir, et une partie du judaïsme, dans la première moitié du premier siècle, s'y prêta d'une manière fort intelligente. Par un côté, le judaïsme était un de ces innombrables cultes nationaux [2] qui remplissaient le monde, et dont la sainteté venait uniquement de ce que les ancêtres avaient adoré de la sorte; par un autre côté, le judaïsme était la religion absolue, faite pour tous, destinée à être adoptée de tous. L'épouvantable débordement de fanatisme qui prit le dessus en Judée, et qui amena la guerre d'extermination, coupa court à cet avenir.

---

1. Luc, xxi, 24.

2. Τὰ πάτρια ἔθη, expression si familière à Josèphe, quand il défend la position des Juifs dans le monde païen.

Ce fut le christianisme qui reprit pour son compte la tâche que la synagogue n'avait pas su accomplir. Laissant de côté les questions rituelles, le christianisme continua la propagande monothéiste du judaïsme. Ce qui avait fait le succès du judaïsme auprès des femmes de Damas, au sérail d'Abennérig, auprès d'Hélène, auprès de tant de prosélytes pieux, fit la force du christianisme dans le monde entier. En ce sens, la gloire du christianisme est vraiment confondue avec celle du judaïsme. Une génération de fanatiques priva ce dernier de sa récompense, et l'empêcha de recueillir la moisson qu'il avait préparée.

CHAPITRE XV.

MOUVEMENTS PARALLÈLES AU CHRISTIANISME OU IMITÉS DU CHRISTIANISME. SIMON DE GITTON.

Le christianisme maintenant est bien réellement fondé. Dans l'histoire des religions, il n'y a que les premières années qui soient difficiles à traverser. Une fois qu'une croyance a résisté aux dures épreuves qui accueillent toute fondation nouvelle, son avenir est assuré. Plus habiles que les autres sectaires du même temps, esséniens, baptistes, partisans de Judas le Gaulonite, qui ne sortirent pas du monde juif et périrent avec lui, les fondateurs du christianisme, avec une rare sûreté de vue, se jetèrent de très-bonne heure dans le vaste monde et s'y firent leur place. Le peu de mentions que nous trouvons des chrétiens dans Josèphe, dans le Talmud et dans les écrivains grecs et latins, ne doit pas nous surprendre. Josèphe nous est arrivé par des copistes chrétiens, qui ont supprimé tout ce qui était désagréable à leur croyance. On peut supposer qu'il parlait plus longuement de Jésus et des chrétiens qu'il ne le fait dans l'édition qui nous est parvenue. Le Talmud a également subi, au moyen âge et lors de sa première publication [1], beaucoup de retranchements et d'altérations, la censure chrétienne s'étant exercée sur le texte avec sévérité, et une foule de malheureux juifs ayant été brûlés pour s'être trouvés en possession d'un livre contenant des passages considérés comme blasphématoires. Il n'est pas étonnant que les écrivains grecs et latins se préoccupent peu d'un mouvement qu'ils ne pouvaient comprendre, et qui se passa dans un petit monde fermé pour eux. Le christianisme se perd à leurs yeux sur le fond obscur du judaïsme; c'était une querelle de famille au sein d'une nation abjecte; à quoi bon s'en occuper? Les deux ou trois passages où Tacite et Suétone parlent des chrétiens prouvent que, pour être d'ordinaire en dehors du cercle visuel de la grande publicité, la secte nouvelle était cependant un fait très-considérable, puisque, par une ou deux échappées, nous la voyons, à travers le nuage de l'inattention générale, se dessiner avec beaucoup de netteté.

Ce qui a contribué, du reste, à effacer un peu les

---

[1]. On sait qu'il ne reste aucun manuscrit du Talmud pour contrôler les éditions imprimées.

contours du christianisme dans l'histoire du monde juif au premier siècle de notre ère, c'est qu'il n'y est pas un fait isolé. Philon, à l'heure où nous sommes parvenus, avait terminé sa carrière, toute consacrée à l'amour du bien. La secte de Judas le Gaulonite durait toujours. L'agitateur avait eu pour continuateurs de sa pensée ses fils Jacques, Simon et Menahem. Jacques et Simon furent crucifiés par l'ordre du procurateur renégat Tibère Alexandre [1]. Quant à Menahem, il jouera dans la catastrophe finale de la nation un rôle important [2]. L'an 44, un enthousiaste, nommé Theudas [3], s'était élevé, annonçant la prochaine délivrance, invitant les foules à le suivre au désert, promettant, comme un autre Josué, de leur faire passer le Jourdain à pied sec ; ce passage était, selon lui, le vrai baptême qui devait initier chacun de ses fidèles au royaume de Dieu. Plus de quatre cents personnes le suivirent. Le procurateur Cuspius Fadus envoya contre lui de la cavalerie, dispersa sa troupe et le tua [4]. Quelques années auparavant, toute

---

1. Jos., *Ant.*, XX, v, 2.
2. Jos., *B. J.*, II, xvii, 8-10 ; *Vita*, 5.
3. Le rapprochement du christianisme avec les deux mouvements de Judas et de Theudas est fait par l'auteur des *Actes* lui-même (v, 36-37).
4. Jos., *Ant.*, XX, v, 1 ; *Act.*, v, 36. On remarquera l'anachronisme commis par l'auteur des *Actes*.

la Samarie s'était émue à la voix d'un illuminé, qui prétendait avoir eu la révélation de l'endroit du Garizim où Moïse avait caché les instruments sacrés du culte. Pilate avait comprimé ce mouvement avec une grande rigueur [1]. Quant à Jérusalem, la paix désormais est finie pour elle. A partir de l'arrivée du procurateur Ventidius Cumanus (an 48), les troubles n'y cessent plus. L'excitation était poussée à un tel point, que la vie y était devenue impossible; les circonstances les plus insignifiantes amenaient des explosions [2]. On sentait partout une fermentation étrange, une sorte de trouble mystérieux. Les imposteurs se multipliaient de toutes parts [3]. L'épouvantable fléau des zélotes (*kenaïm*) ou sicaires commençait à paraître. Des misérables, armés de poignards, se glissaient dans les foules, frappaient leurs victimes, et étaient ensuite les premiers à crier au meurtre. Il ne se passait pas de jour qu'on n'entendît parler de quelque assassinat de ce genre. Une terreur extraordinaire se répandit. Josèphe présente les crimes des zélotes comme de pures scélératesses [4]; mais il n'est pas douteux que le fana-

---

1. Jos., *Ant.*, XVIII, iv, 1-2.
2. Jos., *Ant.*, XX, v, 3-4; *B. J.*, II, xii, 1-2; Tacite, *Ann.*, XII, 54.
3. Jos., *Ant.*, XX, viii, 5.
4. Jos., *Ant.*, XX, viii, 5; *B. J.*, II, xiii, 3.

tisme ne s'en mêlât¹. C'était pour défendre la Loi que ces misérables s'armaient du poignard. Quiconque manquait devant eux à une des prescriptions légales, voyait son arrêt prononcé et aussitôt exécuté. Ils croyaient par là faire l'œuvre la plus méritoire et la plus agréable à Dieu.

Des rêveries analogues à celles de Theudas se renouvelaient de toutes parts. Des personnages, se prétendant inspirés, soulevaient le peuple et l'entraînaient avec eux au désert, sous prétexte de lui faire voir, par des signes manifestes, que Dieu allait le délivrer. L'autorité romaine exterminait par milliers les dupes de ces agitateurs ². Un juif d'Égypte qui vint à Jérusalem, vers l'an 56, eut l'art, par ses prestiges, d'attirer après lui trente mille personnes, entre lesquelles quatre mille sicaires. Du désert, il voulut les mener sur la montagne des Oliviers, pour voir de là, disait-il, tomber à sa seule parole les murailles de Jérusalem. Félix, qui était alors procurateur, marcha contre lui et dissipa sa bande. L'Égyptien se sauva, et ne parut plus depuis³. Mais, comme dans un corps malsain les maux se succèdent les uns aux autres, on vit bientôt après

---

1. Jos., *B. J.*, VII, viii, 1 ; Mischna, *Sanhédrin*, ix, 6.
2. Jos., *Ant.*, XX, viii, 6, 10 ; *B. J.*, II, xiii, 4.
3. Jos., *Ant.*, XX, viii, 6 ; *B. J.*, II, xiii, 5 ; *Act.*, xxi, 38.

diverses troupes mêlées de magiciens et de voleurs, qui portaient ouvertement le peuple à se révolter contre les Romains, menaçant de mort ceux qui continueraient à leur obéir. Sous ce prétexte, ils tuaient les riches, pillaient leurs biens, brûlaient les villages, et remplissaient toute la Judée des marques de leur fureur[1]. Une effroyable guerre s'annonçait. Un esprit de vertige régnait partout, et maintenait les imaginations dans un état voisin de la folie.

Il n'est pas impossible qu'il y ait eu chez Theudas une certaine arrière-pensée d'imitation à l'égard de Jésus et de Jean-Baptiste. Cette imitation, au moins, se trahit avec évidence dans Simon de Gitton, si les traditions chrétiennes sur ce personnage méritent quelque foi[2]. Nous l'avons déjà rencontré en rapport avec les apôtres, à propos de la première mission de Philippe à Samarie. C'est sous le règne de Claude qu'il parvint à la célébrité[3]. Ses miracles passaient pour constants, et tout le monde à Samarie le regardait comme un personnage surnaturel[4].

Ses miracles, toutefois, n'étaient pas l'unique fondement de sa réputation. Il y joignait, ce semble,

---

1. Jos., *Ant.*, XX, viii, 6 ; *B. J.*, II, xiii, 6.

2. Voir ci-dessus, p. 153, note.

3. Justin, *Apol. I*, 26, 56. Il est singulier que Josèphe, si bien au courant des choses samaritaines, ne parle pas de lui.

4. *Act.*, viii, 9 et suiv.

une doctrine, dont il nous est difficile de juger, l'ouvrage intitulé *la Grande Exposition*, qui lui est attribué et qui nous est arrivé par extraits, n'étant probablement qu'une expression fort modifiée de ses idées [1]. Simon, pendant son séjour à Alexandrie [2], paraît avoir puisé dans ses études de philosophie grecque un système de théosophie syncrétique et d'exégèse allégorique analogue à celui de Philon. Ce système a sa grandeur. Tantôt il rappelle la cabbale juive, tantôt les théories panthéistes de la philosophie indienne ; envisagé par certains côtés, il semblerait empreint de bouddhisme et de parsisme [3]. En tête de toutes choses est « Celui qui est, qui a été et qui sera [4] »,

1. On ne peut le tenir pour une composition totalement apocryphe, vu l'accord qui existe entre le système énoncé dans ce livre et le peu que nous apprennent les *Actes* de la doctrine de Simon sur les « puissances divines ».

2. Homil. pseudo-clem., II, 22, 24.

3. Justin, *Apol. I*, 26, 56; *II*, 15; *Dial. cum Tryphone*, 120; Irénée, *Adv. hær.*, I, XXIII, 2-5; XXVII, 4; II, præf.; III, præf.; Homiliæ pseudo-clementinæ, I, 15; II, 22, 25, etc.; *Recogn.*, I, 72; II, 7 et suiv.; III, 47; *Philosophumena*, IV, VII; VI, I; X, IV; Épiphane, *Adv. hær.*, hær. XXI; Origène, *Contra Celsum*, V, 62; VI, 11; Tertullien, *De anima*, 34; *Constit. apost.*, VI, 16; S. Jérôme, *In Matth.*, XXIV, 5; Théodoret, *Hæret. fab.*, I, 1. C'est dans les extraits textuels que donnent les *Philosophumena*, et non dans les travestissements des autres Pères de l'Église, qu'il faut prendre une idée de *la Grande Exposition*.

4. *Philosophum.*, IV, VII; VI, 1, 9, 12, 13, 17, 18. Comparez Apocalypse, I, 4, 8; IV, 8; XI, 17.

c'est-à-dire le *Jahveh* samaritain, entendu selon la force étymologique de son nom, l'Être éternel, unique, s'engendrant lui-même, s'augmentant lui-même, se cherchant lui-même, se trouvant lui-même, père, mère, sœur, époux, fils de lui-même [1]. Au sein de cet infini, tout existe éternellement en puissance; tout passe à l'acte et à la réalité par la conscience de l'homme, par la raison, le langage et la science [2]. Le monde s'explique soit par une hiérarchie de principes abstraits, analogues aux Æons du gnosticisme et à l'arbre séphirotique de la cabbale, soit par un système d'anges qui semble emprunté aux croyances de la Perse. Parfois, ces abstractions sont présentées comme des traductions de faits physiques et physiologiques. D'autres fois, les « puissances divines », considérées comme des substances séparées, se réalisent en des incarnations successives, soit féminines, soit masculines, dont le but est la délivrance des créatures engagées dans les liens de la matière. La première de ces « puissances » est celle qui s'appelle par excellence « la Grande », et qui est l'intelligence de ce monde, l'universelle Providence [3]. Elle est masculine. Simon

1. *Philosophum.*, VI, 1, 17.
2. *Ibid.*, VI, 1, 16.
3. *Act.*, VIII, 10; *Philosophum.*, VI, 1, 18; Homil. pseudo-clem., II, 22.

passait pour en être l'incarnation. A côté d'elle est sa syzygie féminine, « la Grande Pensée ». Habitué à revêtir ses théories d'un symbolisme étrange et à imaginer des interprétations allégoriques pour les anciens textes sacrés et profanes, Simon, ou l'auteur de *la Grande Exposition*, donnait à cette vertu divine le nom d' « Hélène », signifiant par là qu'elle était l'objet de l'universelle poursuite, la cause éternelle de dispute entre les hommes, celle qui se venge de ses ennemis en les rendant aveugles, jusqu'au moment où ils consentent à chanter la palinodie [1] ; thème bizarre qui, mal compris, ou travesti à dessein, donna lieu chez les Pères de l'Église aux contes les plus puérils [2]. La connaissance de la littérature grecque que possède l'auteur de *la Grande Exposition* est, en tout cas, très-remarquable. Il soutenait que, quand on sait les comprendre, les écrits des païens suffisent à la connaissance de toutes choses [3]. Son large éclectisme embrassait toutes les révélations et cherchait à les fondre en un seul ordre de vérités.

Quant au fond de son système, il a beaucoup d'analogie avec celui de Valentin et avec les doctrines sur

---

1. Allusion à l'aventure du poëte Stésichore.
2. Irénée, *Adv. hær.*, I, xxiii, 2-4; Homil. pseudo-clem., ii, 23. 25; *Philosophumena*, VI, 1, 19.
3. *Philosophum.*, VI, 1, 16.

les personnes divines qu'on trouve dans le quatrième Évangile, dans Philon, dans les Targums[1]. Ce « Métatrône [2] », que les Juifs plaçaient à côté de la Divinité et presque dans son sein, ressemble fort à « la Grande Puissance ». On voit figurer dans la théologie des Samaritains un Grand Ange, chef des autres, et des espèces de manifestations, ou « vertus divines [3] », analogues à celles que la cabbale juive se figura de son côté. Il semble donc bien que Simon de Gitton fut une sorte de théosophe, dans le genre de Philon et des cabbalistes. Peut-être se rapprocha-t-il un moment du christianisme; mais sûrement il ne s'y attacha point d'une manière définitive.

Fit-il réellement quelques emprunts aux disciples de Jésus, c'est ce qu'il est fort difficile de décider. Si *la Grande Exposition* est de lui à un degré quelconque, on doit admettre que sur plusieurs points il devança les idées chrétiennes, et que sur d'autres il les adopta avec beaucoup de largeur [4]. Il paraît

---

1. Voir *Vie de Jésus*, p. 247-249.
2. *Ibid.*, p. 247, note 4.
3. *Chron. samarit.*, c. 10 (édid. Juynboll, Leyde, 1848). Cf. Reland, *De Sam.*, § 7; dans ses *Dissertat. miscell.*, part. II; Gesenius, *Comment. de Sam. Theol.* (Halle, 1824), p. 21 et suiv.
4. Dans l'extrait donné par les *Philosophumena*, VI, 1, 16 *sub finem*, on lit une citation empruntée aux Évangiles synoptiques, laquelle semble être présentée comme se trouvant dans le texte de

qu'il essaya d'un éclectisme analogue à celui que pratiqua plus tard Mahomet, et qu'il tenta de fonder son rôle religieux sur l'acceptation préalable de la mission divine de Jean [1] et de Jésus. Il voulut être en rapport mystique avec eux. Il soutint, dit-on, que c'était lui, Simon, qui était apparu aux Samaritains comme Père, aux Juifs par le crucifiement visible du Fils, aux gentils par l'infusion du Saint-Esprit [2]. Il prépara aussi la voie, ce semble, à la doctrine des docètes. Il disait que c'était lui qui avait souffert en Judée dans la personne de Jésus, mais que cette souffrance n'avait été qu'apparente [3]. Sa prétention à être la Divinité même et à se faire adorer a été probablement exagérée par les chrétiens, qui n'ont cherché qu'à le rendre odieux.

On voit, du reste, que la doctrine de *la Grande Exposition* est celle de presque tous les écrits gnostiques; si vraiment Simon a professé ces doctrines, c'est avec pleine raison que les Pères de l'Église ont fait de lui le fondateur du gnosticisme [4]. Nous croyons que *la Grande Exposition* n'a qu'une authenticité

---

la Grande Exposition. Mais il peut y avoir ici quelque inadvertance.

1. Homil. pseudo-clem., II, 23-24.
2. Irénée, *Adv. hær.*, I, XXIII, 3; *Philosophum.*, VI, I, 19.
3. Homil. pseudo-clem., II, 22; *Recogn.*, II, 14.
4. Irénée, *Adv. hær.*, II, præf.; III, præf.

relative; qu'elle est, ou peu s'en faut, à la doctrine de Simon ce que le quatrième Évangile est à la pensée de Jésus; qu'elle remonte aux premières années du IIe siècle, c'est-à-dire à l'époque où les idées théosophiques du *Logos* prirent définitivement le dessus. Ces idées, que nous trouverons en germe dans l'Église chrétienne vers l'an 60 [1], purent cependant avoir été connues de Simon, dont il est permis de prolonger la carrière jusqu'à la fin du siècle.

L'idée que nous nous faisons de ce personnage énigmatique est donc celle d'une espèce de plagiaire du christianisme. La contrefaçon semble une habitude constante chez les Samaritains[2]. De même qu'ils avaient toujours imité le judaïsme de Jérusalem, ces sectaires eurent aussi leur copie du christianisme, leur gnose, leurs spéculations théosophiques, leur cabbale. Mais Simon fut-il un imitateur respectable et à qui il n'a manqué que de réussir, ou un prestidigitateur immoral et sans sérieux[3], exploitant au profit de

---

1. Voir l'épître, très-probablement authentique, de saint Paul aux Colossiens, 1, 15 et suiv.

2. Épiph., *Adv. hær.*, hær. LXXX, 1.

3. Ce qui ferait incliner vers cette seconde hypothèse, c'est que la secte de Simon se changea vite en une école de prestiges, une fabrique de philtres et d'incantations. *Philosophumena*, VI, 1, 20; Tertullien, *De anima*, 57.

sa vogue une doctrine formée de lambeaux recueillis çà et là? voilà ce qu'on ignorera probablement toujours. Simon garde ainsi devant l'histoire la position la plus fausse ; il marcha sur une corde tendue où nulle hésitation n'est permise; en cet ordre, il n'y a pas de milieu entre une chute ridicule et le plus merveilleux succès.

Nous aurons encore à nous occuper de Simon et à rechercher si les légendes sur son séjour à Rome renferment quelque réalité. Ce qu'il y a de certain, c'est que la secte simonienne dura jusqu'au IIIe siècle[1]; qu'elle eut des Églises jusqu'à Antioche, peut-être même à Rome; que Ménandre de Capharétée et Cléobius[2] continuèrent la doctrine de Simon, ou plutôt imitèrent son rôle de théurge, avec un souvenir plus ou moins présent de Jésus et de ses apôtres. Simon et ses disciples furent en grande estime chez leurs coreligionnaires. Des sectes du même genre, parallèles au christianisme[3], et plus ou moins empreintes de gnosticisme, ne cessèrent de se pro-

1. *Philosophum.*, VI, 1, 20. Cf. Orig., *Contra Cels.*, I, 57; VI, 11.
2. Hégésippe, dans Eusèbe, *Hist. eccl.*, IV, 22; Clém. d'Alex., *Strom.*, VII, 17; *Constit. apost.*, VI, 8, 16; XVIII, 1 et suiv.; Justin, *Apol. I*, 26, 56; Irénée, *Adv. hær.*, I, XXIII, 5; *Philosoph.*, VII, 28; Épiph., *Adv. hær.*, XXII et XXIII, init.; Théodoret, *Hær. fab.*, I, 1, 2; Tertullien, *De præscr.*, 46; *De anima*, 50.
3. La plus célèbre est celle de Dosithée.

duire parmi les Samaritains jusqu'à leur quasi-destruction par Justinien. Le sort de cette petite religion fut de recevoir le contre-coup de tout ce qui se passait autour d'elle, sans rien produire de tout à fait original.

Quant aux chrétiens, la mémoire de Simon de Gitton fut chez eux en abomination. Ces prestiges, qui ressemblaient si fort aux leurs, les irritaient. Avoir balancé le succès des apôtres fut le plus impardonnable des crimes. On prétendit que les prodiges de Simon et de ses disciples étaient l'ouvrage du diable, et on flétrit le théosophe samaritain du nom de « Magicien [1] », que les fidèles prenaient en très-mauvaise part. Toute la légende chrétienne de Simon fut empreinte d'une colère concentrée. On lui prêta les maximes du quiétisme et les excès qu'on suppose d'ordinaire en être la conséquence [2]. On le considéra comme le père de toute erreur, le premier hérésiarque. On se plut à raconter ses mésaventures risibles, ses défaites par l'apôtre Pierre [3]. On attribua au plus vil motif le mouvement

---

1. *Act.*, VIII, 9; Irénée, *Adv. hær.*, I, XXIII, 1.

2. *Philosophumena*, VI, 1, 19, 20. L'auteur n'attribue ces doctrines perverses qu'aux disciples de Simon. Mais, si l'école eut vraiment cette physionomie, le maître en dut bien aussi avoir quelque chose.

3. Nous examinerons plus tard ce que cachent ces récits.

qui le porta vers le christianisme. On était si préoccupé de son nom, qu'on croyait le lire à tort et à travers sur des cippes où il n'était pas écrit [1]. Le symbolisme dont il avait revêtu ses idées fut interprété de la façon la plus grotesque. L' « Hélène » qu'il identifiait avec « la première intelligence », devint une fille publique qu'il avait achetée sur le marché de Tyr [2]. Son nom enfin, haï presque à l'égal de celui de Judas, et pris comme synonyme d'*antiapôtre* [3], devint la dernière injure et comme un mot proverbial pour

---

1. L'inscription SIMONI·DEO·SANCTO, rapportée par Justin (*Apol. I*, 26), comme se trouvant dans l'île du Tibre, et mentionnée après lui par d'autres Pères de l'Église, était une inscription latine au dieu sabin Semo Sancus, SEMONI·DEO·SANCO. On trouva en effet, sous Grégoire XIII, dans l'île Saint-Barthélemy, une inscription, maintenant au Vatican, et qui portait cette dédicace. V. Baronius, *Ann. eccl.*, ad annum 44; Orelli, *Inscr. lat.*, n° 1860. Il y avait à cet endroit de l'île du Tibre un collège de *bidentales* en l'honneur de Semo Sancus, renfermant plusieurs inscriptions du même genre. Orelli, n° 1861 (Mommsen, *Inscr. lat. regni Neapol.*, n° 6770). Comp. Orelli, n° 1859, Henzen, n° 6999; Mabillon, *Museum Ital.*, I, 1re part., p. 84. Le n° 1862 d'Orelli ne doit pas être pris en considération (voir *Corp. inscr. lat.*, I, n° 542).

2. Ce grossier malentendu n'aurait pu être levé sans la découverte des *Philosophumena*, qui seuls donnent des extraits textuels de l'*Apophasis magna* (voir VI, 1, 19). Tyr était célèbre par ses courtisanes.

3. Ἐχθρὸς ἄνθρωπος, ἀντικείμενος. Voir Homil. pseudo-clem., hom. XVII, entière.

désigner un imposteur de profession, un adversaire de la vérité, qu'on voulait indiquer avec mystère[1]. Ce fut le premier ennemi du christianisme, ou plutôt le premier personnage que le christianisme traita comme tel. C'est dire assez qu'on n'épargna ni les fraudes pieuses ni les calomnies pour le diffamer[2]. La critique, en pareil cas, ne saurait tenter une réhabilitation; les documents contradictoires lui manquent. Tout ce qu'elle peut, c'est de constater la physionomie des traditions et le parti pris de dénigrement qu'on y remarque.

Au moins doit-elle s'interdire de charger la mémoire du théurge samaritain d'un rapprochement qui peut n'être que fortuit. Dans un récit de l'historien Josèphe, un magicien juif, nommé Simon, né à Chypre, joue pour le procurateur Félix le rôle de proxénète[3]. Les circonstances de ce récit ne conviennent pas assez bien à Simon de Gitton pour qu'il soit

---

[1]. Ainsi, dans la littérature pseudo-clémentine, le nom de Simon le Magicien désigne par moments l'apôtre Paul, à qui l'auteur en veut beaucoup.

[2]. Il faut remarquer que, dans les *Actes*, il n'est pas encore traité en ennemi. On lui reproche seulement un sentiment bas, et on laisse croire qu'il se repentit (viii, 24). Peut-être Simon vivait-il encore quand ces lignes furent écrites, et ses rapports avec le christianisme n'étaient-ils pas encore devenus absolument mauvais.

[3]. Jos., *Ant.*, XX, vii, 1.

permis de le rendre responsable des faits d'un personnage qui peut n'avoir eu de commun avec lui qu'un nom porté alors par des milliers d'hommes, et une prétention aux œuvres surnaturelles que partageaient malheureusement une foule de ses contemporains.

CHAPITRE XVI.

MARCHE GÉNÉRALE DES MISSIONS CHRÉTIENNES.

Nous avons vu Barnabé partir d'Antioche pour remettre aux fidèles de Jérusalem la collecte de leurs frères de Syrie. Nous l'avons vu assister à quelques-unes des émotions que la persécution d'Hérode Agrippa Ier causa à l'Église de Jérusalem[1]. Revenons avec lui à Antioche, où toute l'activité créatrice de la secte semble en ce moment concentrée.

Barnabé y ramena avec lui un zélé collaborateur. C'était son cousin Jean-Marc, le disciple intime de Pierre[2], le fils de cette Marie chez laquelle le premier des apôtres aimait à demeurer. Sans doute, en prenant avec lui ce nouveau coopérateur, il pensait déjà à la grande entreprise à laquelle il devait l'associer. Peut-être même entrevoyait-il les divisions que

---

1. *Act.*, XII, 1, 25. Remarquez toute la contexture du chapitre.
2. I Petri, v, 13; Papias, dans Eusèbe, *Hist. eccl.*, III, 39.

cette entreprise susciterait, et était-il bien aise d'y mêler un homme qu'on savait être le bras droit de Pierre, c'est-à-dire de celui des apôtres qui avait dans les affaires générales le plus d'autorité.

Cette entreprise n'était pas moins qu'une série de grandes missions qui devaient partir d'Antioche, ayant pour programme avoué la conversion du monde entier. Comme toutes les grandes résolutions qui se prenaient dans l'Église, celle-ci fut attribuée à une inspiration du Saint-Esprit. On crut à une vocation spéciale, à un choix surnaturel, qu'on supposa avoir été communiqué à l'Église d'Antioche pendant qu'elle jeûnait et priait. Peut-être l'un des prophètes de l'Église, Menahem ou Lucius, dans un de ses accès de glossolalie, prononça-t-il des paroles d'où l'on conclut que Paul et Barnabé étaient prédestinés à cette mission [1]. Quant à Paul, il était convaincu que Dieu l'avait choisi dès le ventre de sa mère pour l'œuvre à laquelle il allait désormais se dévouer tout entier [2].

Les deux apôtres s'adjoignirent, à titre de subordonné, pour les seconder dans les soucis matériels de leur entreprise, ce Jean-Marc que Barnabé avait

1. *Act.*, XIII, 2.
2. Gal., I, 15-16; *Act.*, XXII, 15, 21; XXVI, 17-18; I Cor., I, 1; Rom., I, 1, 5; XV, 15 et suiv.

fait venir avec lui de Jérusalem[1]. Quand les préparatifs furent terminés, il y eut des jeûnes, des prières; on imposa, dit-on, les mains aux deux apôtres en signe d'une mission conférée par l'Église elle-même[2]; on les livra à la grâce de Dieu, et ils partirent[3]. De quel côté vont-ils se diriger? Quel monde vont-ils évangéliser? C'est ce qu'il importe maintenant de rechercher.

Toutes les grandes missions chrétiennes primitives se dirigèrent vers l'ouest, ou, en d'autres termes, se donnèrent pour théâtre et pour cadre l'empire romain. Si l'on excepte quelques petites portions du territoire, vassal des Arsacides, compris entre l'Euphrate et le Tigre, l'empire des Parthes ne reçut pas de missions chrétiennes, au premier siècle[4]. Le Tigre fut, du côté de l'orient, une borne que le christianisme ne dépassa que sous les Sassanides. Deux grandes causes, la Méditerranée et l'empire romain, déterminèrent ce fait capital.

1. *Act.*, XIII, 5.
2. L'auteur des *Actes*, partisan de la hiérarchie et du pouvoir de l'Église, a peut-être introduit cette circonstance. Paul ne sait rien d'une telle ordination ou consécration. Il tient sa mission de Jésus, et ne se croit pas plus l'envoyé de l'Église d'Antioche que de celle de Jérusalem.
3. *Act.*, XIII, 3; XIV, 25.
4. Dans I Petri, v, 13, Babylone désigne Rome.

La Méditerranée était depuis mille ans la grande route où s'étaient croisées toutes les civilisations et toutes les idées. Les Romains, l'ayant délivrée de la piraterie, en avaient fait une voie de communication sans égale. Une nombreuse marine de cabotage rendait très-faciles les voyages sur les côtes de ce grand lac. La sécurité relative qu'offraient les routes de l'Empire, les garanties qu'on trouvait dans les pouvoirs publics, la diffusion des Juifs sur tout le littoral de la Méditerranée, l'usage de la langue grecque dans la portion orientale de cette mer[1], l'unité de civilisation que les Grecs d'abord, puis les Romains y avaient créée, firent de la carte de l'Empire la carte même des pays réservés aux missions chrétiennes et destinés à devenir chrétiens. L'*orbis* romain devint l'*orbis* chrétien, et en ce sens on peut dire que les fondateurs de l'Empire ont été les fondateurs de la monarchie chrétienne, ou du moins qu'ils en ont dessiné les contours. Toute province conquise par l'empire romain a été une province conquise au christianisme. Qu'on se figure les apôtres en présence d'une Asie Mineure, d'une Grèce, d'une Italie divisées en cent petites républiques, d'une Gaule, d'une Espagne, d'une Afrique, d'une Égypte en possession de vieilles institutions nationales, on

---

1. Cicéron, *Pro Archia*, 10.

n'imagine plus leur succès, ou plutôt on n'imagine plus que leur projet ait pu naître. L'unité de l'Empire était la condition préalable de tout grand prosélytisme religieux, se mettant au-dessus des nationalités. L'Empire le sentit bien au iv⁰ siècle; il devint chrétien; il vit que le christianisme était la religion qu'il avait faite sans le savoir, la religion délimitée par ses frontières, identifiée avec lui, capable de lui procurer une seconde vie. L'Église, de son côté, se fit toute romaine, et est restée jusqu'à nos jours comme un débris de l'Empire. On eût dit à Paul que Claude était son premier coopérateur; on eût dit à Claude que ce Juif qui part d'Antioche va fonder la plus solide partie de l'édifice impérial, on les eût fort étonnés l'un et l'autre. On eût dit vrai cependant.

De tous les pays étrangers à la Judée, le premier où le christianisme s'établit fut naturellement la Syrie. Le voisinage de la Palestine et le grand nombre de Juifs établis dans cette contrée[1], rendaient un tel fait inévitable. Chypre, l'Asie Mineure, la Macédoine, la Grèce et l'Italie furent ensuite visités par les hommes apostoliques à quelques années de distance. Le midi de la Gaule, l'Espagne, la côte d'Afrique, bien qu'ils aient été assez tôt évangélisés, peuvent être considé-

---

1. Jos., *B. J.*, II, xx, 2; VII, iii, 3.

rés comme formant un étage plus récent dans les substructions du christianisme.

Il en fut de même de l'Égypte. L'Égypte ne joue presque aucun rôle dans l'histoire apostolique; les missionnaires chrétiens semblent systématiquement y tourner le dos. Ce pays, qui, à partir du IIIe siècle, devint le théâtre d'événements si importants dans l'histoire de la religion, fut d'abord fort en retard avec le christianisme. Apollos est le seul docteur chrétien sorti de l'école d'Alexandrie; encore avait-il appris le christianisme dans ses voyages [1]. Il faut chercher la cause de ce phénomène remarquable dans le peu de rapports qui existait entre les Juifs d'Égypte et ceux de Palestine, et surtout dans ce fait que l'Égypte juive avait en quelque sorte son développement religieux à part. L'Égypte avait Philon et les thérapeutes; c'était là son christianisme [2], lequel la dispensait et la détournait d'accorder à l'autre une oreille attentive. Quant à l'Égypte païenne, elle possédait des institutions religieuses bien plus résistantes que celles du paganisme gréco-romain [3]; la religion égyptienne était encore dans toute sa force; c'était

---

1. *Act.*, XVIII, 24 et suiv.
2. Voir Philon, *De vita contemplativa*, entier.
3. Pseudo-Hermès, *Asclepius*, fol. 158 v., 159 r. (Florence, Juntes, 1512).

presque le moment où se bâtissaient ces temples énormes d'Esneh, d'Ombos, où l'espérance d'avoir dans le petit Césarion un dernier roi Ptolémée, un Messie national, faisait sortir de terre ces sanctuaires de Dendérah, d'Hermonthis, comparables aux plus beaux ouvrages pharaoniques. Le christianisme s'assit partout sur les ruines du sentiment national et des cultes locaux. La dégradation des âmes en Égypte y rendait rares, d'ailleurs, les aspirations qui ouvrirent partout au christianisme de si faciles accès.

Un rapide éclair partant de Syrie, illuminant presque simultanément les trois grandes péninsules d'Asie Mineure, de Grèce, d'Italie, et bientôt suivi d'un second reflet qui embrassa presque toutes les côtes de la Méditerranée, voilà ce que fut la première apparition du christianisme. La marche des navires apostoliques est toujours à peu près la même. La prédication chrétienne semble suivre un sillage antérieur, qui n'est autre que celui de l'émigration juive. Comme une contagion qui, prenant son point de départ au fond de la Méditerranée, apparaît tout à coup sur un certain nombre de points du littoral par une correspondance secrète, le christianisme eut ses ports d'arrivage en quelque sorte désignés d'avance. Ces ports étaient presque tous marqués par des colonies juives. Une synagogue précéda, en général, l'établissement de l'Église. On dirait une traînée de poudre, ou mieux encore une sorte de chaîne électrique, le long de laquelle l'idée nouvelle courut d'une façon presque instantanée.

Depuis cent cinquante ans, en effet, le judaïsme, jusque-là borné à l'Orient et à l'Égypte, avait pris son vol vers l'Occident. Cyrène, Chypre, l'Asie Mineure, certaines villes de Macédoine et de Grèce, l'Italie, avaient des juiveries importantes[1]. Les juifs donnaient le premier exemple de ce genre de patriotisme que les Parsis, les Arméniens et, jusqu'à un certain point, les Grecs modernes devaient montrer plus tard; patriotisme extrêmement énergique, quoique non attaché à un sol déterminé; patriotisme de marchands répandus partout, se reconnaissant partout pour frères; patriotisme aboutissant à former non de grands États compactes, mais de petites communautés autonomes au sein des autres États. Fortement associés entre eux, ces juifs de la dispersion constituaient dans les villes des congrégations presque indépendantes, ayant leurs magistrats, leurs conseils. Dans certaines villes, ils avaient un ethnarque ou alabarque, investi de droits presque souverains. Ils habitaient des quartiers à

---

1. Cicéron, *Pro Flacco*, 28; Philon, *In Flaccum*, § 7; *Leg. ad Caium*, § 36; *Act.*, II, 5-11; VI, 9; *Corp. inscr. gr.*, n° 5361.

part, soustraits à la juridiction ordinaire, fort méprisés du reste du monde, mais où régnait le bonheur. On y était plutôt pauvre que riche. Le temps des grandes fortunes juives n'était pas encore venu; elles commencèrent en Espagne, sous les Visigoths [1]. L'accaparement de la finance par les juifs fut l'effet de l'incapacité administrative des barbares, de la haine que conçut l'Église pour la science de l'argent et de ses idées superficielles sur le prêt à intérêt. Sous l'empire romain, rien de semblable. Or, quand le juif n'est pas riche, il est pauvre; l'aisance bourgeoise n'est pas son fait. En tout cas, il sait très-bien supporter la pauvreté. Ce qu'il sait mieux encore, c'est allier la préoccupation religieuse la plus exaltée à la plus rare habileté commerciale. Les excentricités théologiques n'excluent nullement le bon sens en affaires. En Angleterre, en Amérique, en Russie, les sectaires les plus bizarres (irvingiens, saints des derniers jours, raskolniks) sont de très-bons marchands.

Le propre de la vie juive pieusement pratiquée a toujours été de produire beaucoup de gaieté et de cordialité. On s'aimait dans ce petit monde; on y aimait un passé et le même passé; les cérémonies

---

[1]. *Lex Wisigoth.*, livre XII, tit. II et III, dans Walter, *Corpus juris germanici antiqui*, t. I, p. 630 et suiv.

religieuses embrassaient fort doucement la vie. C'était quelque chose d'analogue à ces communautés distinctes qui existent encore dans chaque grande ville turque; par exemple, aux communautés grecque, arménienne, juive, de Smyrne, étroites camaraderies où tout le monde se connaît, vit ensemble, intrigue ensemble. Dans ces petites républiques, les questions religieuses dominent toujours les questions politiques, ou plutôt suppléent au manque de celles-ci. Une hérésie y est une affaire d'État; un schisme y a toujours pour origine une question de personnes. Les Romains, sauf de rares exceptions, ne pénétraient jamais dans ces quartiers réservés. Les synagogues promulguaient des décrets, décernaient des honneurs [1], faisaient acte de vraies municipalités. L'influence de ces corporations était très-grande. A Alexandrie, elle était de premier ordre, et dominait toute l'histoire intérieure de la cité [2]. A Rome, les juifs étaient nombreux [3] et formaient

1. Voir *Vie de Jésus*, p. 137.
2. Philon, *In Flacc.*, § 5 et 6; Jos., *Ant.*, XVIII, viii, 1; XIX, v, 2; *B. J.*, II, xviii, 7 et suiv.; VII, x, 1; Papyrus publié dans les *Notices et extraits*, XVIII, 2ᵉ part., p. 383 et suiv.
3. Dion Cassius, XXXVII, 17; LX, 6; Philon, *Leg. ad Caium*, § 23; Josèphe, *Ant.*, XIV, x, 8; XVII, xi, 1; XVIII, iii, 5; Hor., *Sat.*, I, iv, 142-143; v, 100; ix, 69 et suiv.; Perse, v, 179-

un appui qu'on ne dédaignait pas. Cicéron présente comme un acte de courage d'avoir osé leur résister[1]. César les favorisa et les trouva fidèles[2]. Tibère fut amené, afin de les contenir, aux mesures les plus sévères[3]. Caligula, dont le règne fut pour eux néfaste en Orient, leur rendit leur liberté d'association à Rome[4]. Claude, qui les favorisait en Judée, se vit obligé de les chasser de la ville[5]. On les rencontrait partout[6], et on osait dire d'eux comme des Grecs, que, vaincus, ils avaient imposé des lois à leurs dominateurs[7].

Les dispositions des populations indigènes envers ces étrangers étaient fort diverses. D'une part, le sentiment de répulsion et d'antipathie que les juifs, par leur esprit d'isolement jaloux, leur caractère rancunier, leurs habitudes insociables, ont produit

---

184; Suétone, *Tib.*, 36; *Claud.*, 25; *Domit.*, 12; Juvénal, III, 14; VI, 542 et suiv.

1. *Pro Flacco*, 28.
2. Jos., *Ant.*, XIV, x; Suétone, *Julius*, 84.
3. Suet., *Tib.*, 36; Tac., *Ann.*, II, 85; Jos., *Ant.*, XVIII, III, 4, 5.
4. Dion Cassius, LX, 6.
5. Suétone, *Claude*, 25; *Act.*, XVIII, 2; Dion Cassius, LX, 6.
6. Josèphe, *B. J.*, VII, III, 3.
7. Sénèque, fragment dans saint Aug., *De civ. Dei.*, VI, 11; Rutilius Numatianus, I, 395 et suiv.; Jos., *Contre Apion*, II, 39; Juvénal, Sat. VI, 544; XIV, 96 et suiv.

autour d'eux partout où ils ont été nombreux et organisés, se manifestait avec force [1]. Quand ils étaient libres, ils étaient en réalité privilégiés; car ils jouissaient des avantages de la société, sans en supporter les charges [2]. Des charlatans exploitaient le mouvement de curiosité que causait leur culte, et, sous prétexte d'en exposer les secrets, se livraient à toutes sortes de friponneries [3]. Des pamphlets violents et à demi burlesques, comme celui d'Apion, pamphlets où les écrivains profanes ont trop souvent puisé leurs renseignements [4], circulaient, servant d'aliment aux colères du public païen. Les juifs semblent avoir été en général taquins, portés à se plaindre. On voyait en eux une société secrète, malveillante pour le reste des hommes, dont les membres se poussaient à tout prix, au détriment des autres [5]. Leurs usages bizarres,

---

1. Philon, *In Flacc.*, § 5; Tac., *Hist.*, V, 4, 5, 8; Dion Cassius, XLIX, 22; Juvénal, xiv, 103; Diod. Sic., fragm. i du livre XXXIV et iii du livre XL; Philostrate, *Vie d'Apoll.*, V, 33; I Thess., ii, 15.

2. Jos., *Ant.*, XIV, x; XVI, vi; XX, viii, 7; Philon, *In Flaccum* et *Legatio ad Caium*.

3. Jos., *Ant.*, XVIII, iii, 4, 5; Juvénal, vi, 543 et suiv.

4. Jos., *Contre Apion*, entier; passages précités de Tacite et de Diodore de Sicile; Trogue Pompée (Justin) XXXVI, ii; Ptolémée Héphestion ou Chennus, dans les *Script..poet. hist. græci* de Westermann, p. 194. Cf. Quintilien, III, vii, 2.

5. Cic., *Pro Flacco*, 28; Tacite, *Hist.*, V, 5; Juvénal, xiv, 103-

leur aversion pour certains aliments, leur saleté, leur manque de distinction, la mauvaise odeur qu'ils exhalaient[1], leurs scrupules religieux, leurs minuties dans l'observance du sabbat, étaient trouvés ridicules[2]. Mis au ban de la société, les juifs, par une conséquence naturelle, n'avaient aucun souci de paraître gentilshommes. On les rencontrait partout en voyage avec des habits luisants de saleté, un air gauche, une mine fatiguée, un teint pâle, de gros yeux malades[3], une expression béate, faisant bande à part avec leurs femmes, leurs enfants, leurs paquets de couvertures, le panier qui constituait tout leur mobilier[4]. Dans les villes, ils exerçaient les trafics les plus chétifs, mendiants[5], chiffonniers, brocanteurs, vendeurs d'allumettes[6]. On dépréciait injustement

104; Diodore de Sicile et Philostrate, endroits cités; Rutilius Numatianus, I, 383 et suiv.

1. Martial, IV, 4; Ammien Marcellin, XXII, 5.
2. Suétone, *Aug.*, 76; Horace, *Sat.*, I, ix, 69 et suiv.; Juvénal, III, 13-16, 296; vi, 156-160, 542-547; xiv, 96-107; Martial, *Épigr.*, IV, 4; VII, 29, 34, 54; XI, 95; XII, 57; Rutilius Numat., *l. c.*, et surtout Josèphe, *Contre Apion*, II, 13; Philon, *Leg. ad Caium*, § 26-28.
3. Martial, *Épigr.*, XII, 57.
4. Juvénal, *Sat.*, III, 14; vi, 542.
5. Juvénal, *Sat.*, III, 296; vi, 543 et suiv.; Martial, *Épigr.*, I, 42; XII, 57.
6. Martial, *Épigr.*, I, 42; XII, 57; Stace, *Silves*, I, vi, 73-74. Voir Forcellini, au mot *sulphuratum*.

leur loi et leur histoire. Tantôt on les trouvait superstitieux[1], cruels[2]; tantôt, athées, contempteurs des dieux[3]. Leur aversion pour les images paraissait de la pure impiété. La circoncision surtout fournissait le thème d'interminables railleries[4].

Mais ces jugements superficiels n'étaient pas ceux de tous. Les juifs avaient autant d'amis que de détracteurs. Leur gravité, leurs bonnes mœurs, la simplicité de leur culte charmaient une foule de gens. On sentait en eux quelque chose de supérieur. Une vaste propagande monothéiste et mosaïque s'organisait[5]; une sorte de tourbillon puissant se formait autour de ce singulier petit peuple. Le pauvre colporteur juif du

---

1. Horace, *Sat.*, I, v, 100; Juvénal, *Sat.*, vi, 544 et suiv.; xiv, 96 et suiv.; Apulée, *Florida*, I, 6.
2. Dion Cassius, LXVIII, 32.
3. Tacite, *Hist.*, V, 5, 9; Dion Cassius, LXVII, 14.
4. Horace, *Sat.*, I, ix, 70; *Judæus Apella* paraît renfermer une plaisanterie du même genre (voir les scoliastes Acron et Porphyrion, sur Hor., *Sat.*, I, v, 100; comparez le passage de S. Avitus, *Poemata*, V, 364, cité par Forcellini, au mot *Apella*, mais que je ne retrouve ni dans les éditions de ce Père ni dans l'ancien manuscrit latin, Bibl. Imp., n° 11320, tel que le donne le savant lexicographe); Juvénal, *Sat.*, xiv, 99 et suiv.; Martial, *Épigr.*, VII, 29, 34, 54; XI, 95.
5. Josèphe, *Contre Apion*, II, 39; Tac., *Ann.*, II, 85; *Hist.*, V, 5; Hor., *Sat.*, I, iv, 142-143; Juvénal, xiv, 96 et suiv.; Dion Cassius, XXXVII, 17; LXVII, 14.

Transtévère[1], sortant le matin avec son éventaire de merceries, rentrait souvent le soir, riche d'aumônes venues d'une main pieuse[2]. Les femmes surtout étaient attirées vers ces missionnaires en haillons[3]. Juvénal[4] compte le penchant vers la religion juive parmi les vices qu'il reproche aux dames de son temps. Celles qui étaient converties vantaient le trésor qu'elles avaient trouvé et le bonheur dont elles jouissaient[5]. Le vieil esprit hellénique et romain résistait énergiquement; le mépris et la haine pour les juifs sont le signe de tous les esprits cultivés, Cicéron, Horace, Sénèque, Juvénal, Tacite, Quintilien, Suétone[6]. Au contraire, cette masse énorme de populations mêlées que l'Empire avait assujetties, populations auxquelles l'ancien esprit romain et la sagesse hellénique étaient étrangères ou indifférentes, accouraient en foule vers une société où elles trouvaient des exemples touchants de concorde, de charité,

---

1. Martial, *Épigr.*, I, 42; XII, 57.
2. Juvénal, *Sat.*, VI, 546 et suiv.
3. Josèphe, *Ant.*, XVIII, III, 5; XX, II, 4; *B. J.*, II, xx, 2; *Act.*, XIII, 50; XVI, 14.
4. *Loc. cit.*
5. Josèphe, *Ant.*, XX, II, 5; IV, 1.
6. Passages déjà cités. Strabon montre bien plus de justesse et de pénétration (XVI, II, 34 et suiv.). Comp. Dion Cassius, XXXVII, 17 et suiv.

de secours mutuels [1], d'attachement à son état, de goût pour le travail [2], de fière pauvreté. La mendicité, qui fut plus tard une chose toute chrétienne, était dès lors une chose juive. Le mendiant par état, « formé par sa mère », se présentait à l'idée des poëtes du temps comme un juif [3].

L'exemption de certaines charges civiles, en particulier de la milice, pouvait aussi contribuer à faire regarder le sort des juifs comme enviable [4]. L'État alors demandait beaucoup de sacrifices et donnait peu de joies morales. Il y faisait un froid glacial, comme en une plaine uniforme et sans abri. La vie, si triste au sein du paganisme, reprenait son charme et son prix dans ces tièdes atmosphères de synagogue et d'église. Ce n'était pas la liberté qu'on y trouvait. Les confrères s'espionnaient beaucoup, se tracassaient sans cesse les uns les autres. Mais, quoique la vie intérieure de ces petites communautés fût fort agitée, on s'y plaisait infiniment; on ne les quittait pas; il n'y avait pas d'apostat. Le pauvre y était content, regardait la richesse sans envie, avec la tranquillité d'une bonne conscience [5]. Le sentiment vrai-

---

1. Tac., *Hist.*, V, 5.
2. Josèphe, *Contre Apion*, II, 39.
3. Martial, XII, 57.
4. Jos., *Ant.*, XIV, x, 6, 11-14.
5. *Ecclésiastique*, x, 23, 26, 27.

ment démocratique de la folie des mondains, de la vanité des richesses et des grandeurs profanes, s'y exprimait finement. On y comprenait peu le monde païen, et on le jugeait avec une sévérité outrée; la civilisation romaine paraissait un amas d'impuretés et de vices odieux [1], de la même manière qu'un honnête ouvrier de nos jours, imbu des déclamations socialistes, se représente les « aristocrates » sous les couleurs les plus noires. Mais il y avait là de la vie, de la gaieté, de l'intérêt, comme aujourd'hui dans les plus pauvres synagogues des juifs de Pologne et de Gallicie. Le manque d'élégance et de délicatesse dans les habitudes était compensé par un précieux esprit de famille et de bonhomie patriarcale. Dans la grande société, au contraire, l'égoïsme et l'isolement des âmes avaient porté leurs derniers fruits.

La parole de Zacharie [2] se vérifiait : le monde se prenait aux pans de l'habit des Juifs et leur disait : « Menez-nous à Jérusalem ». Il n'y avait pas de grande ville où l'on n'observât le sabbat, le jeûne et les autres cérémonies du judaïsme [3]. Josèphe [4] ose provoquer ceux qui en douteraient à considérer

1. Rom., I, 24 et suiv.
2. Zach., VIII, 23.
3. Hor. Sat., I, IX, 69; Perse, V, 179 et suiv.; Juvénal, Sat., VI, 159; XIV, 96 et suiv.
4. Contre Apion, II, 39.

leur patrie ou même leur propre maison, pour voir s'ils n'y trouveront pas la confirmation de ce qu'il dit. La présence à Rome et près de l'empereur de plusieurs membres de la famille des Hérodes, lesquels pratiquaient leur culte avec éclat à la face de tous [1], contribuait beaucoup à cette publicité. Le sabbat, du reste, s'imposait par une sorte de nécessité dans les quartiers où il y avait des juifs. Leur obstination absolue à ne pas ouvrir leurs boutiques ce jour-là forçait bien les voisins à modifier leurs habitudes en conséquence. C'est ainsi qu'à Salonique, on peut dire que le sabbat s'observe encore de nos jours, la population juive y étant assez riche et assez nombreuse pour faire la loi et régler par la fermeture de ses comptoirs le jour du repos.

Presque à l'égal du Juif, souvent de compagnie avec lui, le Syrien était un actif instrument de la conquête de l'Occident par l'Orient [2]. On les confondait parfois, et Cicéron croyait avoir trouvé le trait commun qui les unissait en les appelant « des nations nées pour la servitude [3] ». C'était là ce qui

1. Perse, v, 179-184; Juvénal, vi, 157-160. La remarquable préoccupation du judaïsme qu'on remarque chez les écrivains romains du premier siècle, surtout chez les satiriques, vient de cette circonstance.
2. Juvénal, *Sat.*, iii, 62 et suiv.
3. Cic., *De prov. consul.*, 5.

leur assurait l'avenir; car l'avenir alors était aux esclaves. Un trait non moins essentiel du Syrien était sa facilité, sa souplesse, la clarté superficielle de son esprit. La nature syrienne est comme une image fugitive dans les nuées du ciel. On voit par moments certaines lignes s'y tracer avec grâce; mais ces lignes n'arrivent jamais à former un dessin complet. Dans l'ombre, à la lueur indécise d'une lampe, la femme syrienne, sous ses voiles, avec son œil vague et ses mollesses infinies, produit quelques instants d'illusion. Puis, quand on veut analyser cette beauté, elle s'évanouit; elle ne supporte pas l'examen. Tout cela, au reste, dure à peine trois ou quatre années. Ce que la race syrienne a de charmant, c'est l'enfant de cinq ou six ans; à l'inverse de la Grèce, où l'enfant était peu de chose, le jeune homme inférieur à l'homme fait, l'homme fait inférieur au vieillard [1]. L'intelligence syrienne attache par un air de promptitude et de légèreté; mais elle manque de fixité, de solidité; à peu près comme ce « vin d'or » du Liban, qui cause un transport agréable, mais dont on se fatigue vite. Les vrais dons de Dieu ont quelque chose à la fois de fin et de fort, d'enivrant et de durable. La Grèce est plus appré-

---

[1]. Les enfants qui m'avaient plu lors de mon premier voyage, je les retrouvai, quatre ans après, laids, communs et alourdis.

ciée aujourd'hui qu'elle ne l'a jamais été; elle le sera toujours de plus en plus.

Beaucoup des émigrants syriens que le désir de faire fortune entraînait vers l'Occident étaient plus ou moins rattachés au judaïsme. Ceux qui ne l'étaient pas restaient fidèles au culte de leur village[1], c'est-à-dire au souvenir de quelque temple dédié à un « Jupiter » local[2], lequel n'était d'ordinaire que le Dieu suprême, déterminé par quelque titre particulier[3]. C'était au fond une espèce de monothéisme que ces Syriens apportaient sous le couvert de leurs dieux étranges. Comparés du moins aux personnalités divines profondément distinctes qu'offrait le polythéisme grec et romain, les dieux dont il s'agit, pour la plupart synonymes du Soleil, étaient presque des frères du dieu unique[4]. Semblables à de longues

---

1. Πατρῴοις θεοῖς, formule très-fréquente dans les inscriptions émanant de Syriens (*Corpus inscr. græc.*, nos 4449, 4450, 4451, 4463, 4479, 4480, 6015).

2. *Corpus inscr. græc.*, nos 4474, 4475, 5936; *Mission de Phénicie*, l. II, c. II [sous presse], inscription d'Abédat. Comp. *Corpus*, nos 2271, 5853.

3 Ζεὺς οὐράνιος, ἐπουράνιος, ὕψιστος, μέγιστος, θεὸς σατράπης. *Corpus inscr. gr.*, nos 4500, 4501, 4502, 4503, 6012; Lepsius, *Denkmæler*, t. XII, feuille 100, n° 590; *Mission de Phénicie*, p. 103, 104, et la suite [sous presse].

4. J'ai développé ceci dans le *Journal Asiatique*, février-mars 1859, p. 259 et suiv., et dans la *Mission de Phénicie*, l. II, c. II.

mélopées énervantes, ces cultes de Syrie pouvaient paraître moins secs que le culte latin, moins vides que le culte grec. Les femmes syriennes y prenaient quelque chose à la fois de voluptueux et d'exalté. Ces femmes furent de tout temps des êtres bizarres, disputées entre le démon et Dieu, flottant entre la sainte et la possédée. La sainte des vertus sérieuses, des héroïques renoncements, des résolutions suivies appartient à d'autres races et à d'autres climats; la sainte des fortes imaginations, des entraînements absolus, des promptes amours, est la sainte de Syrie. La possédée de notre moyen âge est l'esclave de Satan par bassesse ou par péché; la possédée de Syrie est la folle par idéal, la femme dont le sentiment a été blessé, qui se venge par la frénésie ou se renferme dans le mutisme [1], qui n'attend pour être guérie qu'une douce parole ou qu'un doux regard. Transportées dans le monde occidental, ces Syriennes acquéraient de l'influence, quelquefois par de mauvais arts de femme, plus souvent par une certaine supériorité morale et une réelle capacité. Cela se vit surtout cent cinquante ans plus tard, quand les personnages les plus importants de Rome épousèrent des Syriennes, qui prirent tout à coup

---

[1]. Code syrien, dans Land, *Anecdota Syriaca*, I, p. 152; faits divers dont j'ai été témoin.

sur les affaires un très-grand ascendant. La femme musulmane de nos jours, mégère criarde, sottement fanatique, n'existant guère que pour le mal, presque incapable de vertu, ne doit pas faire oublier les Julia Domna, les Julia Mæsa, les Julia Mamæa, les Julia Soémie, qui portèrent à Rome, en fait de religion, une tolérance et des instincts de mysticité inconnus jusque-là. Ce qu'il y a de bien remarquable aussi, c'est que la dynastie syrienne amenée de la sorte se montra favorable au christianisme, que Mamée, et plus tard l'empereur Philippe l'Arabe [1], passèrent pour chrétiens. Le christianisme, au III° et au IV° siècle, fut par excellence la religion de la Syrie. Après la Palestine, la Syrie eut la plus grande part à sa fondation.

C'est surtout à Rome que le Syrien, au premier siècle, exerçait sa pénétrante activité. Chargé de presque tous les petits métiers, valet de place, commissionnaire, porteur de litière, le *Syrus* [2] entrait partout, introduisant avec lui la langue et les mœurs de son pays [3]. Il n'avait ni la fierté ni la hauteur philoso-

1. Né dans le Hauran.
2. Voir Forcellini, au mot *Syrus*. Ce mot désignait en général « les Orientaux ». Leblant, *Inscript. chrét. de la Gaule*, I, p. 207, 328-329.
3. Juvénal, III, 62-63.

phique des Européens, encore moins leur vigueur; faible de corps, pâle, souvent fiévreux, ne sachant ni manger ni dormir à des heures réglées, à la façon de nos lourdes et solides races, consommant peu de viande, vivant d'oignons et de courges, dormant peu et d'un sommeil léger, le Syrien mourait jeune et était habituellement malade [1]. Ce qu'il avait en propre, c'était l'humilité, la douceur, l'affabilité, une certaine bonté; nulle solidité d'esprit, mais beaucoup de charme; peu de bon sens, si ce n'est quand il s'agissait de son négoce, mais une étonnante ardeur et une séduction toute féminine. Le Syrien, n'ayant jamais eu de vie politique, a une aptitude toute particulière pour les mouvements religieux. Ce pauvre Maronite, à demi femme, humble, déguenillé, a fait la plus grande des révolutions. Son ancêtre, le *Syrus* de Rome, a été le plus zélé porteur de la bonne nouvelle à tous les affligés. Chaque année amenait en Grèce, en Italie, en Gaule, des colonies de ces Syriens poussés par le goût naturel qu'ils avaient pour les petites affaires [2]. On les reconnaissait sur les

1. Tel est aujourd'hui le tempérament du Syrien chrétien.
2. Inscriptions dans les *Mém. de la Soc. des Antiquaires de Fr.*, t. XXVIII, 4 et suiv.; dans Leblant, *Inscript. chrét. de la Gaule*, I, p. CXLIV, 207, 324 et suiv., 353 et suiv., 375 et suiv.; II, 259, 459 et suiv.

navires à leur famille nombreuse, à ces troupes de jolis enfants, presque du même âge, qui les suivaient, la mère, avec l'air enfantin d'une petite fille de quatorze ans, se tenant à côté de son mari, soumise, doucement rieuse, à peine supérieure à ses fils aînés [1]. Les têtes, dans ce groupe paisible, sont peu accentuées ; sûrement il n'y a pas là d'Archimède, de Platon, de Phidias. Mais ce marchand syrien, arrivé à Rome, sera un homme bon et miséricordieux, charitable pour ses compatriotes, aimant les pauvres. Il causera avec les esclaves, leur révélera un asile où ces malheureux, réduits par la dureté romaine à la plus désolante solitude, trouveront un peu de consolation. Les races grecques et latines, races de maîtres, faites pour le grand, ne savaient pas tirer parti d'une position humble [2]. L'esclave de ces races passait sa vie dans la révolte et le désir du mal. L'esclave idéal de l'antiquité a tous les défauts : gourmand, menteur, méchant, ennemi naturel de son maître [3]. Par là, il prouvait en quelque manière sa noblesse ; il protestait contre une situation hors nature. Le bon Syrien,

---

1. Les Maronites colonisent encore dans presque tout le Levant à la façon des Juifs, des Arméniens et des Grecs, quoique sur une moindre échelle.

2. Lire Cicéron, *De offic.*, I, 42 ; Denys d'Halicarnasse, II, 28 ; IX, 25.

3. Voir les types d'esclaves dans Plaute et Térence.

lui, ne protestait pas ; il acceptait son ignominie, et cherchait à en tirer le meilleur parti possible. Il se conciliait la bienveillance de son maître, osait lui parler, savait plaire à sa maîtresse. Ce grand agent de démocratie allait ainsi dénouant maille par maille le réseau de la civilisation antique. Les vieilles sociétés, fondées sur le dédain, sur l'inégalité des races, sur la valeur militaire, étaient perdues. L'infirmité, la bassesse, vont maintenant devenir un avantage, un perfectionnement de la vertu [1]. La noblesse romaine, la sagesse grecque, lutteront encore trois siècles. Tacite trouvera bon qu'on déporte des milliers de ces malheureux : *si interissent, vile damnum* [2] ! L'aristocratie romaine s'irritera, trouvera mauvais que cette canaille ait ses dieux, ses institutions. Mais la victoire est écrite d'avance. Le Syrien, le pauvre homme qui aime ses semblables, qui partage avec eux, qui s'associe avec eux, l'emportera. L'aristocratie romaine périra, faute de pitié.

Pour nous expliquer la révolution qui va s'accomplir, il faut nous rendre compte de l'état politique, social, moral, intellectuel et religieux des pays où le prosélytisme juif avait ainsi ouvert des sillons que la prédication chrétienne doit féconder. Cette

---

1. II Cor., xii, 9.
2. Tacite, *Ann.*, II, 85.

étude montrera, j'espère, avec évidence, que la conversion du monde aux idées juives et chrétiennes était inévitable, et ne laissera d'étonnement que sur un point, c'est que cette conversion se soit faite si lentement et si tard.

CHAPITRE XVII.

ÉTAT DU MONDE VERS LE MILIEU DU PREMIER SIÈCLE.

L'état politique du monde était des plus tristes. Toute l'autorité était concentrée à Rome et dans les légions. Là se passaient les scènes les plus honteuses et les plus dégradantes. L'aristocratie romaine, qui avait conquis le monde, et qui, en somme, resta seule aux affaires sous les Césars, se livrait à la saturnale de crimes la plus effrénée dont le monde se souvienne. César et Auguste, en établissant le principat, avaient vu avec une parfaite justesse les besoins de leur temps. Le monde était si bas, sous le rapport politique, qu'aucun autre gouvernement n'était plus possible. Depuis que Rome avait conquis des provinces sans nombre, l'ancienne constitution, fondée sur le privilége des familles patriciennes, espèces de *tories* obstinés et malveillants, ne pouvait subsister[1]. Mais Auguste avait manqué à tous les devoirs du vrai politique, en laissant l'avenir au hasard. Sans hérédité régulière, sans règles fixes d'adoption, sans loi d'élection, sans limites constitutionnelles, le césarisme était comme un poids colossal sur le pont d'un navire sans lest. Les plus terribles secousses étaient inévitables. Trois fois, en un siècle, sous Caligula, sous Néron et sous Domitien, le plus grand pouvoir qui ait jamais existé tomba entre les mains d'hommes exécrables ou extravagants. De là des horreurs qui ont été à peine dépassées par les monstres des dynasties mongoles. Dans cette série fatale de souverains, on en est réduit à excuser presque un Tibère, qui ne fut complétement méchant que vers la fin de sa vie, un Claude, qui ne fut que bizarre, gauche et mal entouré. Rome devint une école d'immoralité et de cruauté. Il faut ajouter que le mal venait surtout de l'Orient, de ces flatteurs de bas étage, de ces hommes infâmes que l'Égypte et la Syrie envoyaient à Rome [2], où, profitant de l'oppression des vrais Romains, ils se sentaient tout-

1. Tacite, *Ann.*, I, 2; Florus, IV, 3; Pomponius, dans le Digeste, l. I, tit. II, fr. 2.

2. Hélicon, Apelle, Eucère, etc. Les « rois » d'Orient étaient considérés par les Romains comme les maîtres en tyrannie de leurs mauvais empereurs. Dion Cassius, LIX, 24.

puissants auprès des scélérats qui gouvernaient. Les plus choquantes ignominies de l'Empire, telles que l'apothéose de l'empereur, sa divinisation de son vivant, venaient de l'Orient, et surtout de l'Égypte, qui était alors un des pays les plus corrompus de l'univers [1].

Le véritable esprit romain, en effet, vivait encore. La noblesse humaine était loin d'être éteinte. Une grande tradition de fierté et de vertu se continuait dans quelques familles, qui arrivèrent au pouvoir avec Nerva, qui firent la splendeur du siècle des Antonins et dont Tacite a été l'éloquent interprète. Un temps où se préparaient des esprits aussi profondément honnêtes que Quintilien, Pline le Jeune, Tacite, n'est pas un temps dont il faille désespérer. Le débordement de la surface n'atteignait pas le grand fond d'honnêteté et de sérieux qui était dans la bonne société romaine; quelques familles offraient encore des modèles d'ordre, de dévouement au devoir, de concorde, de solide vertu. Il y avait dans les maisons nobles d'admirables épouses, d'admirables sœurs [2]. Fut-il jamais destinée

---

1. Voir l'inscription du parasite d'Antoine, dans les *Comptes rendus de l'Acad. des Inscr. et B.-L.*, 1864, p. 166 et suiv. Comparez Tacite, *Ann.*, IV, 55-56.

2. Voir comme exemple l'oraison funèbre de Turia, par son mari Q. Lucrétius Vespillo; texte épigraphique publié pour la

plus touchante que celle de cette jeune et chaste Octavie, fille de Claude, femme de Néron, restée pure à travers toutes les infamies, tuée à vingt-deux ans, sans qu'elle eût jamais senti aucune joie ? Les femmes qualifiées dans les inscriptions de *castissimœ, univirœ* ne sont point rares [1]. Des épouses accompagnèrent leurs maris dans l'exil [2] ; d'autres partagèrent leur noble mort [3]. La vieille simplicité romaine n'était pas perdue ; l'éducation des enfants était grave et soignée. Les femmes les plus nobles travaillaient de leurs mains à des ouvrages de laine [4] ;

première fois d'une manière complète par M. Mommsen, dans les *Mémoires de l'Académie de Berlin* pour 1863, p. 455 et suiv. Comparez l'oraison funèbre de Murdia (Orelli, *Inscr. lat.*, n° 4860) et celle de Matidie, par l'empereur Adrien (*Mém. de l'Académie de Berlin*, vol. cité, p. 483 et suiv.) On se laisse trop préoccuper par les passages des satiriques latins où les vices des femmes sont âprement relevés. C'est comme si l'on traçait le tableau des mœurs générales du xviie siècle d'après Mathurin Regnier et Boileau.

1. Orelli, n°s 2647 et suiv., surtout 2677, 2742, 4530, 4860; Henzen, n°s 7382 et suiv., surtout n° 7406; Renier, *Inscr. de l'Algérie*, n° 1987. Ces épithètes peuvent avoir été souvent mensongères; mais elles prouvent du moins le prix qu'on attachait à la vertu.

2. Pline, *Epist.*, VII, 19; IX, 13; Appien, *Guerres civiles*, IV, 36. Fannia suivit deux fois en exil son mari Helvidius Priscus; elle fut bannie une troisième fois après sa mort.

3. L'héroïsme d'Arria est connu de tous.

4. Suétone, *Aug.*, 73; Oraison funèbre de Turia, I, ligne 30.

les soucis de toilette étaient presque inconnus dans les bonnes familles [1].

Les excellents hommes d'État qui sortent pour ainsi dire de terre sous Trajan ne s'improvisèrent pas. Ils avaient servi sous les règnes précédents ; seulement, ils avaient eu peu d'influence, rejetés qu'ils étaient dans l'ombre par les affranchis et les favoris infimes de l'empereur. Des hommes de première valeur occupèrent ainsi de grandes charges sous Néron. Les cadres étaient bons ; le passage au pouvoir des mauvais empereurs, tout désastreux qu'il était, ne suffisait pas pour changer la marche générale des affaires et les principes de l'État. L'Empire, loin d'être en décadence, était dans toute la force de la plus robuste jeunesse. La décadence viendra pour lui, mais deux cents ans plus tard, et, chose étrange! sous de bien moins mauvais souverains. A n'envisager que la politique, la situation était analogue à celle de la France, qui, manquant depuis la Révolution d'une règle constamment suivie dans la succession des pouvoirs, peut traverser de si périlleuses aventures, sans que son organisation intérieure et sa force nationale en souffrent trop. Sous le rapport moral, on peut comparer le temps dont

---

1. Oraison funèbre de Turia, I, ligne 31.

nous parlons au xviiie siècle, époque que l'on croirait tout à fait corrompue si on la jugeait par les mémoires, la littérature manuscrite, les collections d'anecdotes du temps, et où cependant certaines maisons gardaient une si grande austérité de mœurs[1].

La philosophie avait fait alliance avec les honnêtes familles romaines et résistait noblement. L'école stoïcienne produisait les grands caractères de Crémutius Cordus, de Thraséas, d'Arria, d'Helvidius Priscus, d'Annæus Cornutus, de Musonius Rufus, maîtres admirables d'aristocratique vertu. La roideur et les exagérations de cette école venaient de l'horrible cruauté du gouvernement des Césars. La pensée perpétuelle de l'homme de bien était de s'endurcir aux supplices et de se préparer à la mort [2]. Lucain, avec mauvais goût, Perse, avec un talent supérieur, exprimaient les plus hauts sentiments d'une grande âme. Sénèque le Philosophe, Pline l'Ancien, Papirius Fabianus, maintenaient une tradition élevée de science et de philosophie. Tout ne pliait

---

1. L'opinion beaucoup trop sévère de saint Paul (Rom., ι, 24 et suiv.) s'explique de la même manière. Saint Paul ne connaissait pas la haute société romaine. Ce sont là, d'ailleurs, de ces invectives comme en font les prédicateurs, et qu'il ne faut jamais prendre à la lettre.

2. Sénèque, *Epist.*, XII, XXIV, XXVI, LVIII, LXX; *De ira*, III, 15; *De tranquillitate animi*, 10.

pas ; il y avait des sages. Mais trop souvent ils n'avaient d'autre ressource que de mourir. Les portions ignobles de l'humanité prenaient par moments le dessus. L'esprit de vertige et de cruauté débordait alors, et faisait de Rome un véritable enfer [1].

Ce gouvernement, si épouvantablement inégal à Rome, était beaucoup meilleur dans les provinces. On s'y apercevait assez peu des secousses qui ébranlaient la capitale. Malgré ses défauts, l'administration romaine valait mieux que les royautés et les républiques que la conquête avait supprimées. Le temps des municipalités souveraines était passé depuis des siècles. Ces petits États s'étaient détruits eux-mêmes par leur égoïsme, leur esprit jaloux, leur ignorance ou leur peu de souci des libertés privées. L'ancienne vie grecque, toute de luttes, tout extérieure, ne satisfaisait plus personne. Elle avait été charmante à son jour ; mais ce brillant Olympe d'une démocratie de demi-dieux, ayant perdu sa fraîcheur, était devenu quelque chose de sec, de froid, d'insignifiant, de vain, de superficiel, faute de bonté et de solide honnêteté. C'est ce qui fit la légitimité de la domination macédonienne, puis de l'administration romaine. L'Empire ne connaissait pas encore les excès de la centralisa-

1. Apocal., xvii. Cf. Sénèque, *Epist.*, xcv, 16 et suiv.

tion. Jusqu'au temps de Dioclétien, il laissa aux provinces et aux villes beaucoup de liberté. Des royaumes presque indépendants subsistaient en Palestine, en Syrie, en Asie Mineure, dans la petite Arménie, en Thrace, sous la protection de Rome. Ces royaumes ne devinrent des dangers, à partir de Caligula, que parce qu'on négligea de suivre à leur égard les règles de grande et profonde politique qu'Auguste avait tracées [1]. Les villes libres, et elles étaient nombreuses, se gouvernaient selon leurs lois; elles avaient le pouvoir législatif et toutes les magistratures d'un État autonome; jusqu'au IIIe siècle, les décrets municipaux se rendent avec la formule : « Le sénat et le peuple [2]... » Les théâtres ne servaient pas seulement aux plaisirs de la scène; ils étaient partout des foyers d'opinion et de mouvement. La plupart des villes étaient, à des titres divers, de petites républiques. L'esprit municipal y était très-fort [3]; elles n'avaient perdu que le droit de se déclarer la guerre, droit funeste qui avait fait du monde un champ de carnage. « Les bienfaits du peuple romain envers le genre humain » étaient le thème de déclamations parfois

---

1. Suétone, *Aug.*, 48.
2. Les exemples en sont innombrables dans les inscriptions.
3. Plutarque, *Præc. ger. reipubl.*, XV, 3-4; *An seni sit ger. resp.*, entier.

adulatrices, mais auxquelles il serait injuste de dénier toute sincérité[1]. Le culte de « la paix romaine [2] », l'idée d'une grande démocratie, organisée sous la tutelle de Rome, était au fond de toutes les pensées[3]. Un rhéteur grec déployait une vaste érudition pour prouver que la gloire de Rome devait être recueillie par toutes les branches de la race hellénique comme une sorte de patrimoine commun[4]. En ce qui concerne la Syrie, l'Asie Mineure, l'Égypte, on peut dire que la conquête romaine n'y détruisit aucune liberté. Ces pays étaient morts depuis longtemps à la vie politique ou ne l'avaient jamais eue.

En somme, malgré les exactions des gouverneurs et les violences inséparables d'un gouvernement absolu, le monde, sous bien des rapports, n'avait pas encore été aussi heureux. Une administration venant d'un centre éloigné était un si grand avantage, que même les rapines exercées par les préteurs des der-

---

1. Jos., *Ant.*, XIV, x, 22, 23. Comp. Tacite, *Ann.*, IV, 55-56; Rutilius Numatianus, *Itin.*, I, 63 et suiv.

2. « Immensa romanæ pacis majestas. » Pline, *Hist. nat.*, XXVII, 1.

3. Ælius Aristide, *Éloge de Rome*, entier; Plutarque, traité de la *Fortune des Romains*, le commencement; Philon, *Leg. ad Caium*, § 21, 22, 39, 40.

4. Denys d'Halicarnasse, *Antiquités romaines*, I, commenc.

niers temps de la République n'avaient pas réussi à la rendre odieuse. La loi *Julia*, d'ailleurs, avait fort limité le champ des abus et des concussions. Les folies ou les cruautés de l'empereur, excepté sous Néron, n'atteignirent que l'aristocratie romaine et l'entourage immédiat du prince. Jamais l'homme qui ne veut pas s'occuper de politique n'avait vécu plus à l'aise. Les républiques de l'antiquité, où chacun était forcé de s'occuper des querelles de partis [1], étaient des séjours fort incommodes. On y était sans cesse dérangé, proscrit. Maintenant, le temps semblait fait exprès pour les prosélytismes larges, supérieurs aux querelles de petites villes, aux rivalités de dynasties. Les attentats contre la liberté venaient de ce qui restait encore d'indépendance aux provinces ou aux communautés, bien plus que de l'administration romaine [2]. Nous avons eu et nous aurons encore en cette histoire de nombreuses occasions de le faire remarquer.

Dans ceux des pays conquis où les besoins politiques n'existaient pas depuis des siècles, et où l'on n'était privé que du droit de se déchirer par des guerres continuelles, l'Empire fut une ère de prospé-

1. Plutarque, *Vie de Solon*, 20.
2. Voir Athénée, XII, 68; Élien, *Var. Hist.*, IX, 12; Suidas, au mot Ἐπίκουρος.

rité et de bien-être comme on n'en avait jamais connu[1]; il est même permis d'ajouter sans paradoxe, de liberté. D'un côté, la liberté du commerce et de l'industrie, dont les républiques grecques n'avaient pas l'idée, devint possible. D'un autre côté, la liberté de penser ne fit que gagner au régime nouveau. Cette liberté-là se trouve toujours mieux d'avoir affaire à un roi ou à un prince qu'à des bourgeois jaloux et bornés. Les républiques anciennes ne l'eurent pas. Les Grecs firent sans cela de grandes choses, grâce à l'incomparable puissance de leur génie; mais, il ne faut pas l'oublier, Athènes avait bel et bien l'inquisition [2]. L'inquisiteur, c'était l'archonte-roi; le saint office, c'était le portique Royal, où ressortissaient les accusations, « d'impiété ». Les accusations de cette sorte étaient fort nombreuses; c'est le genre de causes qu'on trouve le plus fréquemment dans les orateurs attiques. Non-seulement les délits philosophiques, tels que nier Dieu ou la Providence, mais les atteintes les plus légères aux cultes municipaux, la prédication de religions étrangères, les infractions les plus puériles à la scrupuleuse législation des mystères, étaient des crimes entraînant la mort. Les dieux qu'Aristophane bafouait

---

1. Tacite, *Ann.*, I, 2.
2. Étudiez le caractère d'Euthyphron dans Platon.

sur la scène tuaient quelquefois. Ils tuèrent Socrate; ils faillirent tuer Alcibiade. Anaxagore, Protagoras, Théodore l'Athée, Diagoras de Mélos, Prodicus de Céos, Stilpon, Aristote, Théophraste, Aspasie, Euripide [1], furent plus ou moins sérieusement inquiétés. La liberté de penser fut, en somme, le fruit des royautés sorties de la conquête macédonienne. Ce furent les Attales, les Ptolémées, qui les premiers donnèrent aux penseurs les facilités qu'aucune des vieilles républiques ne leur avait offertes. L'empire romain continua la même tradition. Il y eut, sous l'Empire, plus d'un acte arbitraire contre les philosophes; mais cela venait toujours de ce qu'ils s'occupaient de politique [2]. On chercherait vainement, dans le recueil des lois romaines antérieures à Constantin, un texte contre la liberté de penser; dans l'histoire des empereurs, un procès de doctrine abstraite. Pas un savant ne fut inquiété. Des hommes que le moyen âge eût brûlés, tels que Galien, Lucien, Plotin, vécurent tranquilles, protégés par la loi. L'Empire inaugura une période de liberté, en ce

---

1. Diog. Laërce, II, 101, 116; V, 5, 6, 37, 38; IX, 52; Athénée, XIII, 92; XV, 52; Élien, *Var. Hist.*, II, 23; III, 36; Plutarque, *Périclès*, 32; *De plac. philos.*, I, vii, 2; Diod. Sic., XIII, vi, 7; Scol. d'Aristophane, in *Aves*, 1073.

2. En particulier, sous Vespasien; fait d'Helvidius Priscus.

sens qu'il éteignit la souveraineté absolue de la famille, de la ville, de la tribu, et remplaça ou tempéra ces souverainetés par celle de l'État. Or, un pouvoir absolu est d'autant plus vexatoire qu'il s'exerce dans un cercle plus restreint. Les républiques anciennes, la féodalité tyrannisèrent l'individu bien plus que ne l'a fait l'État. Certes, l'empire romain, à certaines époques, persécuta durement le christianisme[1]; mais du moins il ne l'arrêta pas. Or, les républiques l'eussent rendu impossible; le judaïsme, s'il n'avait pas subi la pression de l'autorité romaine, eût suffi pour l'étouffer. Ce qui empêcha les pharisiens de tuer le christianisme, ce furent les magistrats romains[2].

De larges idées de fraternité universelle, sorties pour la plupart du stoïcisme[3], une sorte de sentiment général de l'humanité, étaient le fruit du régime moins étroit et de l'éducation moins exclusive auxquels l'individu était soumis[4]. On rêvait une nouvelle

---

1. Nous essayerons cependant de montrer plus tard que ces persécutions, au moins jusqu'à celle de Dèce, ont été exagérées.

2. Les premiers chrétiens sont, en effet, très-respectueux pour l'autorité romaine. Rom., XIII, 1 et suiv.; I Petri, IV, 14-16. Pour S. Luc, voyez ci-dessus, Introd., p. XXII-XXIII.

3. Diogène Laërce, VII, 1, 32, 33; Eusèbe, *Prépar. évang.*, XV, 15; et, en général, le *De legibus* et le *De officiis* de Cicéron.

4. Térence, *Heauton.*, I, 1, 77; Cic., *De finibus bon. et mal.*,

ère et de nouveaux mondes [1]. La richesse publique était grande, et, malgré l'imperfection des doctrines économiques du temps, l'aisance fort répandue. Les mœurs n'étaient pas ce qu'on se figure souvent. A Rome, il est vrai, tous les vices s'affichaient avec un cynisme révoltant [2]; les spectacles surtout avaient introduit une affreuse corruption. Certains pays, comme l'Égypte, étaient aussi descendus à la dernière bassesse. Mais il y avait dans la plupart des provinces une classe moyenne, où la bonté, la foi conjugale, les vertus domestiques, la probité, étaient suffisamment répandues [3]. Existe-t-il quelque part un idéal de la vie de famille, dans un monde

---

V, 23; *Partit. orat.*, 16, 24; Ovide, *Fastes*, II, 684; Lucain, VI, 54 et suiv.; Sénèque, *Epist.*, XLVIII, XCV, 54 et suiv.; *De ira*, I, 5; III, 43; Arrien, *Dissert. d'Épict.*, I, IX, 6; II, V, 26, Plutarque, *De la fort. des Rom.*, 2; *De la fort. d'Alexandre*, I, 8, 9.

1. Virgile, *Égl.*, IV; Sénèque, *Médée*, 375 et suiv.
2. Tac., *Ann.*, II, 85; Suétone, *Tib.*, 35; Ovide, *Fast.*, II, 497-514.
3. Les inscriptions de femmes contiennent les expressions les plus touchantes. « Mater omnium hominum, parens omnibus subveniens, » dans Renier, *Inscr. de l'Algérie*, n° 1987. Comp. *ibid.*, n° 2756; Mommsen, *Inscr. R. N.*, n° 1431. « Duobus virtutis et castitatis exemplis, » *Not. et mém. de la Soc. de Constantine*, 1865, p. 158. Voir l'inscription d'Urbanille, dans Guérin, *Voy. archéol. dans la rég. de Tunis*, I, 289 et la délicieuse inscription Orelli, n° 4648. Plusieurs de ces textes sont postérieurs au premier siècle; mais les sentiments qu'ils expriment n'étaient pas nouveaux, quand on les écrivit.

d'honnêtes bourgeois de petites villes, plus charmant que celui que Plutarque nous a laissé? Quelle bonhomie! quelle douceur de mœurs! quelle chaste et aimable simplicité [1]! Chéronée n'était évidemment pas le seul endroit où la vie fût si pure et si innocente.

Les habitudes, même en dehors de Rome, avaient bien encore quelque chose de cruel, soit comme reste des mœurs antiques, partout si sanguinaires, soit par l'influence spéciale de la dureté romaine. Mais on était en progrès sous ce rapport. Quel sentiment doux et pur, quelle impression de mélancolique tendresse n'avaient pas trouvé sous la plume de Virgile ou de Tibulle leur plus fine expression? Le monde s'assouplissait, perdait sa rigueur antique, acquérait de la mollesse et de la sensibilité. Des maximes d'humanité se répandaient [2]; l'égalité, l'idée abstraite des droits de l'homme, étaient hautement prêchées par le stoïcisme [3]. La femme, grâce au système dotal du droit romain, devenait de plus en plus maîtresse d'elle-même; les préceptes sur la manière

---

1. *Propos de table,* I, v, 1; *Vie de Démosth.,* 2; le dialogue de *l'Amour,* 2, et surtout la *Consolation* à sa femme.

2. « Caritas generis humani, » Cic., *De finibus,* V, 23. « Homo sacra res homini, » Sénèque, *Epist.,* xcv, 33.

3. Sénèque, *Epist.,* xxxi, xlvii; *De benef.,* III, 18 et suiv.

de traiter les esclaves s'élevaient[1]; Sénèque mangeait avec les siens [2]. L'esclave n'est plus cet être nécessairement grotesque et méchant, que la comédie latine introduit pour provoquer les éclats de rire, et que Caton recommande de traiter comme une bête de somme[3]. Maintenant les temps sont bien changés. L'esclave est moralement égal à son maître; on admet qu'il est capable de vertu, de fidélité, de dévouement, et il en donne des preuves[4]. Les préjugés sur la noblesse de naissance s'effaçaient[5]. Plusieurs lois très-humaines et très-justes s'établissaient,

---

1. Tacite, *Ann.*, XIV, 42 et suiv.; Suétone, *Claude*, 25; Dion Cassius, LX, 29; Pline, *Epist.*, VIII, 16; Inscript. de Lanuvium, col. 2, lignes 1-4 (dans Mommsen, *De coll. et sodal. Rom.*, ad calcem); Sénèque le Rhéteur, *Controv.*, III, 21; VII, 6; Sénèque le Phil., *Epist.*, XLVII; *De benef.*, III, 18 et suiv.; Columelle, *De re rustica*, I, 8; Plutarque, *Vie de Caton l'Ancien*, 5; *De ira*, 11.

2. *Epist.*, XLVII, 13.

3. Caton, *De re rustica*, 58, 59, 104; Plutarque, *Vie de Caton*, 4, 5. Comparez les maximes presque aussi dures de l'*Ecclésiastique*, XXXIII, 25 et suiv.

4. Tacite, *Ann.*, XIV, 60; Dion Cassius, XLVII, 10; LX, 16; LXII, 13; LXVI, 14; Suétone, *Caius*, 16; Appien, *Guerres civiles*, IV, à partir du chapitre XVII (surtout le ch. XXXVI et suiv.), jusqu'au chapitre LI. Juvénal, VI, 476 et suiv., peint les mœurs du plus mauvais monde.

5. Horace, *Sat.*, I, VI, 4 et suiv.; Cic., *Epist.*, III, 7; Sénèque le Rhéteur, *Controv.*, I, 6.

même sous les plus mauvais empereurs[1]. Tibère était un financier habile ; il fonda sur des bases excellentes un établissement de crédit foncier[2]. Néron porta dans le système des impôts, jusque-là inique et barbare, des perfectionnements qui font honte même à notre temps[3]. Le progrès de la législation était considérable, bien que la peine de mort fût encore stupidement prodiguée. L'amour du pauvre, la sympathie pour tous, l'aumône, devenaient des vertus[4].

Le théâtre était un des scandales les plus insupportables aux honnêtes gens, et l'une des premières causes qui excitaient l'antipathie des juifs et des judaïsants de toute espèce contre la civilisation profane du temps. Ces cuves gigantesques leur semblaient

1. Suétone, *Caius*, 15, 16 ; *Claude*, 19, 23, 25 ; *Néron*, 16 ; Dion Cassius, LX, 25, 29.
2. Tacite, *Ann.*, VI, 17 ; comp. IV, 6.
3. Tacite *Ann.*, XIII, 50-51 ; Suétone, *Néron*, 10.
4. Épitaphe du joaillier Evhodus (hominis boni, misericordis, amantis pauperes), *Corpus inscr. lat.*, n° 1027, inscription du siècle d'Auguste (Cf. Egger, *Mém. d'hist. anc. et de phil.*, p. 351 et suiv.) ; Perrot, *Exploration de la Galatie*, etc., p. 118-119 (πτωχοὺς φιλοῦντα) ; Oraison funèbre de Matidie, par Adrien (*Mém. de l'Acad. de Berlin* pour 1863, p. 489) ; Mommsen, *Inscr. regni Neap.*, n° 1431, 2868, 4880 ; Sénèque le Rhéteur, *Controv.*, I, 1 ; III, 19 ; IV, 27 ; VIII, 6 ; Sénèque le Phil., *De clem.*, II, 5, 6 ; *De benef.*, I, 1 ; II, 11 ; IV, 14 ; VII, 31. Comparez Leblant, *Inscr. chrét. de la Gaule*, II, p. 23 et suiv. ; Orelli, n° 4657 ; Fea, *Framm. de' fasti consol.*, p. 90 ; R. Garrucci, *Cimitero degli ant. Ebrei*, p. 44.

le cloaque où bouillonnaient tous les vices. Pendant que les premiers rangs applaudissaient, souvent aux gradins les plus élevés se faisaient jour la répulsion et l'horreur. Les spectacles de gladiateurs ne s'établirent qu'avec peine dans les provinces. Les pays helléniques, du moins, les réprouvèrent, et s'en tinrent le plus souvent aux anciens exercices grecs [1]. Les jeux sanglants gardèrent toujours en Orient une marque d'origine romaine très-prononcée [2]. Les Athéniens, par émulation contre ceux de Corinthe [3], ayant un jour délibéré d'imiter ces jeux barbares, un philosophe se leva, dit-on, et fit une motion pour qu'on renversât préalablement l'autel de la Pitié [4]. L'horreur du théâtre, du stade, du gymnase, c'est-à-dire des lieux publics, de ce qui constituait essentiellement une ville grecque ou romaine, fut ainsi l'un des sentiments les plus profonds des chrétiens, et l'un de ceux qui eurent le plus de conséquence. La civilisation ancienne était une civilisation publique; les choses s'y passaient en plein air, devant les citoyens assemblés; c'était l'inverse de nos sociétés, où la vie est toute

---

1. *Corpus inscr. græc.*, n° 2758.

2. *Ibid.*, n°s 2194 *b*, 2511, 2759 *b*.

3. Il faut se rappeler que la Corinthe de l'époque romaine était une colonie d'étrangers, formée sur l'emplacement de la vieille ville par César et par Auguste.

4. Lucien, *Démonax*, 57.

privée et close dans l'enceinte de la maison. Le théâtre avait hérité de l'*agora* et du *forum*. L'anathème jeté sur le théâtre rejaillit sur toute la société. Une rivalité profonde s'établit entre l'église, d'une part, les jeux publics de l'autre. L'esclave, chassé des jeux, se porta à l'église. Je ne me suis jamais assis dans ces mornes arènes, qui sont toujours le reste le mieux conservé d'une ville antique, sans y avoir vu en esprit la lutte des deux mondes : — ici l'honnête pauvre homme, déjà à demi chrétien, assis au dernier rang, se voilant la face et sortant indigné, — là un philosophe se levant tout à coup et reprochant à la foule sa bassesse [1]. Ces exemples étaient rares au premier siècle. Cependant la protestation commençait à se faire entendre [2]. Le théâtre devenait un lieu fort décrié [3].

La législation et les règles administratives de l'Empire étaient encore un véritable chaos. Le despotisme central, les franchises municipales et provinciales, le caprice des gouverneurs, les violences des com-

1. Dion Cassius, LXVI, 15.
2. Voir surtout Ælius Aristide, traité contre la comédie (I, p. 754 et suiv., édit. Dindorf).
3. Il est remarquable que, dans plusieurs villes d'Asie Mineure, les restes des théâtres antiques sont encore aujourd'hui des repaires de prostitution. Comp. Ovide, *Art d'aimer*, I, 89 et suiv.

munautés indépendantes se heurtaient de la manière la plus étrange. Mais la liberté religieuse gagnait à ces conflits. La belle administration unitaire qui s'établit à partir de Trajan sera bien plus fatale au culte naissant que l'état irrégulier, plein d'imprévu, sans police rigoureuse, du temps des Césars.

Les institutions d'assistance publique, fondées sur ce principe que l'État a des devoirs paternels envers ses membres, ne se développèrent largement que depuis Nerva et Trajan [1]. On en trouve cependant quelques traces au premier siècle [2]. Il y avait déjà des secours pour les enfants [3], des distributions d'aliments aux indigents, des taxes de boulangerie avec indemnité pour les marchands, des précautions pour l'approvisionnement, des primes et des assurances pour les armateurs, des bons de pain qui permettaient d'acheter le blé à prix réduit [4]. Tous les empereurs,

---

1. Orelli-Henzen, nos 1172, 3362 et suiv., 6669; Guérin, *Voy. en Tunisie*, II, p. 59; Borghesi, *Œuvres complètes*, IV, p. 269 et suiv.; E. Desjardins, *De tabulis alimentariis* (Paris 1854); Aurélius Victor, *Epitome*, Nerva; Pline, *Epist.*, I, 8 ; VII, 18.

2. Inscriptions dans Desjardins, *op. cit.*, pars II, cap. I.

3. Suétone, *Aug.*, 41, 46; Dion Cassius, LI, 21; LVIII, 2.

4. Tacite, *Ann.*, II, 87; VI, 13; XV, 18, 39; Suétone, *Aug.*, 41, 42; *Claude*, 18. Comp. Dion Cassius, LXII, 18; Orelli, n° 3358 et suiv.; Henzen, 6662 et suiv.; Forcellini, à l'article *Tessera frumentaria*.

sans exception, montrèrent la plus grande sollicitude pour ces questions, inférieures si l'on veut, mais qui, à certaines époques, priment toutes les autres. Dans la haute antiquité, on peut dire que le monde n'avait pas besoin de charité. Le monde alors était jeune, vaillant; l'hôpital était inutile. La bonne et simple morale homérique, selon laquelle l'hôte, le mendiant, viennent de la part de Jupiter [1], est la morale de robustes et gais adolescents. La Grèce, à son âge classique, énonça les maximes les plus exquises de pitié, de bienfaisance, d'humanité, sans y mêler aucune arrière-pensée d'inquiétude sociale ou de mélancolie [2]. L'homme, à cette époque, était encore sain et heureux; on pouvait ne pas tenir compte du mal. Sous le rapport des institutions de secours mutuels, les Grecs eurent d'ailleurs une grande antériorité sur les Romains [3]. Jamais une disposition libérale, bienveillante, ne sortit de cette cruelle noblesse qui exerça, pendant la durée de la République, un pouvoir si oppressif. Au temps où nous sommes, les fortunes co-

---

1. *Odyss.*, VI, 207.

2. Euripide, *Suppl.*, v. 773 et suivant; Aristote, *Rhétor.*, II, VIII; *Morale à Nicomaque*, VIII, I; IX, X. Voir Stobée, *Florilège*, XXXVII et CXIII, et, en général, les fragments de Ménandre et des comiques grecs.

3. Aristote, *Politique*, VI, III, 4 et 5.

lossales de l'aristocratie, le luxe, les grandes agglomérations d'hommes sur certains points, et par-dessus tout la dureté de cœur particulière aux Romains, leur aversion pour la pitié [1], avaient fait naître le « paupérisme ». Les complaisances de certains empereurs pour la canaille de Rome n'avaient fait qu'aggraver le mal. La sportule, les *tesseræ frumentariæ*, encourageaient le vice et l'oisiveté, mais ne portaient aucun remède à la misère. Ici, comme en beaucoup d'autres choses, l'Orient avait sur le monde occidental une réelle supériorité. Les Juifs possédaient de vraies institutions charitables. Les temples d'Égypte paraissent avoir eu quelquefois une caisse des pauvres [2]. Le collége de reclus et de recluses du Sérapéum de Memphis [3] était aussi, en quelque manière, un établissement de charité. La crise terrible que traversait l'humanité dans la capitale de l'Empire se faisait peu sentir dans les pays éloignés, où la vie était restée plus simple. Le reproche d'avoir empoisonné la terre, l'assimilation de Rome à une courtisane qui a versé

---

1. Cicéron, *Tusculanes*, IV, 7, 8; Sénèque, *De clem.*, II, 5, 6.

2. Papyrus du Louvre, n° 37, col. 1, ligne 21, dans les *Notices et extraits*, t. XVIII, 2ᵉ part., p. 298.

3. V. ci-dessus, p. 79.

au monde le vin de son immoralité, était juste à beaucoup d'égards[1]. La province valait mieux que Rome, ou plutôt les éléments impurs qui de toutes parts s'amassaient à Rome, comme en un égout, avaient formé là un foyer d'infection, où les vieilles vertus romaines étaient étouffées et où les bonnes semences venues d'ailleurs se développaient lentement.

L'état intellectuel des diverses parties de l'Empire était peu satisfaisant. Sous ce rapport, il y avait une véritable décadence. La haute culture de l'esprit n'est pas aussi indépendante des circonstances politiques que l'est la moralité privée. Il s'en faut, d'ailleurs, que les progrès de la haute culture de l'esprit et ceux de la moralité soient parallèles. Marc-Aurèle fut certes un plus honnête homme que tous les anciens philosophes grecs; et pourtant ses notions positives sur les réalités de l'univers sont inférieures à celles d'Aristote, d'Épicure; car il croit par moments aux dieux comme à des personnages finis et distincts, aux songes, aux présages. Le monde, à l'époque romaine, accomplit un progrès de moralité et subit une décadence scientifique. De Tibère à Nerva, cette décadence est tout à fait sensible. Le

---

[1]. Apoc., XVII et suiv.

génie grec, avec une originalité, une force, une richesse qui n'ont jamais été égalées, avait créé depuis des siècles l'encyclopédie rationnelle, la discipline normale de l'esprit. Ce mouvement merveilleux, datant de Thalès et des premières écoles d'Ionie (six cents ans avant Jésus-Christ), était à peu près arrêté vers l'an 120 avant Jésus-Christ. Les derniers survivants de ces cinq siècles de génie, Apollonius de Perge, Ératosthène, Aristarque, Héron, Archimède, Hipparque, Chrysippe, Carnéade, Panétius, étaient morts sans avoir eu de successeurs. Je ne vois que Posidonius et quelques astronomes qui continuent encore les vieilles traditions d'Alexandrie, de Rhodes, de Pergame. La Grèce, si habile à créer, n'avait pas su tirer de sa science ni de sa philosophie un enseignement populaire, un remède contre les superstitions. Tout en possédant dans leur sein d'admirables instituts scientifiques, l'Égypte, l'Asie Mineure, la Grèce même étaient livrées aux plus sottes croyances. Or, quand la science n'arrive pas à dominer la superstition, la superstition étouffe la science. Entre ces deux forces opposées, le duel est à mort.

L'Italie, en adoptant la science grecque, avait su, un moment, l'animer d'un sentiment nouveau. Lucrèce avait fourni le modèle du grand poëme philosophique, à la fois hymne et blasphème, inspirant tour à tour la sérénité et le désespoir, pénétré de ce sentiment profond de la destinée humaine qui manqua toujours aux Grecs. Ceux-ci, en vrais enfants qu'ils étaient, prenaient la vie d'une façon si gaie, que jamais ils ne songèrent à maudire les dieux, à trouver la nature injuste et perfide envers l'homme. De plus graves pensées se firent jour chez les philosophes latins. Mais, pas mieux que la Grèce, Rome ne sut faire de la science la base d'une éducation populaire. Pendant que Cicéron donnait avec un tact exquis une forme achevée aux idées qu'il empruntait aux Hellènes; que Lucrèce écrivait son étonnant poëme; qu'Horace avouait à Auguste, qui ne s'en émouvait pas, sa franche incrédulité; qu'un des plus charmants poëtes du temps, Ovide, traitait en élégant libertin les fables les plus respectables; que les grands stoïciens tiraient les conséquences pratiques de la philosophie grecque, les plus folles chimères trouvaient créance, la foi au merveilleux était sans bornes. Jamais on ne fut plus occupé de prophéties, de prodiges [1]. Le beau déisme éclectique de Cicéron [2], continué et perfectionné encore par Séné-

---

1. Virgile, *Egl.*, IV; *Georg.*, I, 463 et suiv.; Horace, *Od.*, I, II; Tacite, *Ann.*, VI, 12; Suétone, *Aug.*, 31.

2. Voir, par exemple, *De republ.*, III, 22, cité et conservé par Lactance, *Instit. div.*, VI, 8.

que[1], restait la croyance d'un petit nombre d'esprits élevés, n'exerçant aucune action sur leur siècle.

L'Empire, jusqu'à Vespasien, n'avait rien qui pût s'appeler instruction publique[2]. Ce qu'il eut plus tard en ce genre fut presque borné à de fades exercices de grammairiens; la décadence générale en fut plutôt hâtée que ralentie. Les derniers temps du gouvernement républicain et le règne d'Auguste furent témoins d'un des plus beaux mouvements littéraires qu'il y ait jamais eu. Mais, après la mort du grand empereur, la décadence est rapide, ou, pour mieux dire, tout à fait subite. La société intelligente et cultivée des Cicéron, des Atticus, des César, des Mécène, des Agrippa, des Pollion, avait disparu comme un songe. Sans doute, il y avait encore des hommes éclairés, des hommes au courant de la science de leur temps, occupant de hautes positions sociales, tels que les Sénèques et la société littéraire dont ils étaient le centre, Lucilius, Gallion, Pline. Le corps du droit romain, qui est la philosophie même codifiée, la mise en pratique du rationalisme grec, continuait sa majestueuse croissance. Les grandes familles romaines

1. Voir, par exemple, l'admirable lettre XXXI à Lucilius.
2. Suétone, *Vesp.*, 18; Dion Cassius, t. VI, p. 558 (édit. Sturz); Eusèbe, *Chron.*, à l'an 89; Pline, *Epist.*, I, 8; Henzen, Suppl. à Orelli, p. 124, n° 1172.

avaient conservé un fond de religion élevée et une grande horreur de la superstition [1]. Les géographes Strabon et Pomponius Méla, le médecin et encyclopédiste Celse, le botaniste Dioscoride, le jurisconsulte Sempronius Proculus, étaient des têtes fort bien faites. Mais c'étaient là des exceptions. A part quelques milliers d'hommes éclairés, le monde était plongé dans une complète ignorance des lois de la nature [2]. La crédulité était une maladie générale [3]. La culture littéraire se réduisait à une creuse rhétorique, qui n'apprenait rien. La direction essentiellement morale et pratique que la philosophie avait prise bannissait les grandes spéculations. Les connaissances humaines, si l'on excepte la géographie, ne faisaient aucun progrès. L'amateur instruit et lettré remplaçait le savant créateur. Le suprême défaut des Romains faisait sentir ici sa fatale influence. Ce peuple, si grand par l'empire, était secondaire par l'esprit. Les Romains les plus instruits, Lucrèce, Vitruve, Celse, Pline, Sénèque, étaient, pour les con-

---

1. Oraison funèbre de Turia, I, lignes 30-31.

2. Voir surtout le premier livre de Valère Maxime, l'ouvrage de Julius Obsequens sur les Prodiges, et les *Discours sacrés* d'Ælius Aristide.

3. Auguste (Suétone, *Aug.*, 90-92), César même, dit-on (Pline, *Hist. nat.*, XXVIII, iv, 7, mais j'en doute), n'y échappaient pas.

naissances positives, les écoliers des Grecs. Trop souvent même, c'était la plus médiocre science grecque que l'on copiait médiocrement [1]. La ville de Rome n'eut jamais de grande école scientifique. Le charlatanisme y régnait presque sans contrôle. Enfin, la littérature latine, qui certainement eut des parties admirables, fleurit peu de temps et ne sortit pas du monde occidental [2].

La Grèce, heureusement, restait fidèle à son génie. Le prodigieux éclat de la puissance romaine l'avait éblouie, interdite, mais non anéantie. Dans cinquante ans, elle aura reconquis le monde, elle sera de nouveau la maîtresse de tous ceux qui pensent, elle s'assiéra sur le trône avec les Antonins. Mais, maintenant, la Grèce elle-même est à une de ses heures de lassitude. Le génie y est rare ; la science originale, inférieure à ce qu'elle avait été aux siècles précédents et à ce qu'elle sera au siècle suivant. L'école d'Alexandrie, en décadence depuis près de deux siècles, qui, cependant, à l'époque de César, possédait encore Sosigène, est muette maintenant.

De la mort d'Auguste à l'avénement de Trajan, il faut donc placer une période d'abaissement momentané pour l'esprit humain. Le monde antique était loin

1. Manilius, Hygin, traductions d'Aratus.
2. Cicéron, *Pro Archia,* 10.

d'avoir dit son dernier mot ; mais la cruelle épreuve qu'il traversait lui ôtait la voix et le cœur. Viennent des jours meilleurs, et l'esprit, délivré du désolant régime des Césars, semblera revivre. Épictète, Plutarque, Dion Chrysostome, Quintilien, Tacite, Pline le Jeune, Juvénal, Rufus d'Éphèse, Arétée, Galien, Ptolémée, Hypsiclès, Théon, Lucien, ramèneront les plus beaux jours de la Grèce, non de cette Grèce inimitable qui n'a existé qu'une fois pour le désespoir et le charme de ceux qui aiment le beau, mais d'une Grèce riche et féconde encore, qui, en confondant ses dons avec ceux de l'esprit romain, produira des fruits nouveaux pleins d'originalité.

Le goût général était fort mauvais. Les grands écrivains grecs font défaut. Les écrivains latins que nous connaissons, à l'exception du satirique Perse, sont médiocres et sans génie. La déclamation gâtait tout. Le principe par lequel le public jugeait des œuvres de l'esprit était à peu près le même que de notre temps. On ne cherchait que le trait brillant. La parole n'était plus ce vêtement simple de la pensée, tirant toute son élégance de sa parfaite proportion avec l'idée à exprimer. On cultivait la parole pour elle-même. Le but d'un auteur en écrivant était de montrer son talent. On mesurait l'excellence d'une « récitation » ou lecture publique, au nombre de mots applaudis dont elle était semée. Le grand principe qu'en fait d'art tout doit servir à l'ornement, mais que tout ce qui est mis exprès pour l'ornement est mauvais, ce principe, dis-je, était profondément oublié. Le temps était, si l'on veut, très-littéraire. On ne parlait que d'éloquence, de bon style, et au fond presque tout le monde écrivait mal; il n'y avait pas un seul orateur; car le bon orateur, le bon écrivain sont gens qui ne font métier ni de l'un ni de l'autre. Au théâtre, l'acteur principal absorbait l'attention; on supprimait les pièces pour ne réciter que les morceaux d'éclat, les *cantica*. L'esprit de la littérature était un « dilettantisme » niais, qui gagnait jusqu'aux empereurs, une sotte vanité qui portait chacun à prouver qu'il avait de l'esprit. De là une extrême fadeur, d'interminables « Théséides », des drames faits pour être lus en coterie, toute une banalité poétique qu'on ne peut comparer qu'aux épopées et aux tragédies classiques d'il y a soixante ans.

Le stoïcisme lui-même ne put échapper à ce défaut, ou du moins ne sut pas, avant Épictète et Marc-Aurèle, trouver une belle forme pour revêtir ses doctrines. Ce sont des monuments vraiment étranges que ces tragédies de Sénèque, où les plus hauts sentiments sont exprimés sur le ton d'un charlatanisme littéraire tout à fait fatigant, indices à la fois d'un progrès moral et d'une décadence de goût irrémédiable. Il en faut dire autant de Lucain. La tension d'âme, effet naturel de ce que la situation avait d'éminemment tragique, donnait naissance à un genre enflé, où l'unique souci était de briller par de belles sentences. Il arrivait quelque chose d'analogue à ce qui se passa chez nous sous la Révolution; la crise la plus forte qui fut jamais ne produisit guère qu'une littérature de rhéteurs, pleine de déclamation. Il ne faut pas s'arrêter à cela. Les pensées neuves s'expriment parfois avec beaucoup de prétention. Le style de Sénèque est sobre, simple et pur, comparé à celui de saint Augustin. Or, nous pardonnons à saint Augustin son style souvent détestable, ses *concetti* insipides, pour ses beaux sentiments.

En tout cas, cette éducation, noble et distinguée à beaucoup d'égards, n'arrivait pas jusqu'au peuple. C'eût été là un médiocre inconvénient, si le peuple avait eu du moins un aliment religieux, quelque chose d'analogue à ce que reçoivent, à l'église, les portions les plus déshéritées de nos sociétés. Mais la religion dans toutes les parties de l'Empire était fort abaissée. Rome, avec une haute raison, avait laissé debout les anciens cultes, n'en retranchant que ce qui était inhumain [1], séditieux ou injurieux pour les autres [2]. Elle avait étendu sur tous une sorte de vernis officiel, qui les amenait à se ressembler et les fondait tant bien que mal ensemble. Malheureusement, ces vieux cultes, d'origine fort diverse, avaient un trait commun : c'était une égale impossibilité d'arriver à un enseignement théologique, à une morale appliquée, à une prédication édifiante, à un ministère pastoral vraiment fructueux pour le peuple. Le temple païen n'était nullement ce que furent à leur belle époque la synagogue et l'église, je veux dire maison commune, école, hôtellerie, hospice, abri où le pauvre va chercher un asile [3]. C'était une froide *cella*, où l'on n'entrait guère, où l'on n'apprenait rien. Le culte romain était peut-être le moins mauvais de ceux qu'on pratiquait encore. La pureté de cœur et de corps y était considérée comme faisant partie de la religion [4]. Par sa gravité, sa décence, son austérité, ce culte, à part quelques farces analogues à notre carnaval, était supérieur aux cérémonies bizarres et prêtant au ridicule que les personnes atteintes des manies orientales in-

---

1. Suétone, *Claude*, 25.
2. Josèphe, *Ant.*, XIX, v, 3.
3. *Bereschith rabba*, ch. LXV, fol. 65 *b*; du Cange, au mot *matricularius*.
4. Cicéron, *De legibus*, II, 8; Vopiscus, *Aurélien*, 19.

troduisaient secrètement. L'affectation que mettaient les patriciens romains à distinguer « la religion », c'est-à-dire leur propre culte, de « la superstition », c'est-à-dire des cultes étrangers [1], nous paraît cependant assez puérile. Tous les cultes païens étaient essentiellement superstitieux. Le paysan qui de nos jours met un sou dans le tronc d'une chapelle à miracles, qui invoque tel saint pour ses bœufs ou ses chevaux, qui boit de certaine eau dans certaines maladies, est en cela païen. Presque toutes nos superstitions sont les restes d'une religion antérieure au christianisme, que celui-ci n'a pu déraciner entièrement. Si l'on voulait retrouver de nos jours l'image du paganisme, c'est dans quelque village perdu, au fond des campagnes les plus arriérées, qu'il faudrait le chercher.

N'ayant pour gardiens qu'une tradition populaire vacillante et des sacristains intéressés, les cultes païens ne pouvaient manquer de dégénérer en adulation [2]. Auguste, quoique avec réserve, accepta

1. « Religio sine superstitione. » Oraison funèbre de Turia, I, lignes 30-31. Voir le *Traité de la superstition* de Plutarque.
2. Voir Méliton, Περὶ ἀληθείας, dans le *Spicilegium syriacum* de Cureton, p. 43 ou dans le *Spicil. Solesmense* de dom Pitra, t. II, p. XLI, pour se bien rendre compte de l'impression que cela faisait sur les juifs et les chrétiens.

d'être adoré de son vivant dans les provinces[1]. Tibère laissa juger sous ses yeux cet ignoble concours des villes d'Asie, se disputant l'honneur de lui élever un temple [2]. Les extravagantes impiétés de Caligula [3] ne produisirent aucune réaction; hors du judaïsme, il ne se trouva pas un seul prêtre pour résister à de telles folies. Sortis pour la plupart d'un culte primitif des forces naturelles, dix fois transformés par des mélanges de toute sorte et par l'imagination des peuples, les cultes païens étaient limités par leur passé. On n'en pouvait tirer ce qui n'y fut jamais, le déisme, l'édification. Les Pères de l'Église nous font sourire quand ils relèvent les méfaits de Saturne comme père de famille, de Jupiter comme mari. Mais, certes, il était bien plus ridicule encore d'ériger Jupiter (c'est-à-dire l'atmosphère) en un dieu moral, qui commande, défend, récompense, punit. Dans un monde qui aspirait à posséder un catéchisme, que pouvait-on faire d'un culte comme celui de Vénus, sorti d'une vieille nécessité

---

1. Suétone, *Aug.*, 52; Dion Cass., LI, 20; Tacite, *Ann.*, I, 10; Aurel. Victor, *Cæs.*, 1; Appien, *Bell. Civ.*, V, 132; Jos., *B. J.*, I, xxi, 2, 3, 4, 7; Noris, *Cenotaphia Pisana*, dissert. I, cap. 4; *Kalendarium Cumanum*, dans *Corpus inscr. lat.*, I, p. 310; Eckhel, *Doctrina num. vet.*, pars 2ª, vol. VI, p. 100, 124 et suiv.

2. Tacite, *Ann.*, IV, 55-56. Comp. Valère Maxime, prol.

3. Voir ci-dessus, p. 193 et suiv.

sociale des premières navigations phéniciennes dans la Méditerranée, mais devenu avec le temps un outrage à ce qu'on envisageait de plus en plus comme l'essence de la religion?

De toutes parts, en effet, se manifestait avec énergie le besoin d'une religion monothéiste, donnant pour base à la morale des prescriptions divines. Il vient ainsi une époque où les religions naturalistes, réduites à de purs enfantillages, à des simagrées de sorciers, ne peuvent plus suffire aux sociétés, où l'humanité veut une religion morale, philosophique. Le bouddhisme, le zoroastrisme, répondirent à ce besoin dans l'Inde, dans la Perse. L'orphisme, les mystères, avaient tenté la même chose dans le monde grec, sans réussir d'une manière durable. A l'époque où nous sommes, le problème se posait pour l'ensemble du monde avec une sorte d'unanimité solennelle et d'impérieuse grandeur.

La Grèce, il est vrai, faisait une exception à cet égard. L'hellénisme était beaucoup moins usé que les autres religions de l'Empire. Plutarque, dans sa petite ville de Béotie, vécut de l'hellénisme, tranquille, heureux, content comme un enfant, avec la conscience religieuse la plus calme. Chez lui, pas une trace de crise, de déchirement, d'inquiétude, de révolution imminente. Mais il n'y avait que l'esprit grec qui fût capable d'une sérénité si enfantine. Toujours satisfaite d'elle-même, fière de son passé et de cette brillante mythologie dont elle possédait tous les lieux saints, la Grèce ne participait pas aux tourments intérieurs qui travaillaient le reste du monde. Seule, elle n'appelait pas le christianisme; seule, elle voulut s'en passer; seule, elle prétendit mieux faire [1]. Cela tenait à cette jeunesse éternelle, à ce patriotisme, à cette gaieté, qui ont toujours caractérisé le véritable Hellène, et qui, aujourd'hui, encore, font que le Grec est comme étranger aux soucis profonds qui nous minent. L'hellénisme se trouva ainsi en mesure de tenter une renaissance qu'aucun autre des cultes de l'Empire n'aurait pu essayer. Au IIe, au IIIe, au IVe siècle de notre ère, l'hellénisme se constituera en religion organisée, par une sorte de fusion entre la mythologie et la philosophie grecques, et, avec ses philosophes thaumaturges, ses anciens sages érigés en révélateurs, ses légendes de Pythagore et d'Apollonius, fera au christianisme une concurrence qui, pour être restée impuissante, n'en a pas moins été le plus dangereux obstacle que la religion de Jésus ait trouvé sur son chemin.

1. Corinthe, la seule ville de Grèce qui ait eu, aux premiers siècles, une chrétienté considérable, n'était plus à cette époque une ville hellénique.

Cette tentative ne se produisit pas encore au temps des Césars. Les premiers philosophes qui essayèrent une espèce d'alliance entre la philosophie et le paganisme, Euphrate de Tyr, Apollonius de Tyane et Plutarque, sont de la fin du siècle. Euphrate de Tyr nous est mal connu. La légende a tellement recouvert la trame de la biographie véritable d'Apollonius, qu'on ne sait s'il faut le compter parmi les sages, parmi les fondateurs religieux ou parmi les charlatans. Quant à Plutarque, c'est moins un penseur, un novateur, qu'un esprit modéré qui veut mettre tout le monde d'accord en rendant la philosophie timide et la religion à moitié raisonnable. Il n'y a rien chez lui de Porphyre ni de Julien. Les essais d'exégèse allégorique des stoïciens [1] sont bien faibles. Les mystères, comme ceux de Bacchus, où l'on enseignait l'immortalité de l'âme sous de gracieux symboles [2], étaient bornés à certains pays et n'avaient pas d'influence étendue. L'incrédulité à la religion officielle était générale dans la classe éclairée [3]. Les hommes poli-

---

1. Héraclide, Cornutus. Comp. Cic., *De natura deorum*, III, 23-25, 60, 62-64.

2. Plutarque, *Consolatio ad uxorem*, 10; *De sera numinis vindicta*, 22; Heuzey, *Mission de Macédoine*, p. 128; *Revue archéologique*, avril 1864, p. 282.

3. Lucrèce, I, 63 et suiv.; Salluste, *Catil.*, 52; Cic., *De nat.*

tiques qui affectaient le plus de soutenir le culte de l'État s'en raillaient par de forts jolis mots [1]. On énonçait ouvertement le système immoral que les fables religieuses ne sont bonnes que pour le peuple, et doivent être maintenues pour lui [2]. Précaution fort inutile; car la foi du peuple était elle-même profondément ébranlée [3].

A partir de l'avènement de Tibère, il est vrai, une réaction religieuse est sensible. Il semble que le monde s'effraye de l'incrédulité avouée des temps de César et d'Auguste; on prélude à la malencontreuse tentative de Julien; toutes les superstitions se voient réhabilitées par raison d'État [4]. Valère Maxime donne le premier exemple d'un écrivain de bas étage se fai-

---

deorum, II, 24, 28; *De divinat.,* II, 33, 35, 57; *De haruspicum responsis,* presque entier; *Tuscul.,* I, 16; Juvénal, Sat. II, 149-152; Sénèque, *Epist.,* XXIV, 17.

1. « Sua cuique civitati religio est, nostra nobis. » Cic., *Pro Flacco,* 28.

2. Cic., *De nat. deorum,* I, 30, 42; *De divinat.,* II, 12, 33, 35, 72; *De harusp. resp.,* 6, etc.; Tite-Live, I, 19; Quinte-Curce, IV, 10; Plutarque, *De plac. phil.,* I, VII, 2; Diod. Sic., I, II, 2; Varron, dans saint Aug., *De civit. Dei,* IV, 31, 32; VI, 6; Denys d'Halic., II, 20; VIII, 5; Valère Maxime, I, II.

3. Cic., *De divinat.,* II, 15; Juvénal, II, 149 et suiv.

4. Tac., *Ann.,* XI, 15; Pline, *Epist.,* X, 97, *sub fin.* Étudier le personnage de Sérapion dans Plutarque, *De Pythiæ oraculis.* Comp. *De El apud Delphos,* init. Voir surtout Valère Maxime, livre I, tout entier.

sant l'auxiliaire de théologiens aux abois, d'une plume vénale ou souillée mise au service de la religion. Mais ce sont les cultes étrangers qui profitent le plus de ce retour. La réaction sérieuse en faveur du culte gréco-romain ne se produira qu'au IIe siècle. Maintenant, les classes que possède l'inquiétude religieuse se tournent vers les cultes venus de l'Orient [1]. Isis et Sérapis trouvent plus de faveur que jamais [2]. Les imposteurs de toute espèce, thaumaturges, magiciens, profitent de ce besoin, et, comme il arrive d'ordinaire aux époques et dans les pays où la religion d'État est faible, pullulent de tous côtés [3]; qu'on se rappelle les types réels ou fictifs d'Apollonius de Tyane, d'Alexandre d'Abonotique, de Pérégrinus, de Simon de Gitton [4]. Ces erreurs mêmes et ces chimères étaient comme une prière de la terre en travail, comme les essais infructueux d'un monde cherchant sa règle et aboutissant parfois dans ses efforts convulsifs à de monstrueuses créations destinées à l'oubli.

1. Juv., Sat. VI, 489, 527 et suiv.; Tacite, *Ann.*, XI, 15. Comp. Lucien, *l'Assemblée des dieux*; Tertullien, *Apolog.*, 6.

2. Jos., *Ant.*, XVIII, III, 4; Tacite, *Ann.*, II, 85; Le Bas, *Inscr.*, part. V, n° 395.

3. Plutarque, *De Pyth. orac.*, 25.

4. Voir Lucien, *Alexander seu pseudomantis* et *De morte Peregrini*.

En somme, le milieu du premier siècle est une des époques les plus mauvaises de l'histoire ancienne. La société grecque et romaine s'y montre en décadence sur ce qui précède et fort arriérée à l'égard de ce qui suit. Mais la grandeur de la crise décelait bien quelque formation étrange et secrète. La vie semblait avoir perdu ses mobiles; les suicides se multipliaient [1]. Jamais siècle n'avait offert une telle lutte entre le bien et le mal. Le mal, c'était un despotisme redoutable, mettant le monde entre les mains d'hommes atroces et de fous; c'était la corruption de mœurs, qui résultait de l'introduction à Rome des vices de l'Orient; c'était l'absence d'une bonne religion et d'une sérieuse instruction publique. Le bien, c'était, d'une part, la philosophie, combattant à poitrine découverte contre les tyrans, défiant les monstres, trois ou quatre fois proscrite en un demi-siècle (sous Néron, sous Vespasien, sous Domitien) [2]; c'étaient, d'une autre part, les efforts de la vertu populaire, ces légitimes aspirations à un meilleur état religieux, cette tendance vers les confréries, vers les cultes monothéistes, cette réhabilitation du

---

1. Sénèque, *Epist.*, XII, XXIV, LXX; Inscription de Lanuvium, 2ᵉ col., lignes 5-6; Orelli, 4404.
2. Dion Cassius, LXVI, 13; LXVII, 13; Suétone, *Domit.*, 10; Tacite, *Agricola*, 2, 45; Pline, *Epist.*, III, 11; Philostrate, *Vie*

pauvre, qui se produisaient principalement sous le couvert du judaïsme et du christianisme. Ces deux grandes protestations étaient loin d'être d'accord ; le parti philosophique et le parti chrétien ne se connaissaient pas, et ils avaient si peu conscience de la communauté de leurs efforts, que le parti philosophique, étant arrivé au pouvoir par l'avénement de Nerva, fut loin d'être favorable au christianisme. A vrai dire, le dessein des chrétiens était bien plus radical. Les stoïciens, maîtres de l'Empire, le réformèrent et présidèrent aux cent plus belles années de l'histoire de l'humanité. Les chrétiens, maîtres de l'Empire à partir de Constantin, achevèrent de le ruiner. L'héroïsme des uns ne doit pas faire oublier celui des autres. Le christianisme, si injuste pour les vertus païennes, prit à tâche de déprécier ceux qui avaient combattu les mêmes ennemis que lui. Il y eut dans la résistance de la philosophie, au premier siècle, autant de grandeur que dans celle du christianisme ; mais que la récompense de part et d'autre a été inégale ! Le martyr qui renversa du pied les idoles a sa légende ; pourquoi Annæus Cornutus, qui déclara devant Néron que les livres de celui-ci ne vaudraient jamais ceux de Chrysippe [1] ; pourquoi Helvidius Pris-

---

d'Apollonius, l. VII, entier; Eusèbe, *Chron.*, ad ann. Chr. 90.

1. Dion Cassius, LXII, 29.

cus, qui dit en face à Vespasien : « Il est en toi de tuer; en moi de mourir [1]; » pourquoi Démétrius le Cynique, qui répondit à Néron irrité : « Vous me menacez de la mort; mais la nature vous en menace [2], » n'ont-ils pas leur image parmi les héros populaires que tous aiment et saluent? L'humanité dispose-t-elle de tant de forces contre le vice et la bassesse, qu'il soit permis à chaque école de vertu de repousser l'aide des autres et de soutenir qu'elle seule a le droit d'être courageuse, fière, résignée?

1. Arrien, *Dissert. d'Épictète*, I, II, 21.
2. *Ibid.*, I, xxv, 22.

CHAPITRE XVIII.

LÉGISLATION RELIGIEUSE DE CE TEMPS.

L'Empire, au premier siècle, tout en se montrant hostile aux innovations religieuses qui venaient de l'Orient, ne les combattait pas encore d'une manière constante. Le principe de la religion d'État était assez mollement soutenu. Sous la République, à diverses reprises, on avait proscrit les rites étrangers, en particulier ceux de Sabazius, d'Isis, de Sérapis [1]. Cela fut fort inutile. Le peuple était porté vers ces cultes comme par un entraînement irrésistible [2]. Quand on décréta, l'an de Rome 535, la démolition du temple

---

[1]. Valère Max., I, III; Tite Live, XXXIX, 8-18; Cicéron, *De legibus*, II, 8; Denys d'Halic., II, 20; Dion Cassius, XL, 47; XLII, 26; Tertullien, *Apol.*, 6; *Adv. nationes*, I, 10.

[2]. Properce, IV, I, 17; Lucain, VIII, 831; Dion Cassius, XLVII, 15; Arnobe, II, 73.

d'Isis et de Sérapis, on ne trouva pas un ouvrier pour se mettre à l'œuvre, et le consul fut obligé de briser lui-même la porte à coups de hache [1]. Il est clair que le culte latin ne suffisait plus à la foule. On suppose, non sans raison, que ce fut pour flatter les instincts populaires que César rétablit les cultes d'Isis et de Sérapis [2].

Avec la profonde et libérale intuition qui le caractérise, ce grand homme s'était montré favorable à une complète liberté de conscience [3]. Auguste fut plus attaché à la religion nationale [4]. Il avait de l'antipathie pour les cultes orientaux [5]; il interdit même la propagation des cérémonies égyptiennes en Italie [6]; mais il voulut que chaque culte, le culte juif en particulier, fût maître chez lui [7]. Il exempta les juifs de tout ce qui eût blessé leur conscience, en particulier de toute action civile le jour du sabbat [8]. Quelques personnes de son entourage montraient moins de tolérance et auraient volontiers fait de lui

---

[1]. Valère Maxime, I, III, 3.
[2]. Dion Cassius, XLVII, 15.
[3]. Jos., XIV, x. Comp. Cicéron, *Pro Flacco*, 28.
[4]. Suét., *Aug.*, 31, 93; Dion Cassius, LII, 36.
[5]. Suét., *Aug.*, 93.
[6]. Dion Cassius, LIV, 6.
[7]. Jos., *Ant.*, XVI, VI.
[8]. *Ibid.*, XVI, VI, 2.

un persécuteur religieux au profit du culte latin[1]. Il ne paraît pas avoir cédé à ces conseils funestes. Josèphe, suspect d'exagération en ceci, veut même qu'il ait fait des dons de vases sacrés au temple de Jérusalem [2].

Ce fut Tibère qui le premier posa le principe de la religion d'État avec netteté, et prit des précautions sérieuses contre la propagande juive et orientale [3]. Il faut se rappeler que l'empereur était « grand pontife », et qu'en protégeant le vieux culte romain, il semblait accomplir un devoir de sa charge. Caligula retira les édits de Tibère[4]; mais sa folie ne permettait rien de suivi. Claude paraît avoir imité la politique d'Auguste. A Rome, il fortifia le culte latin, se montra préoccupé des progrès que faisaient les religions étrangères[5], usa de rigueur contre les juifs[6], et poursuivit avec acharnement les confréries[7]. En

---

1. Dion Cassius, LII, 36.
2. Jos., *B. J.*, V, xiii, 6. Comp. Suétone, *Aug.*, 93.
3. Suétone, *Tib.*, 36; Tac., *Ann.*, II, 85; Jos., *Ant.*, XVIII, iii, 4, 5; Philon, *In Flaccum*, § 1; *Leg. ad Caium*, § 24; Sénèque, *Epist.*, cviii, 22. L'assertion de Tertullien (*Apolog.*, 5), reproduite par d'autres écrivains ecclésiastiques, sur l'intention qu'aurait eue Tibère de mettre Jésus-Christ au rang des dieux, ne mérite pas d'être discutée.
4. Dion Cassius, LX, 6.
5. Tacite, *Ann.*, XI, 15.
6. Dion Cassius, LX, 6; Suétone, *Claude*, 25; *Act.*, xviii, 2.
7. Dion Cassius, LX, 6.

Judée, au contraire, il se montra bienveillant pour les indigènes ¹. La faveur dont jouirent à Rome les Agrippa sous ces deux derniers règnes assurait à leurs coreligionnaires une puissante protection, hors les cas où la police de Rome exigeait des mesures de sûreté.

Quant à Néron, il s'occupa peu de religion ². Ses actes odieux envers les chrétiens furent des actes de férocité, et non des dispositions législatives ³. Les exemples de persécution qu'on cite dans la société romaine de ce temps émanent plutôt de l'autorité de la famille que de l'autorité publique ⁴. Encore de tels faits ne se passaient-ils que dans les maisons nobles de Rome, qui conservaient les anciennes traditions ⁵. Les provinces étaient parfaitement libres de suivre leur culte, à la seule condition de ne pas outrager les cultes des autres pays ⁶. Les provinciaux ⁷,

1. Jos., *Ant.*, XIX, v, 2; XX, vi, 3; *B. J.*, II, xii, 7.
2. Suét., *Néron*, 56.
3. Tacite, *Ann.*, XV, 44; Suétone, *Néron*, 16. Ceci sera développé plus tard.
4. Tacite, *Ann.*, XIII, 32.
5. Comp. Dion Cassius (Xiphilin), *Domit.*, sub fin.; Suétone, *Domit.*, 15. Cette distinction est formellement faite dans le Digeste, l. XLVII, tit. xxii, *de Coll. et Corp.*, 1 et 3.
6. Cic., *Pro Flacco*, 28.
7. Cette distinction est indiquée dans les *Actes*, xvi, 20-21. Cf. xviii, 13.

à Rome, avaient le même droit, pourvu qu'ils ne fissent pas d'esclandre. Les deux seules religions auxquelles l'Empire ait fait la guerre au premier siècle, le druidisme et le judaïsme, étaient des forteresses où se défendaient des nationalités. Tout le monde était convaincu que la profession du judaïsme impliquait le mépris des lois civiles et l'indifférence pour la prospérité de l'État [1]. Quand le judaïsme voulait être une simple religion individuelle, on ne le persécutait pas [2]. Les rigueurs contre le culte de Sérapis venaient peut-être du caractère monothéiste qu'il présentait [3], et qui déjà le faisait confondre avec le culte juif et le culte chrétien [4].

Aucune loi fixe [5] n'interdisait donc, au temps des apôtres, la profession des religions monothéistes. Ces religions, jusqu'à l'avénement des empereurs syriens, sont toujours surveillées; mais ce n'est qu'à partir de

---

1. Cic., *Pro Flacco*, 28; Juvénal, xiv, 100 et suiv.; Tacite, *Hist.*, V, 4, 5; Pline, *Epist.*, X, 97; Dion Cassius, LII, 36.

2. Jos., *B. J.*, VII, v, 2.

3. Ælius Aristide, *Pro Serapide*, 53; Julien, Orat. IV, p. 136 de l'édition de Spanheim, et les pierres gravées recueillies par M. Leblant dans le *Bulletin de la Soc. des Antiq. de Fr.*, 1859, p. 191-195.

4. Tac., *Ann.*, II, 85; Suét., *Tib.*, 36; Jos., *Ant.*, XVIII, iii, 4-5; lettre d'Adrien, dans Vopiscus, *Vita Saturnini*, 8.

5. Dion Cassius, XXXVII, 17.

Trajan qu'on voit l'Empire les persécuter systématiquement, comme hostiles aux autres, comme intolérantes et comme impliquant la négation de l'État. En somme, la seule chose à laquelle l'empire romain ait déclaré la guerre, en fait de religion, c'est la théocratie. Son principe était celui de l'État laïque; il n'admettait pas qu'une religion eût des conséquences civiles ou politiques à aucun degré; il n'admettait surtout aucune association dans l'État en dehors de l'État. Ce dernier point est essentiel; il est, à vrai dire, la racine de toutes les persécutions. La loi sur les confréries, bien plus que l'intolérance religieuse, fut la cause fatale des violences qui déshonorèrent les règnes des meilleurs souverains.

Les pays grecs, en fait d'association comme dans toutes les choses bonnes et délicates, avaient eu la priorité sur les Romains. Les *éranes* ou *thiases* grecs d'Athènes, de Rhodes, des îles de l'Archipel avaient été de belles sociétés de secours mutuels, de crédit, d'assurance en cas d'incendie, de piété, d'honnêtes plaisirs[1]. Chaque érane avait ses décisions gra-

---

[1]. Voir les inscriptions publiées ou corrigées dans la *Revue archéol.*, nov. 1864, 397 et suiv.; déc. 1864, p. 460 et suiv.; juin 1865, p. 451-452 et p. 497 et suiv.; sept. 1865, p. 214 et suiv.; avril 1866; Ross, *Inscr. græc. ined.*, fasc. II, n° 282, 291, 292; Hamilton, *Researches in Asia Minor*, vol. II, n° 304; *Corpus*

vées sur des stèles, ses archives, sa caisse commune, alimentée par des dons volontaires et des cotisations. Les éranistes, ou thiasites, célébraient ensemble certaines fêtes, se réunissaient pour des banquets, où régnait la cordialité [1]. Le sociétaire, dans ses embarras d'argent, pouvait faire des emprunts à la caisse, à charge de remboursement. Les femmes faisaient partie de ces éranes ; elles avaient leur présidente à part (*proéranistrie*). Les assemblées étaient absolument secrètes ; un règlement sévère y maintenait l'ordre ; elles avaient lieu, ce semble, dans des jardins fermés, entourés de portiques ou de petites constructions, et au milieu desquels s'élevait l'autel des sacrifices [2]. Enfin, chaque congrégation avait un corps de dignitaires, tirés au sort pour un an (*clérotes* [3]), selon l'usage des anciennes démocraties grecques, et d'où le « clergé » chrétien [4] peut

inscr. græc., nos 120, 126, 2525 *b*, 2562 ; Rhangabé, *Antiq. hellén.*, n° 811 ; Henzen, n° 6082 ; Virgile, *Ecl.*, v, 30. Comp. Harpocration, *Lex.*, au mot ἐρανιστής ; Festus, au mot *Thiasitas* ; Digeste, XLVII, xxii, *de Coll. et Corp.*, 4 ; Pline, *Epist.*, X, 93, 94.

1. Aristote, *Mor. à Nicom.*, VIII, ix, 5 ; Plut., *Quest. grecques*, 44.
2. Wescher, dans les *Archives des missions scientif.*, 2ᵉ série, t. I, p. 432, et *Rev. arch.*, sept. 1865, p. 221-222. Cf. Aristote, *Œconom.*, II, 3 ; Strabon, IX, 1, 15 ; *Corpus inscr. gr.*, n° 2271, lignes 13-14.
3. Κληρωταί.
4. Κλῆρος. L'étymologie ecclésiastique de κλῆρος est différente et

avoir tiré son nom. Le président seul était élu. Ces officiers faisaient subir au récipiendaire une sorte d'examen, et devaient certifier qu'il était « saint, pieux et bon »[1]. Il y eut, dans ces petites confréries, durant les deux ou trois siècles qui précédèrent notre ère, un mouvement presque aussi varié que celui qui produisit au moyen âge tant d'ordres religieux et de subdivisions de ces ordres. On en a compté, dans la seule île de Rhodes, jusqu'à dix-neuf[2], dont plusieurs portent les noms de leurs fondateurs et de leurs réformateurs. Quelques-uns de ces thiases, surtout ceux de Bacchus[3], avaient des doctrines relevées, et cherchaient à donner aux hommes de bonne volonté quelque consolation. S'il restait encore dans le monde grec un peu d'amour, de piété, de morale religieuse, c'était grâce à la liberté de pareils cultes privés. Ces cultes faisaient une sorte de concurrence à la religion offi-

implique une allusion à la position de la tribu de Lévi en Israël. Mais il n'est pas impossible que le mot ait été primitivement emprunté aux confréries grecques (cf. *Act.*, ɪ, 25-26; I Petri, v, 3, Clém. d'Alex., dans Eusèbe, *H. E.*, III, 23). M. Wescher a trouvé parmi les dignitaires de ces confréries un ἐπίσκοπος (*Revue arch.*, avril 1866). Voir ci-dessus, p. 86. L'assemblée s'appelait quelquefois συναγωγή (*Revue arch.*, sept. 1865, p. 216; Pollux, IX, vɪɪɪ, 143).

1. *Corp. inscr. gr.*, n° 126. Comp. *Rev. arch.*, sept. 1865, p. 216.
2. Wescher, dans la *Revue archéol.*, déc. 1864, p. 460 et suiv.
3. Voir ci-dessus, p. 338, note 2.

cielle, dont l'abandon devenait plus sensible de jour en jour.

A Rome, les associations du même genre trouvaient plus de difficultés [1], et non moins de faveur dans les classes déshéritées. Les principes de la politique romaine sur les confréries avaient été promulgués pour la première fois sous la République (186 avant J.-C.), à propos des bacchanales. Les Romains, par goût naturel, étaient très-portés vers les associations [2], en particulier vers les associations religieuses [3]; mais ces sortes de congrégations permanentes déplaisaient aux patriciens [4], gardiens des pouvoirs publics, lesquels, dans leur étroite et sèche conception de la vie, n'admettaient comme groupes sociaux que la famille et l'État. Les précautions les plus minutieuses furent prises : nécessité de l'autorisation préalable, limitation du nombre des assistants, défense d'avoir un *magister sacrorum* permanent et de constituer un fonds commun au moyen de souscriptions [5]. La même sollicitude se manifeste à

---

1. Les confréries grecques n'en furent pas tout à fait exemptes. Inscript. dans la *Revue archéol.*, déc. 1864, p. 462 et suiv.

2. Digeste, XLVII, xxii, *de Coll. et Corp.*, 4.

3. Tite-Live, XXIX, 10 et suiv.; Orelli et Henzen, *Inscr. lat.*, c. v, § 21.

4. Dion Cassius, LII, 36; LX, 6.

5. Tite-Live, XXXIX, 8-18. Comp. le décret épigraphique dans

diverses reprises dans l'histoire de l'Empire. L'arsenal des lois contenait des textes pour toutes les répressions [1]. Mais il dépendait du pouvoir d'en user ou de n'en user pas. Les cultes proscrits reparaissaient souvent très-peu d'années après leur proscription [2]. L'émigration étrangère, d'ailleurs, surtout celle des Syriens, renouvelait sans cesse le fonds où s'alimentaient les croyances qu'on cherchait vainement à extirper.

On s'étonne de voir à quel degré un sujet en apparence aussi secondaire préoccupait les plus fortes têtes. Une des principales attentions de César et d'Auguste fut d'empêcher la formation de nouveaux colléges et de détruire ceux qui étaient déjà établis [3]. Un décret porté, ce semble, sous Auguste essaya de définir avec netteté les limites du droit de réunion et d'association. Ces limites étaient extrêmement étroites. Les *colléges* doivent être unique-

le *Corpus inscr. latinarum*, I, p. 43-44. Cf. Cic., *De legibus*, II, 8.

1. Cic., *Pro Sext.*, 25; *In Pis.*, 4; Asconius, *In Cornelianam*, 75 (édit. Orelli); *In Pisonianam*, p. 7-8; Dion Cassius, XXXVIII, 13, 14; Digeste, III, iv, *Quod cujusc.*, 1; XLVII, xxii, *de Coll. et Corp.*, entier.

2. Suétone, *Domit.*, 1; Dion Cassius, XLVII, 15; LX, 6; LXVI, 24; passages de Tertullien et d'Arnobe, précités.

3. Suétone, *César*, 42; *Aug.*, 32; Jos., *Ant.*, XIV, x, 8; Dion Cassius, LII, 36.

ment funéraires. Il ne leur est permis de se réunir qu'une fois par mois; ils ne peuvent s'occuper que de la sépulture des membres défunts; sous aucun prétexte ils ne doivent élargir leurs attributions [1]. L'Empire s'acharnait à l'impossible. Il voulait, par suite de son idée exagérée de l'État, isoler l'individu, détruire tout lien moral entre les hommes, combattre un désir légitime des pauvres, celui de se serrer les uns contre les autres dans un petit réduit pour avoir chaud ensemble. Dans l'ancienne Grèce, la cité était très-tyrannique; mais elle donnait en échange de ses vexations tant de plaisir, tant de lumière, tant de gloire, que nul ne songeait à s'en plaindre. On mourait avec joie pour elle; on subissait sans révolte ses plus injustes caprices. L'empire romain, lui, était trop vaste pour être une patrie. Il offrait à tous de grands avantages matériels; il ne donnait rien à aimer. L'insupportable tristesse inséparable d'une telle vie parut pire que la mort.

---

1. « Kaput ex S. C. P. R. Quibus coïre, convenire, collegiumque habere liceat. Qui stipem menstruam conferre volent in funera, ii in collegium coeant, neque sub specie ejus collegi nisi semel in mense coeant conferendi causa unde defuncti sepeliantur. » Inscription de Lanuvium. Ire col., lignes 10-13; dans Mommsen, *De collegiis et sodaliciis Romanorum* (Kiliæ, 1843), p. 81-82 et *ad calcem*. Cf. Digeste, XLVII, xxii, *de Coll. et Corp.*, 1; Tertullien, *Apolog.*, 39.

Aussi, malgré tous les efforts des hommes politiques, les confréries prirent-elles d'immenses développements. Ce fut l'analogue exact de nos confréries du moyen âge, avec leur saint patron et leurs repas de corps. Les grandes familles avaient le souci de leur nom, de la patrie, de la tradition; mais les humbles, les petits, n'avaient que le *collegium*. Ils mettaient là leurs complaisances. Tous les textes nous montrent ces *collegia* ou *cœtus* comme formés d'esclaves [1], de vétérans [2], de petites gens (*tenuiores*) [3]. L'égalité y régnait entre les hommes libres, les affranchis, les personnes serviles [4]. Les femmes y étaient nombreuses [5]. Au risque de mille tracasseries, quelquefois des peines les plus sévères, on voulait être membre d'un de ces *collegia*, où l'on vivait dans les liens d'une agréable confraternité, où l'on trouvait des secours mutuels, où l'on contractait des liens qui duraient après la mort [6].

---

1. Inscription de Lanuvium, 2ᵉ col., lignes 3, 7; Digeste, XLVII, XXII, *de Coll. et Corp.*, 3.
2. Digeste, XLVII, XI, *de Extr. crim.*, 2.
3. *Ibid.*, XLVII, XXII, *de Coll. et Corp.*, 1 et 3.
4. Heuzey, *Mission de Macédoine*, p. 71 et suiv.; Orelli, *Inscr.*, nᵒ 4093.
5. Orelli, 2409; Melchiorri et P. Visconti, *Silloge d'iscrizioni antiche*, p. 6.
6. Voir les pièces relatives aux collèges d'Esculape et Hygie,

Le lieu de réunion, ou *schola collegii*, avait d'ordinaire un *tétrastyle* (portique à quatre faces) [1], où était affiché le règlement du collége, à côté de l'autel du dieu protecteur, et un *triclinium* pour les repas. Les repas, en effet, étaient impatiemment attendus; ils avaient lieu aux fêtes patronales ou aux anniversaires de certains confrères, qui avaient fait des fondations [2]. Chacun y apportait sa sportule; un des confrères, à tour de rôle, fournissait les accessoires du dîner, savoir les lits, la vaisselle de table, le pain, le vin, les sardines, l'eau chaude [3]. L'esclave qui venait d'être affranchi devait à ses camarades une amphore de bon vin [4]. Une joie douce animait le festin; il était expressément réglé qu'on n'y

de Jupiter Cernénus et de Diane et Antinoüs, dans Mommsen, *op. cit.*, p. 93 et suiv. Comp. Orelli, *Inscr. lat.*, nos 1710 et suiv., 2394, 2395, 2413, 4075, 4079, 4107, 4207, 4938, 5044; Mommsen, *op. cit.*, p. 96, 113, 114; de Rossi, *Bullettino di archeol. cristiana*, 2e année, n° 8.

1. Inscription de Lanuvium, 1re col., lignes 6-7; Orelli, 2270; de Rossi, *Bullett. di archeol. crist.*, 2e année, n° 8.

2. Inscript. de Lanuvium, 2e col., lignes 11-13; Orelli, 4420.

3. Inscript. de Lanuvium, 1re col., lignes 3-9, 21; 2e col., lignes 7-17; Mommsen, *Inscr. regni Neap.*, 2559; Marini, *Atti*, p. 398; Muratori, 491, 7; Mommsen, *De coll. et sod.*, p. 109 et suiv., 113. Comp. I Cor., xi, 20 et suiv. Le président des églises chrétiennes est appelé par les païens θιασάρχης. Lucien, *Pérégrinus*, 11.

4. Inscript. de Lanuvium, 2e col., ligne 7.

devait traiter d'aucune affaire relative au collége, afin que rien ne troublât le quart d'heure de joie et de repos que ces pauvres gens se ménageaient[1]. Tout acte de turbulence et toute parole désagréable étaient punis d'une amende[2].

A s'en tenir aux apparences, ces colléges n'étaient que des associations d'enterrement mutuel[3]. Mais cela seul eût suffi pour leur donner un caractère moral. A l'époque romaine, comme de notre temps et à toutes les époques où la religion est affaiblie, la piété des tombeaux était presque la seule que le peuple gardât. On aimait à songer qu'on ne serait pas jeté aux horribles fosses communes[4], que le collége pourvoirait à vos funérailles, que les confrères qui seraient venus à pied au bûcher recevraient un petit honoraire[5] de vingt centimes[6]. Les esclaves, en particulier, avaient besoin de croire que, si leur maître faisait jeter leur corps à la voirie, il y aurait quelques amis pour leur faire « des

1. Inscription de Lanuvium, 2ᵉ col., lignes 24-25.
2. *Ibid.*, 2ᵉ col., lignes 26-29. Cf. *Corpus inscr. gr.*, nᵒ 126.
3. Orelli, *Inscr. lat.*, nᵒˢ 2399, 2400, 2405, 4093, 4103 ; Mommsen, *De coll. et sod. Rom.*, p. 97; Heuzey, endroit cité. Comparez encore aujourd'hui les petits cimetières de confréries à Rome.
4. Hor., *Sat.*, I, vııı, 8 suiv.
5. *Funeraticium.*
6. Inscription de Lanuvium, 1ʳᵉ col., lignes 24, 25, 32.

funérailles imaginaires[1] ». Le pauvre homme mettait par mois un sou au tronc commun pour se procurer après sa mort une petite urne dans un *columbarium*, avec une plaque de marbre où son nom fût gravé. La sépulture chez les Romains, étant intimement liée aux *sacra gentilitia* ou rites de famille, avait une extrême importance. Les personnes enterrées ensemble contractaient une sorte de fraternité intime et de parenté [2].

Voilà pourquoi le christianisme se présenta longtemps à Rome comme une sorte de *collegium* funèbre et pourquoi les premiers sanctuaires chrétiens furent les tombeaux des martyrs [3]. Si le christianisme n'eût été que cela, il n'eût pas provoqué tant de rigueurs; mais il était bien autre chose encore; il avait des caisses communes [4]; il se vantait d'être une cité complète; il se croyait assuré d'avoir l'avenir. Quand on entre le samedi soir dans l'enceinte d'une

---

1. Inscription de Lanuvium, 2ᵉ col., lignes 3-5.
2. Cicéron, *De offic.*, I, 17; Schol. Bobb. ad Cic., *Pro Archia*, x, 1. Comp. Plutarque, *De frat. amore*, 7; Digeste, XLVII, xxii, *de Coll. et Corp.*, 4. Dans une inscription de Rome, le fondateur d'une sépulture stipule que tous ceux qui y seront déposés devront être de sa religion, *ad religionem pertinentes meam* (de Rossi, *Bullettino di archeol. crist.*, 3ᵉ année, n° 7, p. 54).
3. Tertullien, *Ad Scapulam*, 3; de Rossi, *op. cit.*, 3ᵉ année, n° 12.
4. S. Justin, *Apol. I,* 67; Tertullien, *Apolog.*, 39.

église grecque en Turquie, par exemple dans celle de Sainte-Photini, à Smyrne, on est frappé de la puissance de ces religions de comité, au sein d'une société persécutrice ou malveillante. Cet entassement irrégulier de constructions (église, presbytère, écoles, prison), ces fidèles allant et venant en leur petite cité fermée, ces tombes fraîchement ouvertes et sur lesquelles brûle une lampe, cette odeur cadavérique, cette impression de moisissure humide, ce murmure de prières, ces appels à l'aumône, forment une atmosphère molle et chaude, qu'un étranger, par moments, peut trouver assez fade, mais qui doit être bien douce pour l'affilié.

Les sociétés, une fois munies d'une autorisation spéciale, avaient à Rome tous les droits de personnes civiles [1]; mais cette autorisation n'était accordée qu'avec des réserves infinies, dès que les sociétés avaient une caisse et qu'il s'agissait d'autre chose que se faire enterrer [2]. Le prétexte de religion ou d'accom-

1. Ulpien, *Fragm.*, XXII, 6; Digeste, III, IV, *Quod cujusc.*, 1; XLVI, 1, *de Fid. et Mand.*, 22; XLVII, II, *de Furtis*, 31; XLVII, XXII, *de Coll. et Corp.*, 1 et 3; Gruter, 322, 3 et 4; 424, 12; Orelli, 4080; Marini, *Atti*, p. 95; Muratori, 516, 1; *Mém. de la Soc. des Antiq. de Fr.*, XX, p. 78.

2. Dig., XLVII, XXII, *de Coll. et Corp.*, entier; Inscr. de Lanuvium, 1re col., lignes 10-13; Marini, *Atti*, p. 552; Muratori, 520, 3; Orelli, 4075, 4115, 1567, 2797, 3140, 3913; Henzen, 6633,

plissement de vœux en commun est prévu et formellement indiqué parmi les circonstances qui donnent à une réunion le caractère de délit[1] ; et ce délit n'était autre que celui de lèse-majesté, au moins pour l'individu qui avait provoqué la réunion[2]. Claude alla jusqu'à fermer les cabarets où les confrères se réunissaient, jusqu'à interdire les petits restaurants où les pauvres gens trouvaient à bon marché de l'eau chaude et du bouilli[3]. Trajan et les meilleurs empereurs virent toutes les associations avec défiance[4]. L'extrême humilité des personnes fut une condition essentielle pour que le droit de réunion religieuse fût accordé; et encore l'était-il avec beaucoup de réserves[5]. Les légistes qui ont constitué le droit romain, si éminents comme jurisconsultes, donnèrent la mesure de leur ignorance de la nature humaine en poursuivant de toute

6745; d'autres encore dans Mommsen, *op. cit.*, p. 80 et suiv.

1. Digeste, XLVII, xi, *de Extr. crim.*, 2.
2. *Ibid.*, XLVII, xxii, *de Coll. et Corp.*, 2 ; XLVIII, iv, *ad Leg. Jul. majest.*, 1.
3. Dion Cassius, LX, 6. Comp. Suétone, *Néron*, 16.
4. Voir la correspondance administrative de Pline et de Trajan. Pline, *Epist.*, X, 43, 93, 94, 97, 98.
5. « Permittitur tenuioribus stipem menstruam conferre, dum tamen semel in mense coeant, ne sub prætextu hujusmodi illicitum collegium coeant (Dig., XLVII, xxii, *de Coll. et Corp.*, 1). » « Servos quoque licet in collegio tenuiorum recipi volentibus dominis (*ibid.*, 3). » Cf. Pline, *Epist.*, X, 94; Tertullien, *Apol.*, 39.

façon, même par la menace de la peine de mort, en restreignant par toute sorte de précautions odieuses ou puériles un éternel besoin de l'âme [1]. Comme les auteurs de notre « Code civil », ils se figuraient la vie avec une mortelle froideur. Si la vie consistait à s'amuser par ordre supérieur, à manger son morceau de pain, à goûter son plaisir en son rang et sous l'œil du chef, tout cela serait bien conçu. Mais la punition des sociétés qui s'abandonnent à cette direction fausse et bornée, c'est d'abord l'ennui, puis le triomphe violent des partis religieux. Jamais l'homme ne consentira à respirer cet air glacial; il lui faut la petite enceinte, la confrérie où l'on vit et meurt ensemble. Nos grandes sociétés abstraites ne sont pas suffisantes pour répondre à tous les instincts de sociabilité qui sont dans l'homme. Laissez-le mettre son cœur à quelque chose, chercher sa consolation où il la trouve, se créer des frères, contracter des liens de cœur. Que la main froide de l'État n'intervienne pas dans ce royaume de l'âme, qui est le royaume de la

---

1. Digeste, I, xii, *de Off. præf. urbi*, 1, § 14 (cf. Mommsen, *op. cit.*, p. 127); III, iv, *Quod cujusc.*, 1; XLVII, xx, *de Coll. et Corp.*, 3. Il faut remarquer que l'excellent Marc-Aurèle élargit, autant qu'il put, le droit d'association. Dig., XXXIV, v, *de Rebus dubiis*, 20; XL, iii, *de Manumissionibus*, 1; et même XLVII. xxii, *de Coll. et Corp.*, 1.

liberté. La vie, la joie ne renaîtront dans le monde que quand notre défiance contre les *collegia*, ce triste héritage du droit romain, aura disparu. L'association en dehors de l'État, sans détruire l'État, est la question capitale de l'avenir. La loi future sur les associations décidera si la société moderne aura ou non le sort de l'ancienne. Un exemple devrait suffire : l'empire romain avait lié sa destinée à la loi sur les *cœtus illiciti*, les *illicita collegia*. Les chrétiens et les barbares, accomplissant en ceci l'œuvre de la conscience humaine, ont brisé la loi; l'Empire, qui s'y était attaché, a sombré avec elle.

Le monde grec et romain, monde laïque, monde profane, qui ne savait pas ce que c'est qu'un prêtre, qui n'avait ni loi divine, ni livre révélé, touchait ici à des problèmes qu'il ne pouvait résoudre. Ajoutons que, s'il avait eu des prêtres, une théologie sévère, une religion fortement organisée, il n'eût pas créé l'État laïque, inauguré l'idée d'une société rationnelle, d'une société fondée sur les simples nécessités humaines et sur les rapports naturels des individus. L'infériorité religieuse des Grecs et des Romains était la conséquence de leur supériorité politique et intellectuelle. La supériorité religieuse du peuple juif, au contraire, a été la cause de son infériorité politique et philosophique. Le judaïsme et le christianisme primitif renfermaient la négation ou plutôt la mise en tutelle de l'état civil. Comme l'islamisme, ils établissaient la société sur la religion. Quand on prend les choses humaines par ce côté, on fonde de grands prosélytismes universels, on a des apôtres courant le monde d'un bout à l'autre et le convertissant ; mais on ne fonde pas des institutions politiques, une indépendance nationale, une dynastie, un code, un peuple.

CHAPITRE XIX.

AVENIR DES MISSIONS.

Tel était le monde que les missionnaires chrétiens entreprirent de convertir. On doit voir maintenant, ce me semble, qu'une telle entreprise ne fut pas une folie, et que sa réussite ne fut pas un miracle. Le monde était travaillé de besoins moraux auxquels la religion nouvelle répondait admirablement. Les mœurs s'adoucissaient; on voulait un culte plus pur; la notion des droits de l'homme, les idées d'améliorations sociales gagnaient de toutes parts. D'un autre côté, la crédulité était extrême; le nombre des personnes instruites, très-peu considérable. Que des apôtres ardents, juifs, c'est-à-dire monothéistes, disciples de Jésus, c'est-à-dire pénétrés de la plus douce prédication morale que l'oreille des hommes eût encore entendue, se présentent à un tel monde, et sûrement ils seront écoutés. Les rêves qui se mêlent à leur enseignement ne seront pas un obstacle à leur succès; le nombre de ceux qui ne croient pas au surnaturel, au miracle, est très-faible. S'ils sont humbles et pauvres, c'est tant mieux. L'humanité, au point où elle est, ne peut être sauvée que par un effort venant du peuple. Les anciennes religions païennes ne sont pas réformables; l'État romain est ce que sera toujours l'État, roide, sec, juste et dur. Dans ce monde qui périt faute d'amour, l'avenir appartient à celui qui touchera la source vive de la piété populaire. Le libéralisme grec, la vieille gravité romaine sont pour cela tout à fait impuissants.

La fondation du christianisme est, à ce point de vue, l'œuvre la plus grande qu'aient jamais faite des hommes du peuple. Très-vite sans doute, des hommes et des femmes de la haute noblesse romaine s'affilièrent à l'Église. Dès la fin du premier siècle, Flavius Clemens et Flavie Domitille nous montrent le christianisme pénétrant presque dans le palais des Césars[1]. A partir des premiers Antonins, il y a des gens riches dans la communauté. Vers la fin du

---

1. Voir de Rossi, *Bullettino di archeol. cristiana*, 3ᵉ année, nᵒˢ 3, 5, 6, 12. Le fait de Pomponia Græcina (Tac., *Ann.*, XIII, 32), sous Néron, est déjà caractéristique; mais il n'est pas sûr qu'elle fût chrétienne.

IIe siècle, on y trouve quelques-uns des personnages les plus considérables de l'Empire [1]. Mais, au début, tous ou presque tous furent humbles [2]. Dans les plus anciennes Églises, pas plus qu'en Galilée autour de Jésus, ne se trouvèrent des nobles, des puissants. Or, en ces grandes créations, c'est la première heure qui est décisive. La gloire des religions appartient tout entière à leurs fondateurs. Les religions, en effet, sont affaire de foi. Croire est chose vulgaire; le chef-d'œuvre est de savoir inspirer la foi.

Quand on cherche à se figurer ces merveilleuses origines, on se représente d'ordinaire les choses sur le modèle de notre temps, et l'on est amené ainsi à de graves erreurs. L'homme du peuple, au premier siècle de notre ère, surtout dans les pays grecs et orientaux, ne ressemblait nullement à ce qu'il est aujourd'hui. L'éducation ne traçait pas alors entre les classes une barrière aussi forte que maintenant. Ces races de la Méditerranée, si l'on excepte les populations du Latium, lesquelles avaient disparu ou

---

1. Voir de Rossi, *Roma sotterranea*, I, p. 309; et pl. XXI, n° 12; et les rapprochements épigraphiques faits par Léon Renier, *Comptes rendus de l'Acad. des Inscr. et B.-L.*, 1865, p. 289 et suiv., et par le général Creuly, *Rev. arch.*, janv. 1866, p. 63-64. Comp. de Rossi; *Bull.*, 3e année, n° 10, p. 77-79.

2. I Cor., I, 26 et suiv.; Jac., II, 5 et suiv.

avaient perdu toute importance depuis que l'empire romain, en conquérant le monde, était devenu la chose des peuples vaincus, ces races, dis-je, étaient moins solides que les nôtres, mais plus légères, plus vives, plus spirituelles, plus idéalistes. Le pesant matérialisme de nos classes déshéritées, ce quelque chose de morne et d'éteint, effet de nos climats et legs fatal du moyen âge, qui donne à nos pauvres une physionomie si navrante, n'était pas le défaut des pauvres dont il s'agit ici. Bien que fort ignorants et fort crédules, ils ne l'étaient guère plus que les hommes riches et puissants. Il ne faut donc pas se représenter l'établissement du christianisme comme analogue à ce que serait chez nous un mouvement partant des classes populaires et finissant (chose à nos yeux impossible) par obtenir l'assentiment des hommes instruits. Les fondateurs du christianisme étaient des gens du peuple, en ce sens qu'ils étaient vêtus d'une façon commune, qu'ils vivaient simplement, qu'ils parlaient mal, ou plutôt ne cherchaient en parlant qu'à exprimer leur idée avec vivacité. Mais ils n'étaient inférieurs comme intelligence qu'à un tout petit nombre d'hommes, survivants chaque jour plus rares du grand monde de César et d'Auguste. Comparés à l'élite de philosophes qui faisaient le lien entre le siècle d'Auguste et celui des Antonins, les premiers chrétiens étaient des esprits faibles. Comparés à la masse des sujets de l'Empire, ils étaient éclairés. Parfois on les traitait de libres penseurs; le cri de la populace contre eux était : « A mort les athées [1] ! » Et cela n'est pas surprenant. Le monde faisait d'effrayants progrès en superstition. Les deux premières capitales du christianisme des gentils, Antioche et Ephèse, étaient les deux villes de l'Empire les plus adonnées aux croyances surnaturelles. Le IIe et le IIIe siècle poussèrent jusqu'à la démence la soif du merveilleux et la crédulité.

Le christianisme naquit en dehors du monde officiel, mais non pas précisément au-dessous. C'est en apparence et selon les préjugés mondains que les disciples de Jésus étaient de petites gens. Le mondain aime ce qui est fier et fort; il parle sans affabilité à l'homme humble; l'honneur, comme il l'entend, consiste à ne pas se laisser insulter; il méprise celui qui s'avoue faible, qui souffre tout, se met au-dessous de tout, cède sa tunique, tend sa joue aux soufflets. Là est son erreur; car le faible, qu'il dédaigne, lui est d'ordinaire supérieur; la somme de vertu est chez ceux qui obéissent (servantes, ouvriers,

---

[1]. Αἶρε τοὺς ἀθέους. Voir la relation du martyre de saint Polycarpe, § 3, 9, 12, dans Ruinart, *Acta sincera*, p. 31 et suiv.

soldats, marins, etc.) plus grande que chez ceux qui commandent et jouissent. Et cela est presque dans l'ordre, puisque commander et jouir, loin d'aider à la vertu, sont une difficulté pour être vertueux.

Jésus comprit à merveille que le peuple a dans son sein le grand réservoir de dévouement et de résignation qui sauve le monde. Voilà pourquoi il proclama heureux les pauvres, jugeant qu'il leur est plus aisé qu'aux autres d'être bons. Les chrétiens primitifs furent, par essence, des pauvres. « Pauvres » fut leur nom [1]. Même quand le chrétien fut riche, au IIe et au IIIe siècle, il fut en esprit un *tenuior* [2]; il se sauva grâce à la loi sur les *collegia tenuiorum*. Les chrétiens n'étaient certes pas tous des esclaves et des gens de basse condition; mais l'équivalent social d'un chrétien était un esclave; ce qui se disait d'un esclave se disait d'un chrétien. De part et d'autre, on se fait honneur des mêmes vertus, bonté, humilité, résignation, douceur. Le jugement des auteurs païens est à cet égard unanime. Tous sans exception reconnaissent dans le chrétien les traits du caractère servile, indifférence pour les grandes affaires, air triste et contrit, jugement morose sur

---

1. *Ebionim.* Voir *Vie de Jésus*, p. 179 et suiv., en rapprochant Jac., II, 5 et suiv. Comp. les πτωχοὶ τῷ πνεύματι. Matth., V, 3.
2. Voir ci-dessus, p. 357, 362.

le siècle, aversion pour les jeux, les théâtres, les gymnases, les bains [1].

En un mot, les païens étaient le monde; les chrétiens n'étaient pas du monde. Ils étaient un petit troupeau à part, haï du monde, trouvant le monde mauvais [2], cherchant à « se garder immaculé du monde [3] ». L'idéal du christianisme sera le contraire de celui du mondain [4]. Le parfait chrétien aimera l'abjection; il aura les vertus du pauvre, du simple, de celui qu ne cherche pas à se faire valoir. Mais il aura les défauts de ses vertus; il déclarera vaines et frivoles bien des choses qui ne le sont pas; il rapetissera l'univers; il sera l'ennemi ou le contempteur de la beauté. Un système où la Vénus de Milo n'est qu'une idole est un système faux ou du moins partiel; car la beauté vaut presque le bien et le vrai. Une décadence dans l'art est, en tout cas, inévitable avec de pareilles idées. Le chrétien ne tiendra ni à bien bâtir, ni à bien sculpter, ni à bien dessiner; il est

---

1. Tacite, *Ann.*, XV, 44; Pline, *Epist.*, X, 97; Suétone, *Néron*, 16; *Domit.*, 15; le *Philopatris*, entier; Rutilius Numatianus, I, 389 et suiv.; 440 et suiv.

2. Jean, xv, 17 et suiv.; xvi, 8 et suiv., 33, xvii, 15 et suiv.

3. Jac., i, 27.

4. Je parle ici des tendances essentielles et primitives du christianisme, et non du christianisme complétement transformé, surout par les jésuites, qu'on prêche de nos jours.

trop idéaliste. Il tiendra peu à savoir; la curiosité lui paraît chose vaine. Confondant la grande volupté de l'âme, qui est une des manières de toucher l'infini, avec le plaisir vulgaire, il s'interdira de jouir. Il est trop vertueux.

Une autre loi se montre dès à présent comme devant dominer cette histoire. L'établissement du christianisme correspond à la suppression de la vie politique dans le monde de la Méditerranée; le christianisme naît et se répand à une époque où il n'y a plus de patrie. Si quelque chose manque totalement aux fondateurs de l'Église, c'est le patriotisme. Ils ne sont pas cosmopolites; car toute la planète est pour eux un lieu d'exil; ils sont idéalistes dans le sens le plus absolu. La patrie est un composé de corps et d'âme. L'âme, ce sont les souvenirs, les usages, les légendes, les malheurs, les espérances, les regrets communs; le corps, c'est le sol, la race, la langue, les montagnes, les fleuves, les productions caractéristiques. Or, jamais on ne fut plus détaché de tout cela que les premiers chrétiens. Ils ne tiennent pas à la Judée; au bout de quelques années, ils ont oublié la Galilée; la gloire de la Grèce et de Rome leur est indifférente. Les contrées où le christianisme s'établit d'abord, la Syrie, Chypre, l'Asie Mineure, ne se souvenaient plus d'un temps où elles eussent été libres. La Grèce et Rome avaient encore un grand sentiment national. Mais, à Rome, le patriotisme vivait dans l'armée et dans quelques familles; en Grèce, le christianisme ne fructifie qu'à Corinthe, ville qui, depuis sa destruction par Mummius et sa reconstruction par César, était un ramas de gens de toute sorte. Les vrais pays grecs, alors comme aujourd'hui très-jaloux, très-absorbés par le souvenir de leur passé, se prêtèrent peu à la prédication nouvelle; ils furent toujours médiocrement chrétiens. Au contraire, ces pays mous, gais, voluptueux, d'Asie, de Syrie, pays de plaisir, de mœurs libres, de laisser aller, habitués à recevoir la vie et le gouvernement d'ailleurs, n'avaient rien à abdiquer en fait de fierté et de traditions. Les plus anciennes métropoles du christianisme, Antioche, Éphèse, Thessalonique, Corinthe, Rome, furent des villes communes, si j'ose le dire, des villes à la façon de la moderne Alexandrie, où affluaient toutes les races, où ce mariage entre l'homme et le sol, qui constitue une nation, était absolument rompu.

L'importance donnée aux questions sociales est toujours à l'inverse des préoccupations politiques. Le socialisme prend le dessus, quand le patriotisme s'affaiblit. Le christianisme fut l'explosion d'idées sociales et religieuses à laquelle il fallait s'attendre dès qu'Auguste eut mis fin aux luttes politiques. Culte universel, comme l'islamisme, le christianisme sera au fond l'ennemi des nationalités. Il faudra bien des siècles et bien des schismes pour qu'on arrive à former des Églises nationales avec une religion qui fut d'abord la négation de toute patrie terrestre, qui naquit à une époque où il n'y avait plus au monde de cité ni de citoyens, et que les vieilles républiques, roides et fortes, d'Italie et de Grèce eussent sûrement expulsée comme un poison mortel pour l'État.

Et ce fut là une des causes de grandeur du culte nouveau. L'humanité est chose diverse, changeante, tiraillée par des désirs contradictoires. Grande est la patrie, et saints sont les héros de Marathon, des Thermopyles, de Valmy et de Fleurus. La patrie, cependant, n'est pas tout ici-bas. On est homme et fils de Dieu, avant d'être Français ou Allemand. Le royaume de Dieu, rêve éternel qu'on n'arrachera pas du cœur de l'homme, est la protestation contre ce que le patriotisme a de trop exclusif. La pensée d'une organisation de l'humanité en vue de son plus grand bonheur et de son amélioration morale est chrétienne et légitime. L'État ne sait et ne peut savoir qu'une seule chose, organiser l'égoïsme. Cela n'est pas indifférent; car l'égoïsme est le plus puissant et le plus saisissable des mobiles humains. Mais cela ne suffit pas. Les gouvernements qui sont partis de cette supposition que l'homme n'est composé que d'instincts cupides se sont trompés. Le dévouement est aussi naturel que l'égoïsme à l'homme de grande race. L'organisation du dévouement, c'est la religion. Qu'on n'espère donc pas se passer de religion ni d'associations religieuses. Chaque progrès des sociétés modernes rendra ce besoin-là plus impérieux.

Voilà de quelle manière ces récits d'événements étranges peuvent être pour nous pleins d'enseignements et d'exemples. Il ne faut pas s'arrêter à certains traits que la différence des temps fait paraître bizarres. Quand il s'agit de croyances populaires, il y a toujours une immense disproportion entre la grandeur du but idéal que poursuit la foi et la petitesse des circonstances matérielles qui ont fait croire. De là cette particularité que, dans l'histoire religieuse, des détails choquants et des actes ressemblant à la folie peuvent être mêlés à tout ce qu'il y a de plus sublime. Le moine qui inventa la sainte ampoule a été l'un des fondateurs du royaume de France. Qui ne voudrait effacer de la vie de Jésus l'épisode des démoniaques de Gergésa? Jamais homme de sang-froid n'a fait ce que firent François d'Assise, Jeanne d'Arc, Pierre l'Ermite, Ignace de Loyola. Rien n'est plus relatif que le mot de folie appliqué au passé de l'esprit humain. Si l'on suivait les idées répandues de nos jours, il n'y a pas de prophète, pas d'apôtre, pas de saint qui n'aurait dû être enfermé. La conscience humaine est très-instable, aux époques où la réflexion n'est pas avancée; dans ces états de l'âme, c'est par des passages insensibles que le bien devient le mal et que le mal devient le bien, que le beau confine au laid et que le laid redevient la beauté. Il n'y a pas de justice possible envers le passé, si l'on n'admet cela. Un même souffle divin pénètre toute l'histoire et en fait l'admirable unité; mais la variété des combinaisons que peuvent produire les facultés humaines est infinie. Les apôtres diffèrent moins de nous que les fondateurs du bouddhisme, lesquels étaient pourtant plus près de nous par la langue et probablement par la race. Notre siècle a vu des mouvements religieux tout aussi extraordinaires que ceux d'autrefois, mouvements qui ont provoqué autant d'enthousiasme, qui ont eu déjà, proportion gardée, plus de martyrs, et dont l'avenir est encore incertain.

Je ne parle pas des Mormons, secte à quelques égards si sotte et si abjecte que l'on hésite à la prendre au sérieux. Il est instructif cependant de voir, en plein XIXe siècle, des milliers d'hommes de notre race vivant dans le miracle, croyant avec une foi aveugle des merveilles qu'ils disent avoir vues et touchées. Il y a déjà toute une littérature pour montrer l'accord du mormonisme et de la science; ce qui vaut mieux, cette religion, fondée sur de niaises impostures, a su accomplir des prodiges de patience et d'abnégation; dans cinq cents ans, des docteurs prouveront sa divinité par les merveilles de son établissement.

Le bâbisme, en Perse, a été un phénomène autrement considérable [1]. Un homme doux et sans aucune prétention, une sorte de Spinoza modeste et pieux, s'est vu, presque malgré lui, élevé au rang de thaumaturge, d'incarnation divine, et est devenu le chef d'une secte nombreuse, ardente et fanatique, qui a failli amener une révolution comparable à celle de l'islam. Des milliers de martyrs sont accourus pour lui avec allégresse au-devant de la mort. Un jour sans pareil peut-être dans l'histoire du monde fut celui de la grande boucherie qui se fit des bâbis à Téhéran. « On vit ce jour-là dans les rues et les bazars de Téhéran, dit un narrateur qui a

1. Voir l'histoire des origines du bâbisme, racontée par M. de Gobineau, *les Relig. et les Philos. dans l'Asie centrale* (Paris, 1865), p. 141 et suiv.; et par Mirza Kazem-beg, dans le *Journal asiatique* [sous presse]. Moi-même, à Constantinople, j'ai pu recueillir, de deux personnes qui ont été mêlées de près à l'histoire du bâbisme, des renseignements qui confirment le récit de ces deux savants.

tout su d'original [1], un spectacle que la population semble devoir n'oublier jamais. Quand la conversation, encore aujourd'hui, se met sur cette matière, on peut juger de l'admiration mêlée d'horreur que la foule éprouva et que les années n'ont pas diminuée. On vit s'avancer entre les bourreaux des enfants et des femmes, les chairs ouvertes sur tout le corps, avec des mèches allumées, flamblantes, fichées dans les blessures. On traînait les victimes par des cordes et on les faisait marcher à coups de fouet. Enfants et femmes s'avançaient en chantant un verset qui dit : « En vérité, nous venons de Dieu et nous retournons « à lui ! » Leurs voix s'élevaient éclatantes au-dessus du silence profond de la foule. Quand un des suppliciés tombait et qu'on le faisait relever à coups de fouet ou de baïonnette, pour peu que la perte de son sang, qui ruisselait sur tous ses membres, lui laissât encore un peu de force, il se mettait à danser et criait avec un surcroît d'enthousiasme : « En vérité, « nous sommes à Dieu et nous retournons à lui ! » Quelques-uns des enfants expirèrent dans le trajet. Les bourreaux jetèrent leurs corps sous les pieds de leurs pères et de leurs sœurs, qui marchèrent fièrement dessus et ne leur donnèrent pas deux regards.

1. M. de Gobineau, ouvr. cit., p. 301 et suiv.

Quand on arriva au lieu d'exécution, on proposa encore aux victimes la vie pour leur abjuration. Un bourreau imagina de dire à un père que, s'il ne cédait pas, il couperait la gorge à ses deux fils sur sa poitrine. C'étaient deux petits garçons, dont l'aîné avait quatorze ans, et qui, rouges de leur propre sang, les chairs calcinées, écoutaient froidement le dialogue ; le père répondit, en se couchant par terre, qu'il était prêt, et l'aîné des enfants, réclamant avec emportement son droit d'aînesse, demanda à être égorgé le premier [1]. Enfin, tout fut achevé ; la nuit tomba sur un amas de chairs informes ; les têtes étaient attachées en paquets au poteau de justice, et les chiens des faubourgs se dirigeaient par troupes de ce côté. »

Cela se passait en 1852. La secte de Mazdak, sous Chosroès Nouschirvan, fut étouffée dans un pareil bain de sang. Le dévouement absolu est pour les natures naïves la plus exquise des jouissances et une sorte de besoin. Dans l'affaire des bâbis, on vit des gens qui étaient à peine de la secte venir se dé-

---

[1] Un autre détail que je tiens de source première est celui-ci : Quelques sectaires, qu'on voulait amener à rétractation, furent attachés à la gueule de canons, amorcés d'une mèche longue et brûlant lentement. On leur proposait de couper la mèche s'ils reniaient le Bâb. Eux, les bras tendus vers le feu, le suppliaient de se hâter et de venir bien vite consommer leur bonheur.

noncer eux-mêmes, afin qu'on les adjoignît aux patients. Il est si doux à l'homme de souffrir pour quelque chose, que dans bien des cas l'appât du martyre suffit pour faire croire. Un disciple qui fut le compagnon de supplice du Bâb, suspendu à côté de lui aux remparts de Tébriz, et attendant la mort, n'avait qu'un mot à la bouche : « Es-tu content de moi, maître ? »

Les personnes qui regardent comme miraculeux ou chimérique ce qui dans l'histoire dépasse les calculs d'un bon sens vulgaire, doivent trouver de tels faits inexplicables. La condition fondamentale de la critique est de savoir comprendre les états divers de l'esprit humain. La foi absolue est pour nous un fait complétement étranger. En dehors des sciences positives, d'une certitude en quelque sorte matérielle, toute opinion n'est à nos yeux qu'un à peu près, impliquant une part de vérité et une part d'erreur. La part d'erreur peut être aussi petite que l'on voudra ; elle ne se réduit jamais à zéro, quand il s'agit de choses morales, impliquant une question d'art, de langage, de forme littéraire, de personnes. Telle n'est pas la manière de voir des esprits étroits et obstinés, des Orientaux par exemple. L'œil de ces gens n'est pas comme le nôtre ; c'est l'œil d'émail des personnages de mosaïques, terne, fixe. Ils ne savent voir qu'une seule chose à la fois ; cette chose les obsède, s'empare d'eux ; ils ne sont plus maîtres alors de croire ou de ne pas croire ; il n'y a plus de place en eux pour une arrière-pensée réfléchie. Une opinion ainsi embrassée, on se fait tuer pour elle. Le martyr est en religion ce que l'homme de parti est en politique. Il n'y a pas eu beaucoup de martyrs très-intelligents. Les confesseurs du temps de Dioclétien durent être, après la paix de l'Église, de gênants et impérieux personnages. On n'est jamais bien tolérant, quand on croit qu'on a tout à fait raison et que les autres ont tout à fait tort.

Les grands embrasements religieux, étant la conséquence d'une manière très-arrêtée de voir les choses, deviennent ainsi des énigmes pour un siècle comme le nôtre, où la rigueur des convictions s'est affaiblie. Chez nous, l'homme sincère modifie sans cesse ses opinions ; en premier lieu, parce que le monde change ; en second lieu, parce que l'appréciateur change aussi. Nous croyons plusieurs choses à la fois. Nous aimons la justice et la vérité ; pour elles nous exposerions notre vie ; mais nous n'admettons pas que le juste et le vrai soient l'apanage d'une secte ou d'un parti. Nous sommes bons Français ; mais nous avouons que les Allemands, les Anglais nous sont supérieurs à bien des égards. Il n'en est pas ainsi aux époques et dans les pays où chacun est de sa communion, de sa race, de son école politique, d'une façon entière, et voilà pourquoi toutes les grandes créations religieuses ont eu lieu dans des sociétés dont l'esprit général était plus ou moins analogue à celui de l'Orient. Jusqu'ici, en effet, la foi absolue a seule réussi à s'imposer aux autres. Une bonne servante de Lyon, Blandine, qui s'est fait tuer pour sa foi, il y a dix-sept cents ans, un brutal chef de bande, Clovis, qui trouva bon, il y a près de quatorze siècles, d'embrasser le catholicisme, nous font encore la loi.

Qui ne s'est arrêté, en parcourant nos anciennes villes devenues modernes, au pied des gigantesques monuments de la foi des vieux âges? Tout s'est renouvelé à l'entour; plus un vestige des habitudes d'autrefois; la cathédrale est restée, un peu dégradée peut-être à la hauteur de la main de l'homme, mais profondément enracinée dans le sol. *Mole sua stat!* Sa masse est son droit. Elle a résisté au déluge qui a tout balayé autour d'elle; pas un des hommes d'autrefois, revenant visiter les lieux où il vécut, ne retrouverait sa maison; seul, le corbeau qui a posé son nid dans les hauteurs de l'édifice sacré n'a pas vu porter le marteau sur sa demeure. Étrange prescription! Ces honnêtes martyrs, ces rudes convertis, ces pirates bâtisseurs d'églises nous dominent toujours. Nous sommes chrétiens, parce qu'il leur a plu de l'être. Comme en politique il n'y a que les fondations barbares qui durent, en religion il n'y a que les affirmations spontanées, et, si j'ose le dire, fanatiques, qui soient contagieuses. C'est que les religions sont des œuvres toutes populaires. Leur succès ne dépend pas des preuves plus ou moins bonnes qu'elles administrent de leur divinité; leur succès est en proportion de ce qu'elles disent au cœur du peuple.

Suit-il de là que la religion soit destinée à diminuer peu à peu et à disparaître comme les erreurs populaires sur la magie, la sorcellerie, les esprits? Non certes. La religion n'est pas une erreur populaire; c'est une grande vérité d'instinct, entrevue par le peuple, exprimée par le peuple. Tous les symboles qui servent à donner une forme au sentiment religieux sont incomplets, et leur sort est d'être rejetés les uns après les autres. Mais rien n'est plus faux que le rêve de certaines personnes qui, cherchant à concevoir l'humanité parfaite, la conçoivent sans religion. C'est l'inverse qu'il faut dire. La Chine, qui est une humanité inférieure, n'a presque pas de religion. Au contraire, supposons une planète habitée par une humanité dont la puissance intellectuelle, morale, physique, soit double de celle de l'humanité terrestre, cette humanité-là serait au

moins deux fois plus religieuse que la nôtre. Je dis
« au moins »; car il est probable que l'augmentation des facultés religieuses aurait lieu dans une progression plus rapide que l'augmentation de la capacité intellectuelle, et ne se ferait pas selon la simple proportion directe. Supposons une humanité dix fois plus forte que la nôtre; cette humanité-là serait infiniment plus religieuse. Il est même probable qu'à ce degré de sublimité, dégagé de tout souci matériel et de tout égoïsme, doué d'un tact parfait et d'un goût divinement délicat, voyant la bassesse et le néant de tout ce qui n'est pas le vrai, le bien ou le beau, l'homme serait uniquement religieux, plongé dans une perpétuelle adoration, roulant d'extases en extases, naissant, vivant et mourant dans un torrent de volupté. L'égoïsme, en effet, qui donne la mesure de l'infériorité des êtres, décroît à mesure qu'on s'éloigne de l'animal. Un être parfait ne serait plus égoïste; il serait tout religieux. Le progrès aura donc pour effet d'agrandir la religion, et non de la détruire ou de la diminuer.

Mais il est temps de revenir aux trois missionnaires, Paul, Barnabé, Jean-Marc, que nous avons laissés au moment où ils sortent d'Antioche par la porte qui conduit à Séleucie. Dans mon troisième livre, j'essayerai de suivre les traces de ces messagers de bonne nouvelle, sur terre et sur mer, par le calme et la tempête, par les bons et les mauvais jours. J'ai hâte de redire cette épopée sans égale, de peindre ces routes infinies d'Asie et d'Europe, le long desquelles ils semèrent le grain de l'Évangile, ces flots qu'ils traversèrent tant de fois en des situations si diverses. La grande odyssée chrétienne va commencer. Déjà la barque apostolique a tendu ses voiles; le vent souffle, et n'aspire qu'à porter sur ses ailes les paroles de Jésus.

FIN DES APOTRES.

TABLE

DES MATIÈRES

                                            Pages.

INTRODUCTION. — CRITIQUE DES DOCUMENTS ORIGINAUX............ I

Chap.

   I. Formation des croyances relatives à la résurrection de Jésus. — Les apparitions de Jérusalem...................... 1

  II. Départ des disciples de Jérusalem. — Deuxième vie galiléenne de Jésus................................... 27

 III. Retour des apôtres à Jérusalem. — Fin de la période des apparitions.................................... 45

 IV. Descente de l'Esprit-Saint. — Phénomènes extatiques et prophétiques...................................... 57

  V. Première Église de Jérusalem ; elle est toute cénobitique.... 75

 VI. Conversion de Juifs hellénistes et de prosélytes............ 102

VII. L'Église considérée comme une association de pauvres. — Institution du diaconat. — Les diaconesses et les veuves. 115

Chap.		Pages.
viii.	Première persécution. — Mort d'Étienne. — Destruction de la première Église de Jérusalem............................	135
ix.	Premières missions. — Le diacre Philippe	150
x.	Conversion de saint Paul..	163
xi.	Paix et développements intérieurs de l'Église de Judée......	191
xii.	Fondation de l'Église d'Antioche................................	215
xiii.	Idée d'un apostolat des gentils. — Saint Barnabé...........	230
xiv.	Persécution d'Hérode Agrippa Ier............................	243
xv.	Mouvements parallèles au christianisme ou imités du christianisme. Simon de Gitton....................................	261
xvi.	Marche générale des missions chrétiennes.................	278
xvii.	État du monde vers le milieu du premier siècle............	304
xviii.	Législation religieuse de ce temps............................	346
xix.	Avenir des missions...	366

PARIS. — J. CLAYE, IMPRIMEUR, RUE SAINT-BENOIT, 7.

www.ingramcontent.com/pod-product-compliance
Lightning Source LLC
Chambersburg PA
CBHW070546230426
43665CB00014B/1828